国家"十一五"重点图书

协商民主译丛
丛书主编 俞可平　执行主编 陈家刚

协商民主论争

〔美〕詹姆斯·菲什金 〔英〕彼得·拉斯莱特 主编
张晓敏 译

中央编译出版社
Central Compilation & Translation Press

总　序

"协商民主译丛"首批共4本译著在2006年推出后，在国内理论界引起了相当热烈的反响。译丛在初版后很快得以重印，协商民主这一概念已经成为政治学界的热门话题之一，一些研究西方协商民主的专题论著不断面世，相关的学术研讨也广泛展开。尤其值得一提的是，理论界还就协商民主对于中国民主政治发展的意义进行了热烈的争论，出现了针锋相对的两种观点。一种认为，对于中国的民主政治建设而言，选举民主具有压倒一切的重要性，协商民主只能起补充的作用；另一种认为，协商民主对于中国民主政治发展至关重要，中国不应走选举民主的道路，而当走协商民主的道路。正像一句老话所说：真理愈辩愈明。无论对于我国的政治学研究，还是对于现实的政治发展，这样的讨论与争论，都是十分有益的。

"协商民主译丛"，是一套严肃的学术著作丛书。与一般的学术译丛的一个明显不同是，这套丛书的基本读者不仅包括学者，也包括广大干部。从出版社方面获悉，一些党政机关直接向出版社方面订购"译丛"。这表明，协商民主理论不仅为学者所关注，也为政府官员所关注。之所以能够引起学者和官员的热烈关注，我所想到的原因主要有以下几个。

首先，协商民主的重要性。协商民主一直以来都受到政治思想家的高度重视，协商民主也一直是民主实践的重要内容。对话、磋商、讨论、听证、交流、沟通、商议、辩论、争论等协商民主的各种形式，其实都是公民参与政治生活的重要渠道，是决策民主化和科学化不可或缺的环节。公民参与是民主政治的实质性内容，没有公民参与的民主，至多也是一种少数人的民主。社会主义民主应当是一种最广大多数人的民主，公民的参与就显得更加重要。

其次，我们的政治传统。现实政治的发展，不能离开一个国家的政治文化传统，民主政治建设也不例外。例如，在官员的选拔方面，我国传统政治有各种各样的察举、科举、荐举等制度，但没有选举制度。这也是为什么在我国推进选举民主尤其困难的重要原因。而政治协商却不然。在政府的政策制定方面，商议、讨论、对话的传统却由来已久。虽然决策过程中的协商和对话主要发生在官员之间，但在传统中国，开明官员"问计于民"的故事也时有所闻。

再次，现实政治的需要。建设一个富强、民主、文明、和谐的社会主义现代化强国，是我们的根本目标。更高地举起人民民主的旗帜，更加积极地推进民主政治建设，是我国政治发展的紧迫任务。政治协商制度，是我国的一种基本政治制度，也是一种极具中国特色的民主协商制度。我国现有的政治制度，为协商民主的发展提供了丰富的制度资源。如何最大限度地发挥这些制度资源在推进协商民主中的作用，自然应当受到理论界和党政部门的高度重视。

最后，目前的理论环境。近些年来，民主问题再度成为官员和学者关注的热点。如何在经济迅速发展的前提下努力推进中国民主政治的协调发展，如何建设高度发达的社会主义政治文明，什么是中国特色的民主政治道路，应当怎样借鉴西方政治文明的优秀成果，民主与民生是一种什么样的关系，怎样让民主造福于全体中国人民等一系列问题，正在引起所有对国家和民族的前途负有责任感的官员和学者的深入思考和认真探索。围绕协商民主所展开的讨论与争论，也是这种思考和探索的具体表现。

在出版"协商民主译丛"首批著作的"序言"中，我不仅简要地分析了协商民主在当代西方发达国家兴起的原因，而且特别强调指出，协商民主是建立在发达的代议民主和多数民主之上的，它是对西方的代议民主（或选举民主）、多数民主和远程民主的一种完善和超越。离开这样一个前提，去看待协商民主，就可能会偏离历史的真实。换言之，协商民主不是一种孤立的理论或实践，它深深植根于当代西方发达资本主义国家的政治现实。对此我们应当有清醒的认识。然而，在理论界目前对协商民主的讨论中，我还是不无遗憾地看到了一种对协商民主与选举民主的简单割裂：认为选举民主无足轻重，协商民主才是民主的实质。

我曾经在许多场合重复指出，选举民主与协商民主是民主政治的两个基本环节，它们是一种互补的关系，而不是一种互斥的关系。民主既是一种政治制度，也是一种政治过程。真正的民主，应当体现在政治制度的各个方面和政治过程的各个环节。从理论上说，可以从不同的角度对民主进行分类，比如直接民主和间接民主，选举民主和协商民主，还有像我们通常所说的"四个民主"，即民主选举、民主管理、民主监督、民主决策。事实上，不管对民主怎么分类，如果从环节上看，两个环节最重要，这两个环节彼此不能缺失。第一个环节是民主选举。民主就是人民的统治，可人民对国家的统治一般都不是直接的，而是间接的。间接统治就离不开选举。人类到现在还没有找到另外一个更好的办法，来代替选举的形式，把最能代表人民利益并真正对人民负责的官员推选出来。第二个环节就是决策，这里面包含了协商民主。当一个官员被选举出来后，一定要有一套制度来制约他的权力，让他在决策的过程中能够更多地听取人民群众、利益相关者及有关专家的意见。可见，选举民主与协商民主处于政治过程的不同环节，它们既不能相互取代，也不是相互排斥。

现在，"协商民主译丛"的第二批译著也即将问世，它们分别是：《协商民主：挑战与反思》、《民主与差异》、《协商民主论争》和《美国民主的未来》。加上第一批的4本，"协商民主译丛"总共已有8本译著。这套译丛大体上包括了西方关于协商民主理论的代表人物及其主要观点，国内读者可以借这些译著对西方协商民主的渊源、论题、概念、意义、内涵、形式、争论和实践等，有一个基本的了解。我们当然希望，这套译丛对于推动我国的民主理论研究和探索中国特色的社会主义民主政治道路，也能有所益处。

俞可平

2009年2月15日于方圆阁

目 录 >>>>

中文版序言 ································· /1

导　言 ··································· /1
第一章　协商日 ················ 布鲁斯·阿克曼 詹姆斯·菲什金/7
第二章　超越程序的协商民主 ········ 艾米·古特曼 丹尼斯·汤普森/33
第三章　内在的民主协商 ························ 罗伯特·古丁/57
第四章　团体极化法则 ·························· 卡斯·桑斯坦/84
第五章　激进分子对协商民主的挑战 ········· 爱丽丝·马里恩·扬/107
第六章　最理想的协商？ ························ 伊恩·夏皮罗/128
第七章　协商民主、话语困境和共和理论 ········· 菲利普·佩迪特/146
第八章　基层认识论与民主参与 ················· 拉塞尔·哈丁/172
第九章　协商民主和社会选择 ···················· 戴维·米勒/195
第十章　制度间的协商 ························ 杰夫雷·杜利斯/214
第十一章　环境伦理与现存政治制度的衰落 ········ 彼得·拉斯莱特/227

译后记 ··································· /241

中文版序言

在现代发达社会中,一个公共协商占有重要地位的民主体制能够行得通吗?

这一问题的关键在于发达民主中的政党竞争。例如,在拉塞尔·哈丁的文章中讨论了大众民主中普通公民对于了解复杂的政策问题缺乏动力这一问题。卡斯·桑斯坦认为,如果普通公民试图参与到政治问题的讨论中来,那么由于"团体极化法则",讨论会将他们引向极端的立场。已故的爱丽丝·马瑞恩·扬讨论了主张协商的公民与社会激进分子之间的权衡,她认为,有时激进分子的做法可能更有效。伊恩·夏皮罗在《最理想的协商?》一文中指出,只有很有限的公民协商是有效的,而且这还取决于一些理论问题。罗伯特·古丁认为人们可以进行自我协商而不需要一起讨论问题。菲利浦·佩迪特和戴维·米勒认为社会选择会受到协商的影响。在佩迪特的《协商民主、话语困境和共和理论》一文中,问题在于协商民主希望达到的不仅是对于政策法规的支持,而且还有对于确立这些政策的理由的认同。他通过考察一些事例发现,得到多数支持的理由指向一种政策,而对政策本身进行投票时,会得到另一种结果,即大多数人支持实行 X 的理由,但是在对结果进行投票时仍可能支持的是非 X。那些对于理由不太在意的不太具有协商性的民主形式不会受制于这样的问题,因为他们只是统计票数。戴维·米勒在《协商民主和社会选择》中提出了一个问题，著名的投票循环问题是否会受到协商的影响，这一投票循环于18世纪由马奎斯·德·孔多塞发现，在当代由肯尼斯·阿罗普遍化。米勒推测，如果投票人一起讨论问题，他们更可能分享一种潜在的选择维度，邓肯·布莱克将之称为"单峰性"（例如标准的左—右维度），并且因此而避免循环。

协商民意测验通过调查问卷随机调查协商前后人们的选择，其结果证实了米勒这一支持协商民主的推断。在克里斯汀·李斯特（Christian List）、罗伯特·C. 拉斯金（Robert C. Luskin）和詹姆斯·菲什金的著作中，对关于政策选择的排序所进行的协商民意测验可以证明这一观点。人们在一起讨论问题时，他们对于应当怎么做可能有不同意见，但是他们通常会达成一个共识——他们一致同意或不同意的，都不会产生循环。如果所有的选择都可以依据同一个潜在的维度进行排序，循环就被排除了。因此，协商为民主制度提供了一种排除循环的保护措施。而传统的非协商民主则做不到。

在《协商日》中，布鲁斯·阿克曼和詹姆斯·菲什金探讨了将严肃的协商带入大规模的公众的问题。菲什金在文中总结了协商民意测验的科学实例，用以帮助设计一种方法，可以让大规模的人们在选举前进行一天的协商。协商民意测验以丰富的证据证明，即使是一天的协商，在小型团体中和全体大会上的、与普通公民一起的以及与竞争的专家或候选人一起的，也能使投票人了解更多的情况，并且会改变很多人的观点。"协商日"的设计试图利用这一经验。"协商日"促使我们去设想，如果能够在全国范围内进行这种协商的努力，将会对当前的"声刺"民主产生怎样的影响。设想一下，如果候选人和政党了解到经过给定一天的协商，经过这个进行全国性讨论的全国性节日，公众能够获得大量信息，那么公众对话将会产生多大的不同。

自本书2003年出版以来，中国许多地方层级的决策中已经开始进行了这种协商民主的科学随机调查的严肃试验。在一些乡镇或某些工厂，研究者使用协商民意测验来决定兴建何种基础设施或者是根据公众的意见来调整乡镇的预算。中国的学者与来自西方的学者一起合作，开展这种应用研究，并且取得了相应的成果。关于基础设施建设和预算决策过程鼓励民众参与，可能是将公共决策与充足的和具有代表性的公众信息输入连接起来的好办法。本书关于协商民主的某些基本观点，也许会在中国得到很好的应用。政治理论应该在实际中得到应用和检验。这些思想当然不仅仅局限于传统的西方社会，相信也会在中国得到成功的应用。

我与中国的学术同行有过许多的合作经历，并且每次都会让我感到十分的愉快。在本书的翻译出版过程中，张晓敏博士为翻译工作付出了艰苦的努力，陈家刚博士的组织工作非常细致，我想真诚地向他们表示感谢。中央编译出版社相继出版了若干本协商民主的著作，为中国与国际学术对话，为中国的社会进步和发展，作出了非常可贵的努力和贡献。谢谢他们。

詹姆斯·菲什金
于斯坦福大学

导　言

彼得·拉斯莱特（Peter Laslett）在"哲学、政治学与社会"丛书的第一本书的论文中，提出了一个问题："面对面社会"（face to face society）的政治学，即小规模的团体在决策前进行讨论的形式，能否应用于大规模民族国家的"疆域社会"（territorial societies）？拉斯莱特在文中探讨了在小团体内通过面对面讨论来做出决策与在大众社会中公民所具有的决策机会之间的区别。

"面对面的社会"有助于激发政治科学和政治理论方面的探索，试图将小团体的面对面协商的某些特点引入到大规模的民族国家之中。这对菲什金提出"协商民意测验"（Deliberative Polling）有一定影响，本卷的几位作者对此进行了讨论。在拉斯莱特写这篇文章时，这些问题还没有提上政治理论（或相关社会科学领域）的日程表。事实上，对拉斯莱特来说，在那时提出政治理论是否将继续存在这一问题，是合乎情理的。

由于政治理论经历了一次重要的复兴，在这一书系接下来的几卷中有一个明显的过程，其中大量文章的关注点不再是面对面社会中可能出现的那种现实的协商，而是纯粹在想象的思想试验中的行为者的协商。约翰·罗尔斯（John Rawls）尤其激起了对于假设决定的程序的研究，即如果我们处于"无知之幕"后面，在我们对自己或我们的社会的性质缺乏了解的情况下，我们将选择什么样的原则呢？罗尔斯主义的"原初状态"（original position）并不是已经确立的，而只是假设如此。其主张是，如果我们想象这是可靠的，我们就能得出关乎整个社会的恰当的第一正义原则。

对罗尔斯主义的假设的恰当概括可以在很大程度上避免对协商的更为现实的规定将会面临的许多问题。协商过程如何进行呢？它一定是一件好事情吗？谁参加？在怎样的社会条件或制度下才能产生？除了一些特定的假设外，它并不仅仅是躲在无知之幕后面的罗尔斯主义的代表。罗尔斯所提出的条件也可以保护我们免受被填上协商图景的任何特定信息的影响。

但是，从假想实验到真正的（至少是可能的）机制，或从"无知之幕"下的协商者到那些"面对面社会"中的协商者的转变，将使我们面对如下问题。取代无知之幕下的协商，我们将面对在现实条件下作出政策选择的人们。但这种更伟大的现实主义做法提出了前面已经提到的问题。

第一，协商如何进行？任何一个关于民主的概念，其核心都是从其价值出发，对各种赞成或反对的观点进行考量。但是什么样的原因或观点需要进行考量呢？协商是仅限于对公平或公共利益的考虑，还是公民可以为其自身利益做打算？协商是否内在地是一种社会过程从而需要进行公开讨论？或者它能够单独完成，如罗伯特·古丁在其著作中所建议的那样，"内在的协商"？如果它需要或包括讨论，那是否包括那种限于相似意向的人的讨论呢，如卡斯·桑斯坦的概念"飞地协商"（他在其"团体极化法则"一文中所讨论的一种协商形式）？或者如很多其他作者所认为的那样，协商需要对各种不同的、对立的观点进行考虑？在形成"观点"时，什么起作用？协商包括讲故事甚至是街头示威吗？或者它只是多样性观点的理性商讨？我们的作者对这些问题提出了各种观点。

第二，协商一定是件好事情吗？桑斯坦认为，在大多数情况下，集体讨论将会产生"极化"，从而使人们趋向更为极端的立场。但是他承认，他对于陪审团或其他一些小团体讨论的研究并不适用于"协商民意测验"，因为这种测验有许多因素（调解者、平衡的通报会、平衡的公开讨论小组、将公众进行随机抽样随机安排到各个小组），可以在讨论者的各种观点间形成一种平衡。因此，结构性协商可能有不同的形式，而这并不是他批评的重点。然而他批评表明，协商并不一定总是一件好事情。爱丽丝·

的实际方案,这一制度可能会对全部选民发挥这样的作用。

这是一种分散的全国讨论,每个公民被随机地指定于一个附近的地方进行小组讨论和大型的会议,在全国各地的无数论坛中,关键问题通过竞争中的政党代表得到回答,并且在小组讨论中,使用一种时间管理程序,以确保参与者的大致公平。给每个参加的公民支付一点费用将会有助于售货员的扩充。如果按计划上百万的公民参与讨论,那么结果就不仅仅是为公民提供信息,而且也可能改变影响事态的政治家和媒体决策者的战略计划。政治家的政治宣传和演讲当然希望拥有消息灵通的观众。这一方案极有可能产生一种协商的大众民主。但这一重大变化需要新的制度。

本书以彼得·拉斯莱特的《环境伦理与当前政治制度的衰落》一文为结尾。拉斯莱特的文章强调了一个事实,即使我们想在现代民族国家的边界之内建立一种先进的协商民主形式,我们仍会发现人类面对的许多关键问题不在单个民族国家的控制之中。环境提出了一个不可回避的全球性挑战。如果要完全应对这一挑战,就需要协商民主,然而我们缺少跨越民族国家界线的协商民主制度。作为建立国际协商制度所需要的国际试验的第一步,拉斯莱特推荐的是跨国界的协商民意测验,尽可能大胆的、遍及全世界的协商民意测验。正如将面对面社会的民主引入大规模的民族国家的民主有着难以克服的困难一样,用国家范围内的协商民主解决全球性问题更为困难。然而,提出这一问题也算是一个良好的开端。

(编者注:在本书工作即将完成之际,传来了不幸的消息,本书的编者彼得·拉斯莱特去世,享年85岁。拉斯莱特对学术研究的许多领域都作出了意义深远的贡献——政治思想史、历史人口统计学领域的发展、从历史角度研究老龄化问题等等。他在开放大学和老年大学的建立中也发挥了关键性作用。我想,他看到本书最终得以付梓,将会非常满意。我愿谨以此书作为对他的怀念。)

丁（Goodin）期望一种能够鼓励公民为自己着想、由自己思考的制度。在《制度间的协商》一文中，杰夫雷·杜利斯（Jeffrey Tulis）运用了一些美国共和制的早期历史来扩展我们关于制度之间怎样互相协商的认识。古特曼与汤普森将他们的标准应用于各种制度安排，就像卡斯·桑斯坦在其关于陪审团和各种集体讨论中的极化问题的重要著作中所做的一样。

有相当数量的论文涉及了协商中更为结构化的方面，尤其是协商民意测验。这些事件既是社会科学调查，也是公共咨询行为，经常导致电视媒体通过报道，从而把他们的结论告知其他的公众。协商民意测验的与众不同之处在于，他们将对公众的科学的随意抽样进行了仔细平衡的两到三天的协商结合起来，协商先是小范围的讨论，然后是大型的全体会议。协商民意测验中关于观点变化的数据证实了存在着观点的重大变化，这种变化与参与者了解了更多的信息相关，而且这种变化对于参与者的投票行为具有重大影响。因此，协商对观点和行为都产生了影响。除此之外，有些证据表明，参与者有着更为结构化的偏好（即大多数参与者是单峰的，因此集体性能够避免循环投票），而且他们变得更具有公共精神，即至少他们变得愿意为了公共利益作出某些牺牲。然而，协商所具有的这些值得称许的作用，当然只局限于那些科学抽样的参与者（每一个例子中，有数百人）。如果要将协商推广到更大的公众范围内，应该怎么做呢？

在本书中，布鲁斯·阿克曼与詹姆斯·菲什金的文章里，他们提出了一种方案，称为"协商日"，它具有实现协商的可能，应当承认，它是准乌托邦的，因为它需要有一个极为雄心勃勃的（并且是花费颇多的）公民教育。然而，这一建议意味着扩展一种争论，即我们怎样才能以一种至少接近协商民意测验的某些条件的方式，将严肃的思考与讨论带入更为广泛的公众社会。对于整个公共大众而言，这意味着克服拉塞尔·哈丁（Russell Hardin）文章中描述的理性的无知所产生的刺激。

想象一下在大选前，每个人都参加一次协商民意测验，期望将上面列举的所有值得称许的作用带入全部选民的生活，似乎就显得合情合理了。然而，即使依照准乌托邦的理论化的精神，每个人都真正参与协商民意测验的想法似乎也是遥不可及的。尽管如此，协商日也意味着构建一种制度

然而，像菲利普·佩迪特所表明的，破坏转变的循环并不是唯一与民主相关的集体不一致。他所研究的"原则悖论"（doctrine paradox）关注的是前提与结论之间的不一致。很可能对多数人来说会出现前提支持一种选择，而结论支持另一种选择的情况。那么，民主的一致形式需要哪种选择呢？原则悖论可以应用于协商的民主也可以应用于非协商的民主，但佩迪特认为协商民主提出了恰当的回应。

如果我们致力于协商民主，是否意味着我们也将追求其他好的事物呢，如正义的价值或普遍的福利？根据罗尔斯主义的假设，想象的协商将导致第一正义原则——优先权，如果哲学家的观点正确的话，这种优先权不会变化。但是，对于现实人们之间的真正的协商，由于人们在协商过程中拥有自己的价值、利益和偏好，协商的结果则很难预料。但协商对于公共政策的制度会产生推荐性的力量，这一认识是大致相同的。艾米·古特曼和丹尼斯·汤普森认为协商民主不能仅限于程序，其中还承载着某种实质性的承诺。或许如此。那么我们能说出这种实质性的承诺是什么吗？他们认为我们的协商民主只是暂时性的，因为真正的协商过程可能会变化多端，但他们认为协商可以避免某些坏结果。因此，他们的观点与民主理论的一个长期传统是一致的，民主理论已经形成了一些实质性的惯例，如对于"多数的暴政"的反对。

协商是不是个好东西，也许还取决于它能否带来任何变化。在此，拉塞尔·哈丁（Russell Hardin）《基层认识论与民主参与》一文介绍了很多关于大众社会中的公民在没有协商的前提下将会怎样思想和行动的情况。尽管这种受安东尼·唐斯（Anthony Downs）所说的"理性的无知"（rational ignorance）支配的公民行为可以得到解释和理解，但它远达不到民主理论所要求的信息和参与的理想水平。

因此，协商民主与传统意义上的民主有很大的不同。并且，尽管它不能完全回应所有的批评，但它确实显示出某些值得称赞的特点。如果我们重视它，又怎样实现它？如果存在的话，什么样的制度才能使民主具有更多的协商性呢？

本书的读者将认识到，有许多有利于协商的可能场所或制度安排。古

马瑞恩·扬在其《激进分子对协商民主的挑战》一文中表明,对于协商讨论所需要的妥协,激进分子将会提出怎样的合法的和道德的反对意见。还有一些问题,即协商讨论可能承担了太多的现状,从而与不公平成为了同谋,因为只有对现状的一些小改变被提上了日程表。

即使协商是一件好事,它又有多少好处呢?或者像经济学家所说的那样,证明协商有效的所有努力、成本或者"决策成本"是不是太大了?这是伊恩·夏皮罗在《最理想的协商?》一文中提出的问题,多少协商才够用?尽管他最终没有给我们一个答案,但他为思考这一问题提供了一些框架。

戴维·米勒和菲利普·佩迪特以不同的方式提出了集体一致性的问题。如果我们认为协商是混乱的或前后不一致的,那这也将成为对协商民主的一个重要挑战。米勒在《协商民主与社会选择》一文中提出了一种恰恰相反的假设:协商将会导致某种偏好结构,某种待定问题的共享意识,这种偏好结构或共享意识使得响应者确定一个评价可选择方案的维度。这种偏好的集体结构[专业术语称作"单峰性"(single-peakedness)]确保民主不陷入(the cycles violating transitivity),这种循环曾经迷惑过从马奎斯·德·孔多塞到肯尼思·阿罗的社会选择理论家。一些政治学家,特别是威廉·赖克,在其晚年提出了一个著名论断,由于这种循环的盛行,民主是"没有意义的"[1]。米勒的假设是:经过协商民主将变得更有意义。这种观念自从得到了协商民意测验的证明之后,就产生了。进行一定数量的单独的协商民意测验,对公众进行关于现实公共政策的随机调查,在协商后,将会出现不同水平的单峰性,从而消除循环。[2] 因此,这样测验对于米勒所提出的,协商民主有助于破解社会选择理论的难解之谜这一主张,会有一些经验性的支持。

---

[1] William H. Riker, *Liberalism against Populism: A Confrontation between the Theory of Democracy and the Theory of Social Choice* (San Francisco: W. H. Freeman, 1982).

[2] 这些结果的概况参见 Christian List, Iain McLean, James Fishkin, and Robert C. Luskin, *Deliberation, Preference Structuration and Cycles: Evidence from Deliberative Polls*, Paper presented at the meetings of the American Political Science Association, Sept. 2000.

第一章 协商日

布鲁斯·阿克曼　詹姆斯·菲什金

协商日，成了一个新的国庆日。它将在中期选举的前一周举行。登过记的投票人将被召集到邻近的会场，15人一小组或500人一大组，讨论竞选中提出的中心议题。只要协商者在下周的投票中出现，每人都会得到150美元，作为这一天行使公民权的报酬。除了最基本的，所有的其他工作都将被法律所禁止。具体如下：

一、投票

（一）公民的个人主义

我们当前的投票形式与一个世纪前没什么区别。有一个时期，公民们公开投票，正如思想家约翰·密尔所希望保持的那样。[1] 他预言说，无记名投票将会鼓励投票者将选票看作获取个人满足的另一种商品。与公开地站出来声明哪个候选人对这个国家最有利相比，无记名投票只不过是选择最能迎合其个人利益的政客。公民将会在"利益、乐趣或任性"的基础上进行选择。[2]

---

[1] 参见 John Stuart Mill, *Consideration on Representative Government* (New York: Prometheus books, 1991), ch. 10.

[2] Ibid., p. 207.

这种逐渐上升的争夺个人利益的要求会慢慢地腐蚀掉公民为了公共利益应尽力控制部分人的个人利益的理念。

密尔的意思在于，公共讨论的程序将会激励对于公共利益的感受。无记名投票，无论有怎样令人称赞的其他理由，它都失去了某些重要的东西——一种社会环境，（公开投票）鼓励每个投票人都参加公开讨论。我们将思考是否能为绝大多数投票者重建一个这样的社会环境，同时保留无记名投票的好处。

这些密尔式的担忧在19世纪被推到了一边——但并不是因为它们是不存在的。民主理念的一个竞争方面取代了它们的重要性——公民权的革命性扩展带来的对平等的要求。在一个具有财产要求的政治世界里，公开投票可能是可以忍受的，他们在经济上的独立足以使其在选举日就公共利益陈述自己的真实观点，而不怕之后的报复行为。但是随着公民权范围的扩大，公开投票呈现出了不同的情形。它开始变得像一种手段，通过这一手段，富人们在正式地将选举权给予那些群氓（the unwashed）的同时，可以保持有效的选举权力。如果穷人只能公开投票的话，他们就不能摆脱其经济主人的政治观点。事实上，是约翰·密尔的父亲，哲学家詹姆斯·密尔有力地讲明了对于公开投票的担心，如果不采取无记名投票的形式，投票将"仅仅流于形式，人们进行投票的滑稽表演……而全部选举权事实上却被另一方所掌握。"① 就像密尔父子的争论戏剧性地显示的，公民权的扩展和无记名投票的兴起之间有深切的功能上的联系。

这种联系现在还存在，因此无记名投票仍保持原貌。然而，约翰·密尔已经证实了其具有先见之明的预言——他的忧虑已经变成了我们的现实。个人主义已经侵蚀了公民民主的中心理念，并且是以一种与民主政府令人满意的运行相矛盾的方式进行的。好政府不需要过度活跃的公民，但它也不能在一个极度个人主义的世界里繁荣发展。

然而，更糟的是，看不见的手（the invisible hand）似乎并不能为西方民

---

① James Mill, *Political Writings*, ed. Terence Ball（Cambridge: Cambridge University Press, 1992）, p. 227.

主指引一个充满希望的未来。除了我们当前对于互联网的迷恋,日益上升的技术力量将会给公民的个人主义带来更糟而不是更好的结果。我们的公众对话的听众越来越分裂,而广播讲话也更为微弱。我们的新闻安排更为庸俗化,使日益漫不经心的公民更为迟钝。尽管,我们有来自公众的反馈机制,但从上门采访到自主选择的网络投票,都强调强烈的一致性,不代表大多数公众。如果我们想维护和深化我们的民主生活,我们必须将未来掌握在自己的手中。我们必须建立一种确保公民参与和公众对话的机制。

这是一篇乌托邦式的现实主义的文章。至于现实主义,我们希望说服你们相信,组织协商日所涉及到的难以克服的困难是可以解决的,并且这一新节日将会对我们的民主生活做出巨大的贡献。为此,我们强调问题以及解决方法,并拒绝对我们的革新作过多要求。即使成功了,它也只是限制了(constrain)由公民的个人主义所带来的危险,而不是解决了这一问题。

至于乌托邦的一面,我们几乎不能否认我们的提议所面对的政治障碍。正如令人惋惜的金融改革运动所显示的,这些绊脚石将是切实存在的。然而我们不会允许它们将我们引向另一个更为深入的问题。尽管自由民主理念在当前占据支配地位,必胜信念激起了自我祝贺,而不是政治想象。西方人对于他们提出的当前民主实践非常满意,认为那似乎是适用于全世界的模式。

这是个严重的错误。自由民主在世界历史进程中是一个相对较新的事物——是一项正在进行的工作,而不是一种稳定的制度安排,即使在少数几个已经建立起民主传统的国家也是如此。暂时的障碍不能阻挡对现实可能性界限的积极探索。如果我们能使你确信协商日是个好主意,那么就有足够的时间来考虑在其实现过程中将面临的政治挑战。

(二) 被更新的公民权

现代民主实践的核心中存在着一个矛盾。一方面,我们希望我们选出的统治者能考虑所有公民的基本利益,而不仅仅考虑将他们选进政府的大多数人的利益。另一方面,我们又不希望投票人真正承担义务。他们想怎样无知和自利都可以,而当他们进入投票站时,没人会指责他们。相反,政治参与下降得如此厉害(并不仅仅在美国),以至于如果投票人不辞辛劳地来投票——不管他们在无记名投票中怎样无知或自私,他们都能在社区认可的微弱光芒下取暖。其中的问题非常明显——如果投票人都是无知的和自私的,为什么政府应该考虑所有公民的利益呢?

这不是一个新问题。自从麦迪逊日(the days of Madison)之后,我们一直力图解决这一问题——没理由认为它终将被解决。然而,变化了的条件改变了表述这个问题的术语,也改变了其制度模式,通过这一条件,即使不能解决问题,也可以改善情况。

麦迪逊曾极为关注政治精英滤除公众观点中极不理性和极度自利的因素、并提出比一般大众更为开明的判断的能力。《联邦党人文集》的一个伟大目标是设计一种宪法框架,从而对政治精英过滤掉而不是反映那些更为恶劣的无知、自利的派别活动形式,给以精确的回报。我们绝不愿忽视持续这一事业的重要性。不过,有几种力量联合起来削弱精英倾向以抵制诱惑,而不去迎合他们选民的最无知而自利的动机。

第一种力量是关于舆论的现代科学。无论政客们多早就曾希望利用他们的选民的无知和自利,他们都有技术上的缺陷。当然,他们会看报、与老朋友交谈、出席无数的社区集会、权衡来自选民的信件,甚至通过地方政治组织进行非正式的游说。但是,如果没有科学的随机抽样和调查设计的现代艺术,他们就很难得到关于舆论的准确图景。他们很难渗透进普通美国人的心灵和思想,来精确地掌握哪一条神秘而贪婪的纽带能够在发动关键投票集团的支持中起作用。在缺乏可行数据的情况下,即使是最玩世不恭的政客,有时也需被迫考虑国家的利益。

但是,最近10年以来,这种不确定性已经被现代的舆论调查解决了。在选举中进行的全部投票点和"焦点团体"(focus group)的调查是为了发现神秘而贪婪的各种纽带的普遍感染力。那将以一种极为细致(fine-grained)的形式有效地动员投票人。政客从焦点集团处提出呼吁,用民意测验者"预先测验"他们的立场,不断地对之加以修正以增强对于处于边缘的投票集团的号召力。在这种高科技的环境中,麦迪逊式的思想,即一个立法者有高度责任滤除无知和自利的冲动,似乎是真的过时了。现在的目标是编造消息来获取多数支持。

尤其是另一种主要的转变——由声刺（soundbite）专家进行的科学的候选人市场调查。几个世纪以来，在美国政治中，喊口号、挥旗子一直是非常重要的。然而，当前的发展表明我们跨入了一个全新的世界。现在的候选人就像商品一样被出售。商业规则已经完全侵入了政治"宣传"的规则。推销凌志轿车或万宝路香烟的技巧被直接搬来用以推销总统。对于一些协商民主的原则，比如"广告"时间不能少于五分钟，那些高薪聘请的顾问已经放弃了这种观点，他们是从麦迪逊大道（Madison Avenue）那里得到的启示。这一研究是为了8秒钟声刺讲话而进行的，这正切中焦点集团研究中所发现的"热点"（hot-button）问题。

事情由于选举财政改革的失败而变得更为糟糕。新技术要花费大量的金钱。如果财政出现不平衡，政治市场中看不见的手将会把我们引向财阀统治的民主形式。但即使我们设法在财政领域保持平衡，基本的问题也不会变。这能够使得有效的声刺进行再分配，但不能产生协商民主。

我们不想描画一幅过于黑暗的图画。麦迪逊式的计划绝对没有过时。在其他文章中，我们曾经既考察了旧制度怎样使自身适于过滤舆论中最坏的方面，也曾考察过怎样设计新的制度，以敏锐地回馈那些参与被更新的麦迪逊式事业的政治精英。

本文采取了一种不同的方式。与其改善政治精英的过滤能力，我们更希望改善舆论自身的特性。

1. 理性的无知

但是，舆论需要改善吗？也许，公众已经非常了解情况。或者，他们不知情，但即使知情也不会有什么不同。

首先，如果60年代的现代民意（public opinion）研究确立了什么的话，那就是公众们最基础的政治知识，以任何规范的标准而言都是令人吃惊的。[1] 一种解释为，传统的投票选举给我们的观点通常是安东尼·唐斯所讲的"理性的无知"[2] 的产物。对于非常复杂的政策研究而言，我要形

---

[1] 参见 Michael Delli and Scott Keeter, *What Americas Know About Politics and Why it Matters* (New Haven and London: Yale University Press, 1997; expanded ed.).

[2] Anthony Downs, *An Economic Theory of Democracy* (New York: Free Press, 1957).

成一种意见或充分了解情况都将花费相当多的时间。而且我可以确信,我个人的一票或个人的意见不太可能造成什么影响。因此,对我而言是"理性的"的分析结果仍然是无知的,同时,还有一些更为紧迫的要求,我确实能从中发挥作用。

我们不打算认可"工具理性"(instrumental rationality)这一玩世不恭的概念,它经常激发"理性的无知"理论的阐述者。相反,我们认为,大多数西方民主的公民认为他们作为公民有责任认真考虑公共利益。然而,政治经济学家在解释西方人为什么要承担极其重要的工作来完成这些责任时,却是正确的。如果像他们认为的那样,无知是工具理性的,那么只有一种方法能解决我们当前的困境——即改变激励措施。这样说,并不仅仅是为了指出参与协商者将因他们的努力而得到150美元这一事实——尽管这并非不重要。如果协商日脱离了这一基础将会产生很多更为重要的其他的激励措施——或者,至少我们将对之进行讨论。

2. 协商民意测验

近年来,我们参与了一项名为协商民意测验的研究,以探索如果公众都被有效地动员起来,表现得更像理想的公民,那么民意将会是怎样的。首先,随机抽样来调查传统类型是怎样的。然后,他们被邀至一个单独的地方,由该项目承担费用,在周末参与小组讨论或更大型的全体会议,在那里,他们有广泛的机会来获取充分的信息、交换不同意见,并在深思熟虑后形成观点。在周末结束时,分发与初次见面时相同的调查问卷。结果,人们意见的变化常常是具有戏剧性的。他们对协商的可能性提供了一点意见——如果人们被有效地动员起来关注一个问题,获取了充分的信息,并一起讨论,他们将会有怎样的意见。协商民意测验将科学的随机抽样置于一个具有激励措施的条件下,从而有效地克服了理性的无知。①

在协商民意测验中,每个响应者发现他们被随机地分配到一个小组,他们大约15个人有一个发言权,而不是几百万人一个发言权。他们被置于

---

① 为对协商民意测验有一个总体了解,参见 James S. Fishkin, *The Voice of the People*: *Public Opinion and Democracy* (New Haven and London: Yale University Press, 1997; expanded ed.).

一个多方讨论的环境中,在那里提出自己的理由,也听取别人的意见。与在数百万人的无记名投票中迷失不同,他们在小组中有真正的发言权。除此之外,他们实际上通过无记名投票进行选举,如此我们可能在个人的层次上研究意见的变化,而不用担心错误共识造成的社会压力。实际上,我们兼具了约翰·密尔和他的父亲就无记名投票所进行的争论中所提到的两方面的优点。我们有鼓励小组讨论和面对面讨论的社会环境,从而人们提出并回应讨论中提出的理由。但是最后,在做出决定的时刻,我们使人们免受社会压力。这就是在我们开始设计协商日时试图保护的协商民意测验的方面。

协商民意测验使我们很好地了解一个消息更加灵通、更加乐于参与的选民团体将是怎样的,它在政策态度和投票意图上是截然不同的。但是协商民意测验做到这一点,只是作为一个有代表性的例子。如果公众得到更多信息将会怎样说呢?协商民意测验将会对那些对此感兴趣的政策制定者产生推荐性作用。他们可以通过广播和新闻报道对民意产生温和的影响。但是,不要急于想象一个获得更多信息的民意如果在整个社会中得以实现时,将会产生的有力影响。

(三) 杠杆战略

协商民意测验提供了一幅关于消息灵通、乐于参与的民意的但与现实不符的图画。协商日开始在整个社会中实现这样的民意。不仅无数的节日对话将会改变百万人的意见,他们还将改变更大的政治环境的性质。依据这一准乌托邦思想试验的提示,策划他们的选举战略和广告宣传,政客和他们的顾问将会把协商日作为一个根本性的指导点(reference point)。他们将不再自动地假设候选人在 8 秒钟讲话中非常畅销。在整个选举中,他们将密切关注一个事实,即他们的主张(message)将取决于一日之间的分化,从而数以百万计的选票将随之摇摆。

至少,这将改变候选人推销他们主张的方式。仍将有 10 秒钟的简短广告,但他们将在不同于今日的条件下为了珍贵的美元而竞争:5 分钟或 10 分钟的"信息商品"是否能在严酷的协商日中得以幸存呢?随着这一天的临近,电视中的广告节目将会变长,更为东拉西扯——不是出于公民美德的突然爆发，而是源于对于政治自利的认真计算，假设能预期的、观众获得的信息和引起的关注不断增加的话。

这种预期为杠杆战略提供了基础：通过将协商日安排在选举即将结束之际，我们希望重塑之前进行的所有事。确实，如果我们成功地增强了之前进行的辩论的质量，我们的干预将会起到一种自相矛盾的效果，即减少协商日进行的对话本身的影响。因为，更多的投票人将会在协商日获得更多的信息，从而很少有人会基于面对面的讨论而改变他们的主意。

但是，当然，这样的结果将成为协商日成功而非失败的标志。它意味着，通过在更大的程序中插入正式的集体协商时间，共同体得以将其整个的政治对话提升至更高的平台。

二、机制

（一）协商日

更切实地想象一下协商日。我们的思想－试验将协商日分为四个协商的部分。在 8 点到 9 点间到达邻近的学校和社区中心后，协商者将来到随机分配的 15 人小组做第一件事——在那里，他们坐在一起观看国家主要候选人之间就主要问题进行的现场直播的电视辩论。

组织这一国家议题辩论（National Issue Debate）当然需要很多思想。我们认为，正式的程序应该在此之前两周就开始了，辩论的组织者会要求每一位主要候选人（major candidate）回答一个简单的问题：当前国家面临的两个最重要的问题是什么？

在两党制框架内，这种询问将会产生两到四个主题，这必将有助于形成很多协商日的对话热点——候选人的重大主题（Big Themes）将会主导晚餐桌旁、互联网上、权威评论者之间以及报纸上的诸多讨论。他们也将成为大量选举资金的目标。我们希望竞争性的"政治家访谈节目"（infomercials）投入到关于中心事实和价值的竞争性演讲中去，并用来自各候选人的全国演讲覆盖协商日的前夜。

政党也将被邀请以一种适合于大众的简报的形式就选出的话题表明他

们的基本立场。在这个简便的文件中，为每个政党提供了一定字数的空间，且两种（或全部三种）立场都有一个大众分布情况，以此作为讨论的最初基础。这一文件也会在网上和新闻中公布。由于有简报的公民投票经历并不愉快，以无记名方式进行投票的公民们没有讨论的热情。然而，我们认为，参加多样化的小组讨论的公民将会有更大的兴趣来了解简报。或者，至少那是协商民意测验的必然经历。此外，由一个或另一个政党提出的立场存在任何误导或不准确的方面，我们可以期望这些方面通过媒体的报道而彻底分解。当然，有些公民可能没有真正看这些文件，或觉得这样做不舒服。但是，他们将有很多机会在讨论中提出同样的事实或观点，参加这些讨论的公民曾在为协商日进行准备时看过这些文件。

在协商日真正进程的第一阶段，候选人将必须依靠他们自己的资源，而不是他们的顾问和高级幕僚。第一阶段的形式将是非常熟悉的。节目的第一小时将被分成2—4个问题部分。候选人不是陈述已经准备好的演讲词，而将面对3个国内顶级的记者——基于两周的造势（run up）期间对候选人的竞争性议题演讲的研究，他们将试着对每一位候选人提问。然后，候选人将获得一个机会，在最后的15分钟内，阐释之前所作的回答，并讲解之前进行的问答中没有解决的问题。

电视节目将在早上的10：15结束："现在轮到你们了，美国同胞们，继续这场辩论。但首先，先休息15分钟，喝杯咖啡，以便让那些在国家议题辩论前没机会相识的小组成员互相介绍一下。"

第二阶段在10：30以小组要做的第一件事开始：在继续进行他们的主要任务前，协商者必须选出一个代言人（foreman），以多数票通过——这是为午饭后进行的500人的大组会议作准备。在下午的会议期间，敌对两党的地方代表将会出现，并试着回答提出的关于他们政党的电视演讲的任何问题。那么，他们会被问到什么问题呢？

上午的会议包括15名协商者就这一话题进行的圆桌讨论。尽管没人被要求发言，但确保每个协商者都有5分钟的发言时间。代言人作为协调人，每个参与者都有一个小计时器来计算各自剩余的时间。当一个协商者发言时，他/她在开始和结束分别按下计时器的开关。如果任何一个还有自由发言时间的人想说话，代言人不能邀请已经用完分配给他/她的 5 分钟的人发言。

在 75 分钟的圆桌会议期间，每一个协商者都试图提出一个单独的、他认为应该提请下午的大组会议考虑的问题。在对话结束时，代言人将各个问题加以集中，最后一次大声宣读这些问题。每个问题都念过之后，小组成员对之进行"是"与"否"的无记名投票，代言人公开清点票数，然后宣布获得最多票数的 3 个问题（相同票数由抽签决定）。

这时大概就到了 12：15——午餐时间！但人们不仅仅以面包为食：我们希望学校食堂或其他类似的地方能够作为 500 人的大组进行非正式的联系和对话的场所，在那里首次进行集合。

为了当前的目的，我们更有兴趣描述在这之后发生的事情。每一个大组都有自己的协调人——也许是个地方法官，也许是个公民团体如选举妇女联盟（the League of Women Voters）的成员。他/她很快就获得由各个小组代言人提交的问题列表。由于有大约 35 个小组，因此在单子上将总共有大约 100 个问题——这对于下午的会议来说太多了。在午餐时间，她将负责通过抽签，在这些问题中挑选出 15 个问题，作为下午讨论的基础。

但在此之前，她还要先进行一个初步的分类工作。很多单子上会有相似的问题，如果随机抽取的问题碰巧是一些非常相近的问题，那么大组讨论就极有可能变得非常乏味。因此，协调人必须首先依常识对之进行分类——将类似的问题归为一类。如果某一类中的任何一个问题被抽中，在接下来的随机抽取过程中又抽出了同类的其他问题时，她将对之予以忽略。这一方式可以使大组能够听到代表了上午讨论的绝大多数主题的 15 个问题的回答。

大组协调人将在政党地方代表面前列出她的问题单，地方代表将在下午回答这些问题。由于他们可以观察她的行动，她在对问题单进行初步编辑时不必询问他们的意见。时间是根本性的——关键是为会议准备好一份像样的问题单，尽可能引起政党代表的注意。

大组会议将在下午 2：00 以协调人欢迎两个（或三个）政党地方代表来到协商日为开始。当然，会议的大部分时间为提问与回答——每个问题每个代表大约有两分钟的时间进行回答,但在问完全部 15 个问题后,每个代表还有 5 分钟的时间来进行总结或提出一些被忽略的问题,我们预计这一会议将进行大约 1 小时 45 分钟。

这就到了会议的第四个阶段——下午 4 点钟。协商者又回到了他们上午进行讨论的地点,在他们的小组内进行最后的会议。他们仍遵循 5 分钟的规定,但这一次,他们被代言人邀请对大组会议上政党代表所作的回答进行共同评价。

就像早上所进行的那样,下午的圆桌会议将持续 75 分钟。但这一次,不进行投票,代言人也不用对之进行什么实质性的总结。小组成员将宣布一天会议的结束,然后互相告别。

（二）评价

关于这个四阶段的议程,尽可以进行讨论,但它确实对于协商日可以和不可以做什么提供了更切实的感觉。我们组织了四种价值判断对之进行最初的评价:信息、对话、协商和社区。

1. 信息

世界上充满了书籍和评论。问题是动员人们去找出它们。协商日的过程将对此产生怎样的影响呢?

以实际的数字开始——大方一点,可以说,有 1/5 的美国人——他们（至少）将国家政治看作一种严肃的旁观者运动,并定期地收看国家新闻。就他们所知,协商日的造势（run up）将会极大地起到聚焦（focusing）作用。通过对 4—6 个议题给予特别关注,国家候选人将会把新闻媒体的信息流引向特定的方向——鼓励他们的固定读者对于"关键议题"进行深入的认识,从而鼓励在协商日当天进行更多的、有见识的意见交换。

这将对两个政党产生更为深远的影响。众所周知,媒体革命已将选举资源从边缘转向了中心,从地方为基础的意见领袖转向了媒体商人。协商日将会对之进行翻转,如同某些单纯的政治数学所建议的那样。

例如,假设对于第一个协商日许多美国人心存怀疑,且"只"设法吸引了当前一半的选民。由于当前大约有 1 亿选民参加总统选举,那么仍有

5千万协商者参加了他们当地社区的10万个"大组会议"。每一个大组会议中都需要政党发言人的积极参与，并准备通过公开的（informed）方式回答范围很广的问题。

每方有10万消息灵通的发言人！起初这个数字可能看起来令人惊愕，但两个主要政党都拥有了这样的人力资源。只是当前的体制下，他们还没有被开发出来。例如，在地方、州、全国各层面，有大约93000名选出的官员。几乎所有官员都将发现自己乐于出现在协商日的大组会议上——此外还有成百上千的人有在未来担任官员的愿望，以及数百万的人会认为，参加为期一天的辩论也许很有趣。再加上与主要政党有联系的某一团体的成百上千的积极参与者——从联盟到宗教的激进分子。每个党并不受人员缺乏的困扰，他们面临的难题是如何劝阻有野心的人挑选出能够典型的发言人。

但是，对政党发言人的动员和选择还是不够的。每一次全国选举都将有新的激励措施来进行一些短期的、严肃的政治教育。在协商日的造势期间，两党都不会只为发言人准备简报（briefing books），还会在全国范围内日夜进行专题讨论会。只有通过这种方式，他们才有希望在地方组织起一支意见领袖（opinion leaders）的队伍，他们足以应对协商日的挑战。如果某一方没有充分利用他们的人力资源，他们将在投票站付出沉重的代价。

这种招募消息灵通的意见领袖的新努力将会在每一个地方社区中产生多方面的（ramifying）作用——意见领袖，根据定义，与许多人进行交谈，为了准备在协商日的辩论，他们自然地谈到在专题讨论会上讨论过的主题。并且，其他的地方团体将会发起自己的运动以形成地方协商的方针、路线。例如，假设环境运动或生活权利运动得知全国竞选运动中没有列出环境保护或堕胎问题作为其国家议题（National Issues），想象一下他们将会有怎样的反应。他们不会单纯接受来自上层的这一决定，这些团体将会号召他们的成员用他们的5分钟提议扩展议程的范围——如果他们在小组内遇到了意见相似的人，也许他们提出的问题将获得足够的支持，在下午的大组会议上获得认真考虑。

协商日是一个双向路径——尽管国家议题辩论对全国竞选运动制定议程提供了很大动力，但他们并未形成垄断。如果反抗运动能够说服足够多的追随他们的公民将他们的问题放入小组选出的"前三个"问题,他们将有更大的力量。预见到这些反应,政党的专题讨论会无疑将投入一些时间在考虑恰当回应"国家议题"的同时,也要恰当地回应类似的"社区议题"。同样重要的是,当地意识形态运动的鼓动作用将增强协商日之前的骚动,并促使那些较为漠不关心的公民开始留意:这些吵吵嚷嚷的,是什么事?

这种普遍关注的水平将会被另一种有力的影响进一步提高。那些打算参加协商日的人不想在他们的同伴面前显得愚蠢。他们的这种愿望将促使他们中的许多人在这场逐步升级的公共对话中花费比通常情况下更多的时间,当然,协商者完全有自由在整个小组会议中保持沉默;但如果他们希望充分利用他们的 5 分钟,许多人就要提前进行准备。即使他们不确定他们将怎样参加,他们也会对媒体更为敏感,乐于就某一将出现在协商日议程上的话题与朋友和家人讨论。这种模式将在协商民意测验中不断地得到加强。当然,在协商民意测验中,电视会进行报道,从而增加准备过程中的兴趣。然而,我们可以想象,如果在随机选择之前就得知一个人将要参加讨论,这足以促使他事先对此进行了解。这种效应在焦点集团中众所周知,如果回答问题者提前得知了主题,那么当然会希望在全国受到瞩目。

确实,这种"预期效应"(anticipation effect)意味着经过一定发展形成"道德循环"(virtuous cycle)的可能。每一个协商日都可以通过以往公民的参与建立一种惯例——逐渐形成更为广泛的信息基础。

我们不想夸大其词。很多人可能会通过抵制整个事件来防止在协商日上出丑。150 美元的报酬远不够补偿小组发言带给他们的焦虑——或者即使保持沉默,也会看起来像个"什么也没说的白痴"。

不过,我们相信,协商日将成为一个"自我实现的预言"——消息相对灵通的公民将实现成功的行为预测。

2. 对话

当然,信息将会因协商日当日进行的对话而进一步增加——在小组和大组的正式会议上,以及在午餐和零星时间的非正式讨论中。

对话不仅仅是交换信息。小组是人们面对面交流的地方,这将扩大每个参与者相关经历的范围和道德方面的见解。与随机抽取的人们待在一个房间里能促进社会各阶层之间的理解。我们大多数在讨论政治或政策时，总是与我们相似的人进行谈论。我们很少花时间关注处于其他社会阶层、面临不同问题的人们。随着媒体报道关注的范围越来越狭窄，人们与那些已经取得一致意见的人们分享意见的趋势将会得以推进。

当我们与来自不同社会阶层的人们进行认真的讨论时，对我们政治态度产生的影响可以是非常深刻的。在1996年的初选季节之前的协商民意测验中的国家议题大会上，一个84岁的白人保守主义分子发现自己与一个以救济为生的拉美妇女分到了同一个讨论福利政策的小组里。在讨论之初，他突然插话说她"没有家庭"，因为一个家庭是指在一个家里有一个母亲、一个父亲和孩子们。在周末结束的时候，他走向她，说："在英语中最重要的三个字是什么？是'我错了'。"与她在小组讨论中度过了几个小时之后，他超越了电视讲话和报纸头条的印象而开始欣赏她。

但在有这些好处的同时，对话仍存在着不好的一面。由于有数百万的小组讨论会，将会有数千个小组破裂——随着热情的高涨，会议将退化为喊叫和争吵，将所有公民协商的主张当作笑料。没有希望完全消除这种破裂。问题是，能否将他们减小至可以忍受的范围内——他们不怀疑整个程度，阻止大多数人们参加协商日的骚乱。

挑战在于为小组建立一种机制，以减少可预测的微小争吵的数量。从为每位协商者提供一个5分钟的计时器可以看出，很明显，当代言人喜欢的人没完没了地喋喋不休时，他不能予以制止。最坏的情况是，在75分钟的讨论中，代言人会让他喜欢的人先发言，然后允许其他人插话。但毕竟这可能会被证明是一个令人怀疑的优势——早先被忽视的发言者会发现，在对话中较靠后的位置将使他们能够有力地反驳之前提出的一些观点。

同样地，秩序规则（the Rules of Order）将阻止代言人把任何一个发言者排除在外，因为他或她的作用与对话无关。尤其是，代言人不能要求发言人局限于电视辩论中介绍程序所涉及的国家议题。如果有公民认为其他的问题更加重要，他拥有不可剥夺的权力来运用他的5分钟说服他的同伴去挑战国家选举运动制定的议程。尽管他的观众将发现这5分钟非常乏味或唐突，但秩序规则将无条件地保证他继续发言的权利。毕竟，5分钟时间也不是太长。即使发言人出言不逊，这一规则也将极力要求小组成员仅仅忽略其煽动性的议论，而不是在以后的回答中将之夸大。

无疑，小组将发现不时地控制愤怒非常困难。而压制发言人说话的努力将导致冲突的升级，使小组几乎很难在75分钟的对话内重新回到文明的讨论中来。对绝对权利的明确保护、小组成员礼仪的无条件义务，同时为公民的和平与范围广泛的讨论提供了极好的保证。

同时，它有助于消除另一种潜在的矛盾根源———一些代言人滥用其暂时的权力、扮演小独裁者的企图。一旦规则使代言人不能阻止任何参与者发言，或禁止参与者谈些不相关的话题，那么他们将会怎样滥用他们的权力、以激起小组其他成员的反抗呢？

这不是一个修辞学上的问题——无疑，有些代言人将会发明新方法来打断对话，或者将会简单地破坏限制他们权力的明确规则。同样，当小组成员对一个或另一个对话进行的挑衅愤怒地予以反抗时，礼仪规则也会被破坏。那么，之后会怎样呢？

秩序规则应该有一个特别的机制，通过这一机制，绝大多数成员能够很快地排除一个不守规则的公民。每一个成员都有绝对的权力进行驱逐；不用再进行辩论，事情将通过无记名投票的方式解决，若15票中有12票是肯定的，将对之进行驱逐。如果这一行动的目标试图破坏投票，任何一个成员都可以立即离开去叫分管该区的警察分队。

无疑有些公民可能会不公平地遭到驱逐，但我们认为，一个完备的申诉程序是不值得的。解决这类争端最好的办法就是严格限制其奖金。当公民们发现争端将使他们失去150美元的报酬时，他们将会远离任何制裁——如果那样的话，他们将不会参与身体冲突，在这样的冲突中，随之而来的将是依据刑法所进行的保护和防御。

当然，这一切需要解决一个大问题——占压倒性多数的美国人能够避免引发这种粗鲁的控制机制，以一种文明的方式进行他们的对话吗？

唯一的解决之道就是试一下协商日。

3. 协商

获取一些信息是一件事；以相互尊敬的方式来发言和听取别人的发言是另一件事；而以称得上民主公民的方式进行协商又是另一件事。其中，首要的和最重要的，是问对问题。

要抓住难点，思考一下现代生活中社会角色的多重性。我们是丈夫与妻子、父母与子女、工人与管理者、邻居与同教中人、朋友与敌人、消费者与公民。每一个角色都承担着不同的责任，如果谁将角色搞乱，等待他的只有苦涩的失望，如将老板当作丈夫，或将同一教派的人想当然地当作朋友。在此，尤其不能将作为公民所具有的责任与作为消费者所持的姿态相混淆。当进入商场时，作为消费者来说，可以普遍接受的是，在竞争的产品中进行挑选时，将她自己限于一个问题——即"我认为的哪件商品最满意？"例如，如果他去看电影只是因为他喜欢明星的长相，即使他第一个承认这电影就其他方面而言是垃圾，他仍有权去看。

但这并非公民权。当你我一起选择一届新领导时，我们并非进行一种个人的消费活动，而是一种集体的权力活动——将对我们数百万的公民的命运，甚至对全世界数十亿人口产生深远的影响。由于具有如此重大的利益关系，选择微笑得最好或施舍最多的政客在道义上是不负责任的。与其问"什么对我有益？"倒不如问"什么对国家有益？"

无疑，在很多情况下，对国家有益的也是对个人有益的。但是，好公民会认识到，而好的消费者不必这样，这种国家与个人的结合决不是预先注定的，并且公民的任务在于超越个人利益并认真考虑公共利益的性质。

正是公民的这一点促动了约翰·密尔对于无记名投票的担心。一旦投票人从为了其候选人而公开站出来的需要中解放出来，她极有可能忘记公民权与消费主义的区别，为了个人的偏好和利益而投票，而不会去在意人们是否对她关于公共利益的判断存有敌意。

我们认为，正是这一点使协商日如此可贵。非常简单，它提供了一种社会环境，这种环境使得公民的特定义务在日常生活中十分突出。当在小组或大组中进行交谈时，美国人不会相互以消费者或同一教派的人甚至朋友相待——而是以寻求共同基础的公民相待，参与到一项伟大的任务中来，重建细弱却珍贵的、以共同事业将我们联系到一起的公民纽带。

固然，不同发言者常常在国家理想上产生重大分歧——候选人和将理想付诸实现的政策也是不一样的。然而，社会环境将鼓励人们认真考虑关于公民的根本问题。当他们依次起身发言时，很少有协商者会认为单纯依靠利益主义偏好的个人好恶就能完全解决问题——当犬儒学派者和怀疑论者发言时，他们对于"公共利益"这一概念的嘲讽将会引起更大的对于其需求的辩论。

然后，假设一个典型的美国人已经完整地参加了一个典型的协商日，那么这将对其偏好和行为产生怎样的影响呢？协商民意测验认为，就公众问题进行这样大型的对话将会对公共利益造成更强的敏感性——至少在考虑问题时超越狭隘的、短期的个人利益或一时的个人满足。考察一下在得克萨斯举行的一场关于日常生活中的电力使用规章为主题的协商民意测验的一系列经历。回答者被要求在关于当地提供电力的几个选项中进行选择——这些选项包括从修建更多的矿物燃料发电厂，到保护措施（这将限制对于电力的需求），到再生性能源（风能和太阳能）等内容。作为这一程序的一部分，他们被问到是否愿意为了资助再生性能源（风能和太阳能）、或为了降低电力需要而进行的保护措施、或为了帮助穷人的项目而增加他们每月的账单。其中一个极为一贯的模式是，在协商结束时，绝大多数的回答者表示愿意为了上述目的而增加他们每月的账单。愿意这样做的人数占到了 2/3 到 4/5，与协商之前的人数相比有大幅度地增加。①

这些问题成为了国家公用事业委员会（Public Utility Commission）制定规章的程序的一部分。这种讨论并不是为了增加利他主义，而只是为了摆出公共政策问题中所有的复杂问题——成本、对环境的影响、风险、分配、投资和技术变化的不确定性。然而，这种偏好的改变是政策讨论的一贯的副产品，像其他协商民意测验一样，这种讨论在周末进行，并在该社区进行随机的和代表性的抽样。正如约翰·密尔所认为的那样，就公共问

---

① 对公用事业的更多了解，参见 Fishkin, *The Voice of the People*, pp. 200 – 3 and appendix D。更多的数据来自协商民意测验中心（the Center for Deliberative Polling）。

题进行共同讨论的过程能产生一种社会环境,使人们的偏好发生改变。他称之为"公共精神的学校"(School for Public Spirit),并希望这种陪审团制度能形成一种机制(他还清楚地考虑到公开投票将产生另一种机制)。当作为个人的公民参与公共职能时,"由于如此深入其中,这要求他为自身权衡利弊;在面对相冲突的主张时,以另一种规则而非他个人的偏好为指导;事事遵循以普遍利益为根据的规定和准则……他应觉得自己是公众的一员,并且对公众有利的也就是对他有利的。"①

我们相信协商日就能提供这样的"公共精神学校",但之前从未大规模实行,因此公共讨论的有益影响将会给被数百万人民占有的、同时也是为他们而设的"公民"办公室带来新的内容。

然而,我们不需要夸大要进行的变革的程度。为了说明这一点,对公民间的问题——什么是对国家有益的——在更多人的心中将变得更为突出,我们并不认为每一个公民的回答都应是追寻英雄灵魂的产物。相反,如果仅仅一个协商日就能引发很多参与者去反思他们最基本的价值观,我们倒应该非常警惕。毕竟,成熟的人们以一生的经历构建他们的价值观框架,如果他们与朋友们进行了一天的对话就能将之解构,那将是非常令人沮丧的。②重点在于强调在政治上改变一个人的选择根本不需要在终极价值上进行一场革命。这也许仅仅意味着协商者对于终极价值、中心议题和候选人的立场之间的复杂关系有了更清晰的认识。他或她或许会变得更愿意考虑公共利益,至少在形成部分决断时会如此。

有时,讨论还会造成更简单的效果。它可以提供决定性的事实,有策略地置于对话网络中,这类事实可以改变人们的意见。例如,在国家议题大会上(1996年的一次国家协商民意测验),像在其他国家性调查中一样,被调查者(respondents)要求大幅削减对外援助。但同时在其他国家性调查中,他们又认为对外援助是美国预算中最大的组成部分之一。在这一过

---

① Mill, *Considerations on Representative Government*, p. 79.
② 在协商投票中,我们发现,发生改变的不是基本的价值观,而是具体的政策态度,起初的知识以及我们所谓的"经验主义的前提"(empirical premises)(典型地,例如对于政策选择与价值外化 valued outputs 的偶然关系的假设)。基本价值观似乎比上述的任何内容都更具稳定性。

程中，他们得到了一些关于预算的详细材料，这些材料表明，对外援助占了预算的1%。在周末结束时，对对外援助的支持有所增强——人们不再希望取消援助。总统候选人之一，帕特·布坎南（Pat Buchanan），没有参加这一讨论，他正以此主题进行竞选，提出应平衡预算，取消对外援助。不了解情况的公众会接受这样的呼吁。但是参加了国家议题大会的人们了解情况，则不会接受。我们用协商日改变公共对话的部分目的就在于，使大部分公众能够获得充足的信息，使得各地的候选人不得不做出同样的分析（calculation）——他们不能只是做一些当人们对事实不了解时才讲得通的呼吁。在协商日之前，他们将不得不预计到这种效果。而之后，这对他们也至为重要。

在他们努力将新因素融入他们整个的选举决策时，公民们将锻炼对最重要的政治重点做出关键性政治判断的能力——即使这样的锻炼并不能使人们挑战他们的价值框架。认为协商日将鼓动千百万的人们进行这样的努力是一种空想吗？

也许有人会担心这会产生相反的作用。一伙意见相似的人们可能会试图威逼团体中持少数观点或态度的成员。假设在全国范围内有千百万个小组召开会议，难免有时会发生这样的事情。但这一活动的结构不会鼓励威吓。例如，如果协商日与选举日相连，那么当地的多数派威逼少数派暂时附和其愿望，希望这种心理压力推动少数派依据多数派的愿望在投票点投票，这将是非常诱人的。

但是，当协商和选举之间有一周的间隔时，这种战略则很明显是无用的。在这一框架内，几乎对每个人而言都很明显，威吓只会导致怨恨，因为不同意见的人们将会回家或到朋友那里对他们受到的侮辱性待遇加以抱怨。

当然，会有一些狂热分子，他们不会顾忌到别人的感情或信仰。但是假设有一周的冷却时间，那么小组会议成为思想压力制造者的机会将大打折扣。并且，所有的压力制造者并不一定有相同的思想方向——地方的心理强迫活动常常会在国家基础上相互抵消，从而将这一问题减小到一定规模之内，总体上不至于削弱协商日的主要倾向。

4. 社区

国家竞选活动曾逐渐阻碍了地方社区组织的发展。当然，他们小心地在幕后策划地方的"新闻事件"以求得最大的影响。但这是他们直接获取投票人的生存空间的众多手段的一种。国家竞选运动并不将重点放在地方讨论的需要上，而是试图通过被严密控制的大众宣传，控制地方团体的领导人。

当然，在选举日当天，仍然需要以地方为基础的组织。只要投票人不能在家中投出选票，每次竞选就仍然需要许多当地的工作人员去鼓励投票人出动。但在这最后的阶段，政党的工作人员试图说服投票人认同议题是浪费时间。相反，他们的工作是确认那些真正的拥护者，并使他们每个人都去投票。

协商日改变了这一场景。长期以来，为了总统选举独立地操作地方政党组织变得不再有意义，这是第一次。另外，他们怎样才能找到10万或更多的地方发言人在下午的集会中代表候选人呢？

甚至，这种提供这些代表的需要将会赋予地方政党组织以新生和新的方向。地方政客将会非常突然地，有很大的兴趣为他们参加协商日的队伍确定最善表达、最有思想的意见领袖。同时，各议题的积极分子将会有更大的兴趣参与到地方政党的事务中来，从而在协商日上影响选举代表的选择。

所有这些不会帮助地方精英切实参与国家政治，但会导致这种参与的大量增加。当然，这只是为了引导出一个更为重要的因素——上千万的美国人在他或她各自的地方社区集会中积极参与协商。

但协商日并不仅仅提供了一个论坛，通过这个论坛，数百万的美国人将以一种新的身份出现在他们朋友的面前——作为活跃的公民就双方关心的事情提出自己的观点。它还成为提高社区的社会资本普遍基金（the community's general fund of social capital）的一种手段。我们设想，许多社区团体在午饭时间摆好桌子，试图为他们的活动获取协商者的兴趣和支持。在这一天建立的这种临时关系经过一定时间后，将会在很多方面得以深化和增长。

贡献。至少有一种可能性这一事实意味着这并非不可能实现。这也不意味着协商是唯一的、甚至是最好的办法。然而,它是到目前为止我们能够制定的最好办法,并且我们更希望它能够促进对话以提出更多的选择。

性去思考我们应让他们行使的权力时，我们就给予了人民权力。①

在这四种可能性中，为实现协商，象限 I 具有特殊的价值。它在战略上位于民主可能性的行列之中。在这个图表中，为实现协商，有理由向北移动，为了实现大众认同有理由向西移动。但我们的倾向并非向北或向西移动，而是移向东北或西南。当立国者成立选举团、参议院或全国大会时，他们从东北方向设想决策机制，认为这是实现协商的唯一道路。当民主改革者，从人民党成员和进步党党员到现代美国基层体制（primary system）麦考文－佛雷瑟之后的改革者，建立更民主的协商时，他们将我们的制度移向西南，认为这是实现大众认同的唯一道路。

为了解决这一问题，我们还不能向北移以推动协商，并且与此同时不向东移以限制走向精英或选择集团。相应地，我们不能向西移以推动大众认同，并且与此同时不向南移以减少协商、增加原始公众意见的引入。民主改革就这样被这种被迫的交换搅得乱七八糟。一方面的进步问题意味着另一个中心的牺牲。

协商日将会使我们从对于民主基本价值的被迫妥协中解放出来。如果我们能够同时拥有协商和大众参与，我们就能够周期性地使政治程序充满信息灵通的集体认同。这是来自于信息、思考、对话和反思的，是绝大多数人民参加的大众认同，是了解情况并经过思考的认同。

所有的民主形式都可以在这一简单的框架中进行分类，在这一意义上，所有的民主形式都需要至少为某些人提供协商，因此，他们必须回答"谁？"和"什么？"的问题。在民主实践的历史中，所有其他的可能性都是或者由某些选出的团体作为其他人的象征或代表来为他们行动，或者用削弱了的、非协商形式以供人们表达意见。只有像协商日这样的机制才能在这四种可能中成为最令人满意的选择。

我们并不认为协商日是实现象限 I 的唯一可能的方法。相反，我们在呼唤制度创新的不断努力，以实现这种可能。本文即是对这种努力的一点

---

① 关于这一观点的更多内容，参见 James S. Fishkin, *Democracy and Deliberation: New Direction for Democratic Reform* (New Haven and London: Yale University Press, 1993)。

刻",那时有一次很大的危机,很多人讨论它,从而使公众从"常态政治"的麻木中被唤醒。①

但是,宪法时刻在一个国家的历史上出现的次数微乎其微。他们设想如果象限 I 可以实现,民意会是怎样的,但这取决于特殊历史环境的出现。只有出现了像协商日一样的制度革新,才会为象限 I 这种理想状态的实现提供持续的基础,即同时实现协商和大众参与的理想状态。此外,还有三种可能性。

只要有一个选择团体为我们其余人进行协商时,象限 II 就可以实现。这可以成为麦迪逊想要研究的代表集团,在《联邦党人》第 10 章,"通过挑选出的公民组成的团体作为媒介来提炼和扩大公众的意见"。这可以是参议院、选举团(从其最初的目的上),或是由制订者所指的"大会",使用不同的挑选手段,这也可以成为协商民意测验的样本,在为我们其余的人进行协商时发挥代表功能的一个选择团体。

象限 III,选择团体的原始意见,由以投票为方向的大众民主(mass democracy)的参与者来实现。普通的民意选举允许公民中选出的团体,通过随机抽取进行选择,将他们原始的、未经过滤的偏好加入到政策制定程序或公共对话中去。在某种程度上,如果大会投票(conventional polls)影响了政治和政策,我们就实现了象限 III——选择团体的原始意见(通过随机抽取进行选择)。

象限 IV,整个大众的原始意见是国民投票民主的实现。美国民主长长的发展轨迹,而且事实上世界上绝大多数的民主,都越来越直接地去询问大众的意见。这一过程给人民带来了权力——以公民投票和其他的公民表决的方式,通过参与选择候选人的初选,通过消除更为间接的某些官员的选举模式,以及通过直接选举产生的官员的扩张,等等。最终的结果是曾经在象限 II 中,通过选出的或精英的集团进行审议后做出的无数个决定,现在由代表公众的理性无知的刺激来完成。逐渐地,当人们有一丁点儿理

---

① 参见 Ackerman, *We the People*, vols. I, *Foundations*, and II, *Transformations* (Cambridge, MA: Harvard University Press, 1991)。

题，并满怀希望地提出相关的观点，这样就有机会使理智、精确的信息加入对话之中。一些理性层面的完整性和精确性对于协商讨论的进行是必要的。此时，我们将设定，我们为协商日所作的制度安排至少可以在最低层次上满足这种需要。

当然，在日常生活中有很多用到协商的场合，并不需要刻意进行什么制度安排。然而，如前所述，在公共大众中发现的各种层次的热点、信息和参与将会表明，在绝大多数情况下，没有多少协商产生的公众意见是在大众的层次上产生的。我们将把那些缺乏有意义的协商的公众意见称为"原始的"。

因此，将这两种特征放在一起，就会产生四种基本的可能性：公众的协商意见；选择团体的协商意见；选择团体的原始意见；公众的原始意见。

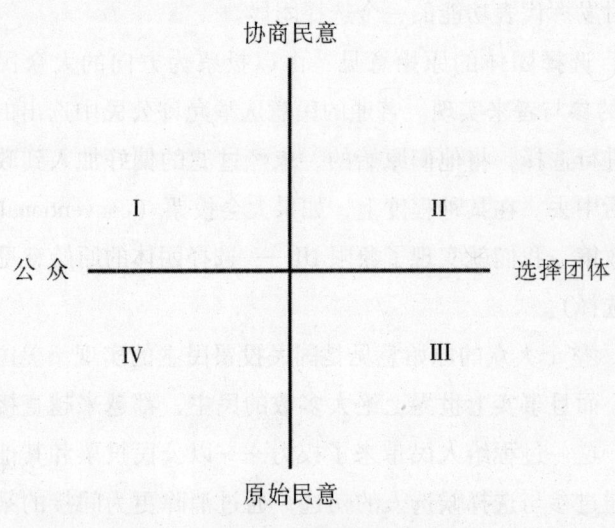

图 1.1　民意的种类

这四种可能性见图 1.1。象限 I 是我们希望由协商日加以推动的可能性。如我们所见，我们一般是处于象限 I 之外，因为在民族国家这一大规模层次上，民意常常会因为理性无知的刺激而受到削弱。然而，对于大众而言，也曾有过实现这一可能性的时刻——在共和国历史中的"宪法时

我们已经解释过为什么支付给公民相当数量的薪金——在棒球场的150美元——对于协商日的成功进行是必需的。在此,我们将问题集中在由建议中的合计价格标签所提出的问题上,并试图从两个方面来证明这一开销的正当性。我们认为,通过标准的成本-收益分析的狭隘视角出发来看待每年150亿美元的成本将会犯大错误。相反,协商日的一个最基本的好处在于它可以提供一种新的民主合法性来分配在经济的其余部分用于衡量成本和收益的美元。在痛苦的思想困扰之下,以同样的美元不可能达到这样巨大的收益,如成本-收益平衡的其他因素那样。我们不应以美元来衡量协商日的收益,而应该从美元在协商日上获取公民的审慎赞同的能力的角度衡量当前美元分配的合法性。

在成本-收益分析之外,还有一个更为深入的问题:协商日是怎样有助于改进当前民主理论和实践中存在的某些基本问题的?

(二)谁参与协商?以怎样的观点?

让我们简洁地将协商日置于关于民主的长期争论中,然后,指出它的引入将会怎样改进了——如果不是不可思议地解决了——民主理论和实践中某些更明显的妥协。

首先,考察一下关于民主可能性的一个简单的分类。在最基本的层次上,任何一个与公众进行协商的机构都必须回答两个问题——"谁?"和"什么?"谁参加或咨询了谁的意见?征求到了或表达出了怎样的观点?

"谁"可以是绝大多数人,公共大众,或者是某一类别中有选择性的或精英的团体。这样有选择性的或精英团体可以是选出的、指定的、投票选出的,依照惯例或别的方法选出的。从这些团体中征求到的"什么"范围很广,从我们所称的"原始的公众意见"到在某种意义上讲的协商的产物。

那种在某种意义上讲是协商的产物的观点,是人们经过认真思考对立观点的优点之后才得出的。他们对支持和反对议题的原因进行提问和回答。尽管这一过程在理论上是没有限制、没有尽头的,如果他们集中于一个问题,人们将会表达他们的主要观点,而其他持不同意见者将对之予以回应,这就达到了最低层次上的讨论。这一过程需要人们努力思考这一问

经过一段时间,我们敢这么说吗?协商日也许会象征着公民文化在美国的一次真正的复兴。

5. 继续对话

然后,再考察一下协商日之后的这一天。如果事情进行得合理而且顺利的话,人们作为协商者将很自然地在家里和办公室里掀起一股对话的热潮以分享他们的经验。上千万的美国人将会互相问一些在协商日当天没机会提出的问题;而这又会引发更多的讨论、研究和思考。读报、收看新闻、网络上拉选票的政治活动和老式的对话在选举日之前的造势活动中将变得更为紧张——那些真正参加了协商日的人,他们的活动更是大大超过了这些。

同时,国家竞选活动的传媒商们也不会在一旁袖手旁观。无疑,他们将派一队观察员到全国各地参加随机抽样会议;当协商者协商时,他们将去寻找那些激动的退出投票者,试着判断公众意见有多大转变以及是怎样转变的。这反过来将形成一个对最后时刻的访谈节目的攻击,试图用来引导在家时进行集体协商。事实上,这些退出的投票人增加了由协商日而来的协商观点。观点的改变,代表了公众更为审慎的判断,将会变得众所周知。反过来,这种转变将会鼓励更多的对话、反思和评论。

结果,选举日本身将会承担不同的社会含义。投票人不再因自己从集体无意识(collective apathy)中觉醒,花费半小时去投票而觉得自豪。现在,许多人因为参加了协商日中根本议题的相应的协商、并在慎重思考后进行投票而感到满意;甚至那些数以百万计的未加思考地投出一票的人们将会清楚地意识到他们缺乏公民的责任感——并决心以后找时间和机会做得更好些。

三、证明正当性

(一) 超越成本

协商日是否物有所值呢?

毫无意外,这完全取决于对民主的期望。

第二章　超越程序的协商民主

艾米·古特曼　丹尼斯·汤普森

协商民主理论中包含一套原则，试图在民主社会中建立政治合作的公正关系。有些理论家认为这些原则只能求助于政府或公民社会的政治决策过程。① 他们认为，协商民主的原则不应该规定法律的内容，而应只规定制定法律所依赖的程序（如平等的投票权）和保证程序正常运行所必需的条件（如政治言论自由）。这些理论家，我们称之为程序主义者，他们坚持认为民主理论中不应该包含诸如个人自由或机会平等之类的实质性原则，这超出了正常民主程序所必需的原则。他们不否认像宗教信仰自由、非歧视性原则或基本的健康保障之类实质性原则的重要性，但他们希望将这些原则排除在他们的民主理论之外。

我们认为，这种保持民主理论程序上的纯粹性的努力将会失败，任何

---

① 如乌尔根·哈贝马斯所说："无论其行为准则是多么基础性的，所有的内容的制定都必须取决于实际的讨论（或作为其替代而进行的拥护者的讨论）。"["Discourse Ethics", *in Moral Consciousness and Communicative Action*, trans. Christian Lenhardt and Shierry Weber Nicholsen (Cambridge: MIT Press, 1993), p. 94.] 更多的评论和其他的引用，见我们在 *Democracy and Disagreement* (Harvard University Press, 1996), pp. 17-18 中的讨论。其他的更倾向于将协商民主限制于程序，并因此对这一理论中包含的实质性原则予以批评的理论家有：Jack Knight, "Constitutionalism and Deliberative Democracy," *Deliberative Politics*, ed. Stephen Macedo (Oxford University Press, 1999), pp. 159-69; Cass Sunstein, "Agreement without Theory," Macedo, pp. 147-8 和 Iris Marion Young, "Justice, Inclusion, and Deliberative Democracy," in Macedo, pp. 151-8. 对于我们的回答，见"Democratic Disagreement," in Macedo, pp. 261-8。

一个充分的理论都必须包括实质性的和程序性的原则。我们在《民主与分歧》中提出的理论，提供了这样的路径：它包括实质性原则（如基本的自由和机会公平），这些原则将公平扩展到个人（由于互惠、互相尊重或公平本身的缘故）。基本的自由和机会公平原则可以保证很多实质性的条件；在那本书中，我们通过由民主国家的法律加以保护的人们所广泛认定的相互性或互相认定原则论证了这一点。

但是，我们在这里的论点并不依赖于接受那本书中所有的观点，甚至不必依赖作为这些原则的基础的特定的相互性条件。在此，我们希望坚持一点，在众多可以达到的条件中，民主原则必须既是实质性的，也是程序性的。一个为了保持纯粹的程序性而躲避实质性原则的民主理论将会牺牲民主自身一个重要的价值：其原则不能保证在对待公民时，采取自由平等的人们应当得到的态度——是不是公正的、相互的或互相尊重的态度——在一个法律保证一切平等的民主社会中。

纯粹的程序主义者以两种观点来反对实质性的原则——一个来自于道德权威，另一个来自于政治权威。来自于道德权威的观点认为，民主社会的公民而非民主理论家的道德判断应当决定法律的内容。包含实质性原则的理论将会不恰当地提前掏空公民的道德权力。来自于政治权威的观点则认为，实质性原则同样提前掏空了公民的政治主权，这一权力不应通过假设的理论推理、而应通过实际的民主决策来实行。包含有实质性原则的理论过分地抑制了民主的决策程序，包括协商过程本身。

我们对上述两种观点表示怀疑，并坚持认为协商民主理论中应包括实质性原则。我们同意那些理论家的观点，他们认为，仅仅依靠像多数原则这样的程序不能证明根据实质性原则将判定为不公正的结果的正当性。但是，这些理论家通常忽视了程序中的实质性价值，并假设如果一个结果根据他们的实质性原则是正当的，就可以证明其正当性。

无论如何，我们与纯程序主义相对立的主要观点，与标准的反对理由，即程序可能产生不公正的结果，是不相同的，尽管我们接受这一观点。我们认为民主理论中应包括实质性原则，还有一个通常被忽视的原因。这样的原则应被包括在内，这样，民主理论才会明确地承认，实质性原则和程序性原则一样都容易以相似的方式引起争议。在我们就协商民主理论既是程序性的、又是实质性的所进行的辩论中,有一个关键性的要求,即这些原则在道德上和政治上被当作是暂时性的。这种暂时性使协商具有了其部分意义。程序性和实质性原则都可以在所进行的道德的和政治的协商过程中进行系统的修改。如果从这一角度理解这些原则,反对实质性原则的普遍观点就失去了其力量。这样,所有这些原则的暂时状态就使协商民主形成了一种与众不同的力量,同时,为协商民主论者提供了一个针对那些将实质性原则排除于民主理论之外的人们的有力回击。

尽管我们在这里集中于揭示纯程序主义者只通过程序标准来证明政治结果的正当性这一问题,但是我们普遍性的批评所面对的是在分裂的理论中将程序性原则与实质性原则分隔开来的任何企图。那些部分地依据公正的实质性原则来判断结果的理论家,如果他们假设民主的程序可以被证明是正当的,与由他们的公正原则所表达的某些同样的实质性价值无关,那么他们仍然是纯粹的程序主义者(就其民主理论而言)。我们的观点试图表明,这种断然分隔原则和理论的程序性和实质性内容的做法是不能成立的。

为了证明协商民主理论中包括程序性和实质性两种原则这一观点的某些要点,我们使用了一个关于英国的医疗保健的协商事例。1999年,英国政府设立了一个新机构,国家临床技术研究院(NICE),对由国民卫生保健(NHS)所使用的治疗和临床指导方针进行评估。[①] 成立新机构的动力来自于一项获得广泛认同的事实,即NHS不能建立满足所有人健康需要的保障,并需要一种新的方式,通过一种更为公开和协商的方式来做出其很难做出的决定。通过建立一个既包括专家又包括非专业人员的、协商式的决策机构,英国政府可能希望这样可以对某些必须做出艰难选择的争论起到缓解作用。但并不令人惊奇的是,在它设立之后不久,NICE本身也受到

---

① 见 NICE 新任命的 director Michael Rawlins 的演讲:Richard Horton, "NICE: A step forward in the quality of NHS care," *The Lancet* (March 27, 1999), vol. 353, pp. 1028 – 9, and Gavin Yamey, "Chairman of NICE admits that its judgments are hard to defend," *British Medical Journal* (November 6, 1999), vol. 319, p. 1222。

了另一个协商性论坛——下议院的批评。这些协商——NICE 的活动以及下议院关于 NICE 的辩论——对于我们的目的而言,都比美国的例子更为合适。他们试图在全国范围内将关于医疗保健优先权的协商机制化,而在美国,这种方式只在几个州进行过尝试。同时,这一协商发生在一个比美国医疗保健的公平原则更接近满意的国家,并因此对我们的要求——这些原则对于任何一个关于协商民主的完备理论而言都是必要的——提出了更大的挑战。如果一个理论在英国应用于医疗保障时需要实质性原则,那么,在美国的类似议题中更需要这些原则。

1. 为什么相互性需要协商

为了确定一个协商民主有哪种原则,首先,我们需要考察一下最基本的相互性原则的含义。相互性被广泛地看作民主的一个核心原则,它有很多道德的变化形式——自由的、宪法的、程序的和协商的——但绝大多数理论不会像协商民主那样赋予其核心地位。相互性是指,公民由于其集体通过的、相互约束的法律和公共政策,应当互相给予其正当性的确认。一种认真对待相互性的理论,其目标是以那些拥有达成一致目标的人可以相互证明其正当性这一原则为基础,帮助人民寻求政治上的一致。

相互证明正当性并不仅仅意味着为其他人提供理由,或者甚至是提供一些他们碰巧能接受的理由(例如,由于他们处于谈判的弱势地位)。它意味着为加在他们身上的约束性法律提供正当性证明。什么的原因可以来证明法律的正当性,这成了一个不可避免的实质性问题。仅仅是相互证明正当性的形式上的标准——例如将法律所暗示的准则加以普遍化的要求——是不够的。如果这一准则恰好是"将个人或团体的利益最大化"的话,将之普遍化并不能确保正当性的相互性。这同样适用于其他可以想象到的、候选人所做的形式上的标准。相互的正当性证明需要以实质性价值为指导。

通过设想任意一套想否认人的基本机会的理由,如平等选举权和基本的医疗保障,我们就能够更清楚地认识到为什么相互正当性证明的进行必须依靠实质性价值。即使这些理由满足形式上的标准,他们也不能确立相互的正当性,因为那些被剥夺了基本机会的标准将会合乎情理地推倒其正当性。否定某些人的选举权是一种程序性的剥夺，它与相互性不一致：我们不能为那些没有参与制定强制性法律的人证明这些法律的正当性。同样地，否定人们的基本医疗保障是一种实质性剥夺，对那些需要医疗保障的个人而言，就不能证明这种剥夺的正当性。这样的否定不能接受，这表明这种相互的正当性证明既不是纯形式的，也不是纯程序的。

因为这种对基本机会的否定不能相互证明其正当性，一种民主理论的原则就必须同时是程序性的和实质性的。一种民主理论，如果其原则允许某些人被不必要地剥夺了基本机会如医疗保障，它就不能认真对待相互性原则所包含的、相互证明正当性的价值。更进一步，它不能自由、平等地对待人们。由于我们从基本的相互性原则讲起，这一原则从其含义上讲集中了人类的自由平等思想，这是很多民主理论的基石，并不仅仅是协商民主所需要的。

我们的协商民主理论原则，详细说明了满足相互性的合作条件。这样的条件类似于约翰·罗尔斯所讲的"社会合作的公平条件"。但是，社会合作的公平条件的程序性和实质性内容将随着对于相互性所需要的条件的不同阐释而变化。如果社会合作的公平条件中包括公民或其代表真正试图对他们所采用的法律互相给出彼此都可以接受的理由以证明其正当性这样的内容，那这一理论是协商性的。如我们所见，他们给出的理由既是指程序性价值，同时又是指实质性价值。

在协商民主中，尽管相互性是一个基础性价值，但它不能起到基本原则，如功利性或平等所起到的作用，如功利主义或自由意志论。这些理论都是从基本原则推导出了其他的原则。相互性不是推导出其余的公平原则的基本原则，它更是一种规定性原则，发挥两种不同的作用。第一，在公民以及理论家考虑具体背景下的特定法律需要什么样的公平时，它发挥指导作用。第二，它体现了为实现一种协商民主理论而对其他原则的需要。相互性指出了发展公开性、责任、基本自由、基本机会和机会平等等原则的需要，这些原则对于证明法律的相互正当性是必要的。如相互性的第一个作用所指出的，此类原则应当在相互证明正当性的实际过程中加以发展。

相互性的一个重要内涵在于民主协商——互相给出理由的过程——并不等同于由某些社会契约理论所提出的假设性论证。这样的论证也许可以构成某些公民呼吁的道德论证的一部分，但是这些理由要想成为法律，约束所有公民，必须经得住实际协商的考验。这种协商不仅在公民的家中或哲学家的书斋中进行，还要在公开的政治论坛中进行。如此，协商理论提供了一个依靠程序的政治思想，即使其内容并非完全是程序指向的。

进行实际协商所要求的，并不仅仅是努力使公民们觉得他们的意见得到了考虑，即使他们不同意结果。同时，实际的政治协商还要证明当时社会的法律的正当性。给出理由的过程对于宣布法律不仅合法而且公平来说，是必要的。这一过程对于确保在一般情况下正确的（实质性或程序性）原则在特定情况下也正确或可以直接应用于特定情况，是必要的。没有假设性推理可以这样，说明在任何一个给定社会的某一特定时刻决定一项法律是否正当时相关的所有这些复杂情况。例如，以关于基本机会的任何普遍原则为基础，将会很难决定，NICE 在拒绝使用葛兰素威康（Glaxo-Wellcome）制药公司生产的一种新型抗感冒药（Zanamivir），市场名为 Relenza 时是否公正。① 这将失去的不仅仅是真实的信息，而且在官员以及公民需要对其他的医疗保健和相关决定做出判断时，还将失去对事实的权衡和对价值的衡量。

将实际协商的需要与科学调查的一个特征进行类比，也许是有帮助的。在政治伦理中，相互性之于公平，正如在科学伦理中，重复之于真理。在科学中，真理的发现需要能反复试验，需要向公众进行演示说明。在政治伦理中，公平的发现需要相互性，需要公开的协商。树立公平，仅有协商是不够的，但是在历史的某个点上，协商是必要的。一旦一个真理（如重力定律）被充分确认，反复的试验就不必要了。同样地，一旦一项公平方案（如法律对平等的保护）已经被广泛地协商过，那么重复地进行协商也就不必要了。即使公平不再需要它时协商仍然是人们所需要的。

---

① 参见"NICE Appraisal of Zanamivir（Relenza）"，www. nice. org. uk. 对这一事件的反响，参见 Stephen D. Moore, "U. K Rebuffs Glaxo on New Flu Drugs," *Wall Street Journal* (Oct. 11, 1999), p. A19。

进行实际协商的实践——对受法律约束的公民给出证明法律公平的原因——这本身就同时示范了和提升了相互性的价值。在充分机会参与协商的公民并不仅仅互相将对方当作被理论的原则进行判断的对象，而且当作对约束他们的法律所提出的理由加以接受或反对的主体。除非这些理由能够呈交给公民，他们可以直接地或间接地通过公开论坛中可以相信的代表对之进行思考和拒绝，这些理由不能够被视为有约束力。就这一点而言，NICE 的设立通过为公民提供了一个现实中进行协商的例子而支持了相互性的价值，通过这一协商，对于代表们所做出的关于政策的证明，人们可以进行评估，而这些政策将强烈影响到他们的福利。在议会中就协商实践以及 NICE 的决定继续进行讨论的可能性，将进一步帮助实现相互性。

协商的过程还具有认识力方面的价值。如果决策者们需要对其他的人，包括那些消息灵通、并同时作为深受决策影响人们的代表，提供政策的正当性证明，那么决策将更能得到道德上的证明。在一个决策的证明必须兼具真实性和评估性时，协商在认识力方面的价值尤其明显，正如绝大多数有关医疗保健的决策一样，其中也包括 NICE 所做出的那类决策。而专家可能是科学证据的最佳判断者，在风险等级、成本的权衡取舍、利益等参与其中时，他们不必对优先考虑哪一个作出恰当的回答。

2. 为什么相互性需要实质性原则

协商的实践是一个不断相互给出理由的活动，通过集体约束性的决策得以加强。它是一个在相互进行正当性证明的基础上达成相互约束的决策的过程。因为他们提出的理由必须相互予以证明，这一过程预设了一些具有实质内容的原则。对一些原则和理论进行程序性和原则性区分是可行的，有时也是必要的，但是将这种区分变为截然分立的原则和理论，则是对（协商的）民主理论和实践的曲解。尽管出于方便的考虑我们将原则和理论称为程序性的和实质性的，严格讲来民主的原则和理论同时具有程序性和实质性的维度，而强行将之进行严格区分的方法将会引起误导。

相互性原则本身所表达的，既不是纯程序性的也不是纯实质性的价值。一种相互性的观点，既是程序性的，又是实质性的，因为没有对于政府程序和法律内容的要求，并且通常是同时性的要求，这种相互的正当性证明就无法继续。即使像斯图亚特·汉普希尔（Stuart Hampshire）这样的哲学家，他试图将实质性内容完全排除在其程序政治理论之外，也承认对某些实质性价值确有需要——如"共同民主"（common democracy）——就其公平概念而言。① 汉普希尔说公平"最初是程序的"——但并非全部如此。② 像其他那些想成为纯粹程序主义的哲学家那样，他从未说过程序性原则的正确组成，以及那些在暴政统治下的人们为什么应该甘于接受那些允许暴政存在的程序性原则。

至少，没人会真正怀疑，正当性证明应当承认某些实质性原则所表达的价值，如自由和机会。对于 NICE 来说，认为拒绝为西印度移民开具处方这一决定是正当的，仅依据西印度移民不是白人这一理由恐怕还不够充分。即使人们或是大多数英国公民能够接受这样的论证，也无法满足相互性的任何一个充分的标准。并且，拒绝为某一处于少数的弱势群体开具处方，即使他们自己同意这一结论，也是不能接受的。他们之所以会接受，可能仅仅是因为相比于那些占优势的群体，他们的力量更弱，在进行讨价还价的过程中没有更好的选择。

为了进一步认清为什么相互性需要有实质性原则，我们可以进一步想象一种情况，在这种情况下，决策过程本身是公平的，即各方讨论的力量是平衡的，但是决策者提出的理由对于西印度移民或其他处于少数的弱势群体是带有偏见的（或者是在偏见的基础上才能解释得通的）。那么，这种有偏见的理由就导致了一个结果——为大多数人支持——取消对弱势群体的基本医疗保健。这一结果不能以相互性加以证明，即使产生这一结果的程序是完全公正的。面对少数群体的成员时，认为不值得为他们提出一个合理的正当性证明，或者说，这带有偏见的理由否认了少数群体成员的自由和平等地位，如果进行论证的理由是这种性质的，不论决策过程本身如何公平，结果都是如此。

通过下议院中关于 NICE 的辩论，我们可以看到相互性原则如何实行，

---

① Stuart Hampshire, *Innocence and Experience* (Cambridge, MA: Harvard University Press, 1989), p. 112.

② Ibid., p. 112.

以及它所包含的程序和实质性原则。当一位下院议员（他同时是一名医生）对于 NICE 或其他什么人拥有道德或政治权力来分配医疗保健这一计划提出不同意见时，这场辩论艰难地开始了。另一位议员对之予以回应，说这种分配是必需的，并因此是可以证明其正当性的："有时，有些治疗是不现实的，就算这对于病人或大众有益，其原因只不过是 NHS 没有能力提供所有的这些治疗。"尽管这场辩论开始时似乎要转向这一过程（谁有权决定）的合法性问题，但大多数持批评态度者（以及大多数政府的辩护者）认为，NICE 就过程而言，代表了一种进步。大多数人认为，新的决策过程优于旧的，相对于在美国实行的、协商较少的过程也更为优越。

相反，那位下院议员提出的不同意见直指 NICE 在第一次药物审定中所作决定的实质性内容。NICE 曾经建议 NHS 不要支持一种新型抗感冒药 Relenza。① 有批评者担心，这一决定将成为一个先例，使 NICE 可以正当地拒绝使用其他更为昂贵和有效的药物，如 β 干扰素（它可以治疗多发性硬化症）。批评者认为拒绝为部分人提供医疗的决定，很可能剥夺了弱势病人提升生命和得到救治的机会，更具优势的病人却享有这些机会，而这种不公平的机会不能得到正当性证明。它使更为不幸的人们失去了医疗保健和生存的机会，而这种机会如果任何一个公民享有，那么所有的人都应该享有。② 他们呼吁实质性原则，而不是简单地谴责过程的不公平甚或未进行协商。

NICE 决定的辩护者认识到他们需要证明决定内容的正当性，因为 NICE 所参与的（以及他们在下议院辩论中参与的）协商过程本身不能进行充分证明。他们明确地使用实质性标准为 NICE 的决定进行辩护。例如，他们认为，不为 Relenza 提供资金支持的决定不会对任何公民的基本生命

---

① 见 "NICE Appraisal of Zanamivir (Relenza)", www. nice. org. cn. 对其的反应, 见 Stephen D. Moore, "U. K. Rebuffs Glaxo on New Flu Drugs," *Wall Street Journal* (October 11, 1999), p. A19. 在美国，食品与药品管理局（The Food and Drug Administration）通过了 Relenza 的使用，尽管一个外部专家陪审团对之进行投票时，反对通过这一药物的票数为 13 比 4。有批评者认为，这一药物在当前的流感季节用得太多了。见 Sheryl Gay Stolberg, "F. D. A Warns of Overuse of 2 Drugs against Flu," New York Times (Jan. 13, 2000), p. A18.

② 见 1999 年 11 月 10 日, 下议院辩论。

机会造成不利影响,甚至对那些因感冒引发高危并发症的病人也是如此。他们要求就 Relenza 对高危病人的疗效作进一步研究,并建议如果有证据证明 Relenza 有助于减轻感冒引起的严重的并发症,那么他们将支持 NHS 的资助。他们的观点,不论其是非曲直,完全合乎程序,如果有理,他们也需要证明其结论的正当性。但这种需要并不能轻易地、为一种将自身仅仅限于程序的民主理论所容纳。

一种未将自身限于程序性原则的理论,其一项明显却不太重要的长处在于它可以毫不困难地宣称大多数决定是错的,即使经过了充分的协商。在一个协商理论中,人们应该能够在实质性基础上谴责多数的暴政:如果一项多数人做出的行动违背了基本的自由,在种族、性别或财产的基础上拒绝为某些人提供医疗保健,人们应该能够指出这一行动的错误。或者,假设通过完备的协商程序,多数人决定建立一项强制性的器官捐献规定。在协商民主体制的纯程序理解上,这项法规可以证明其正当性。如果一个协商理论中包括实质性原则如基本自由,以保护身体的完整性,民主论者将能够反对这样的法规,而不必放弃他们对协商民主体制的承诺。

当然,民主论者在实质性原则的基础上提出要求时,也会产生错误,这或者是因为他们从正确的原则中得出了不正确的含义,或者是因为他们立论于不成立的原则。也许强制性器官捐献没有违背基本自由,或者这一基本自由的特定原则存在缺陷。我们的关于协商民主理论包括实质性原则的观点——以相互性为基础——不仅允许犯上述两种错误;还包括理论本身内在的洞悉,即民主理论家和公民在程序原则和实质原则上都有错。通过将一个理论的原则看作是暂时性的,因而取决于不断进行协商,协商明确地解决了类似的关于原则的错误观点及其含义,因此,指出实质性原则存在出错的可能性并不是为了反对协商民主理论中应包括这样的原则。

有时,纯程序理论的结论会与相互性所需要的实质性标准的要求相融合。例如,一个程序民主理论可能会认为选举中的种族歧视是不正当的,因为它剥夺了一部分人的公民权,而这违背了民主制度的程序要求,即所有成年人都参加选举。这一程序性原因就其实行而言是好的。但它不足以解释为什么这种歧视是不正当的。民主理论家应当能够反对种族歧视(如

这是"一个可怕的悲剧，对于如我的选民一样的选民而言，如果他们住在巴思或牛津，就能得到 β 干扰素，但住在威尔特郡就不行。"①

关于医疗保健分配的政治辩论不仅发生于英国，而且几乎存在于当前每个民主政体中，这清楚地揭示了在确定民主的公平性时，要同时考虑到其程序和后果。做出这些决定的条件和决定的内容都是十分重要的。决策者是否召集了受决策影响最大的人们的代表者呢？这些代表是否对他们所有的选民负责呢？如果不问一下受这些决策约束的所有人能得到多大程度的公平，那么这些辩论中的程序性问题就得不到回答。排除实质性标准——如自由和机会——这些标准决定了决策的公平性，根据协商民主自身的相互性前提，这在道德上将会是武断的和不完善的（根据其他的前提，那些通常被当作协商民主的基础的前提，如人的自由和平等或相互尊重，排除实质性标准同样地在道德上是武断的和不完善的）。

肯定一种民主理论应当包括实质性原则，当然并非应用任何一套特定的原则。在《民主与分歧》一书中，我们提出了一套同时包括实质和程序的原则，并将这些内容作为协商民主的组成部分。② 我们提出的观点有可能成为协商过程的一部分，并且事实上包括来自实际协商的一部分。例如，我们认为，那些剥夺了人们美好生活所必需的基本机会的法律或政策不能被认定为符合相互性原则的要求。一般地，基本机会包括充分的医疗保健、教育、安全、工作和收入，这对于过上体面的生活，并有能力选择生活方式而言是必需的。因此，我们应该把基本机会原则作为任何一个充分的协商民主理论的一部分。

有些批评者提出了反对意见，他们认为这一原则无法进行相互证明或其他的平等原则更容易进行证明，他们实际上接受了民主理论应包括实质原则的观点。即使对于原则的内容存在争论，但是他们也认为提出的观点应该具有相互性。就理论本身而言，这种争论是受欢迎的，它要求提出理

---

① 1999 年 11 月 10 日，下议院辩论。还可参见 Jo Lenaghan, The rationing debate: Central government should have a greater role in rationing decisions, *British Medical Journal* (march 29, 1997), vol. 314, pp. 967 - 1。

② Gutmann and Thompson, pp. 199 - 229.

由，而这些理由可以由那些受决策约束的人们进行公开评估。① 那么，这种争论就变成了接下来的协商过程的一部分。这样的争论符合协商民主理论的要求，是因为协商理论的原则就其本身而言，在道德上和政治上具有暂时性。

3. 为什么协商原则具有道德暂时性

如果将公民当作法律最终的道德评判者，那么一个理论提出实质原则来评价法律的可能性有多大呢？协商民主对之所作回答的关键是，其原则具有暂时性。② 与绝大多数道德和政治理论相比，协商民主中的原则有一些不同的状态。这是因为这些原则可以进行更为公开的争论，并因此而更经得住民主中的分歧的考验。协商原则其暂时性的道德基础来自于相互性价值。给出其他人能理性接受的理由，也就意味着接受别人在相同的精神下提出的理由。至少对他们提出的一定范围内的观点，公民们应承认被拒绝的观点在将来或许正确的可能性。③ 这种承认不仅意味着公民对待其对手的方式，而且也是他们对待自己观点的方式。

相互给出理由的过程，还进一步要求各参与者严肃地对待新的证据和主张，对旧证据和主张的新解读，其中包括反对他们决定的人们提出的道德上的原因以及他们过去拒绝决定的原因。"严肃对待"是指不仅培养个人气质（如开放的思想和相互的尊重），而且鼓励对于法律和其正当性的再思考。其含义之一是，通过寻找挑战他们观点的论坛和允许对其观点的修正甚至是拒绝，公民和他们负责的代表应继续考查他们自己的政治

---

① 有些批评者是不受欢迎的，他们拒绝在相互性要求中加入实质内容的要求，或反对相互性标准本身。但是他们的主张不具有说服力。他们拒绝了相互证明正当性的观点，他们还要被迫去说明，对于将强迫性法律和政策强加于那些在道德上与他们观点相左的公民，如何证明其正当性。见第三部分及 Gutmann and Thompson, pp. 352 – 3。

② 在此讨论的道德与政治的暂时性，对其所作的分析见 *Why Deliberative Democracy is Different*, *Democracy*, ed. Ellen Frankel Paul et al. (Cambridge: Cambridge University Press, 2000), pp. 161 – 80。

③ 这一范围取决于我们所称的"协商的分歧"（deliberative disagreement），对于这种分歧，即使公民们找到了可以相互证明的解决办法，仍然在基本的道德原则上存在着差异。关于堕胎的争论就是一个协商分歧的例子，因为一方的观点可以通过相互性的观点来加以否定。见 Gutmann and Thompson, pp. 2 – 3, 73 – 9。

护，或者甚至包括充分的医疗保健。但是，他们仍然坚持认为，民主理论的主要内容应与分配公平问题进行严格区分。就民主而言，他们是纯程序主义者，但就公平而言，他们不是。他们指出，民主将告诉我们，当我们对于什么是公平无法达成一致时，如何解决；我们不应该将公平原则与解决由这些原则引起的争端的程序混在一起。

这一观点并不像它定义的那样有意义：民主（包括协商民主）意味着公平的程序，并不仅仅是一个结果。这些批评者不能依靠现代民主理论的普遍用法或历史来证明他们的观点，因为代议制民主很少将自己标榜为是绝对程序的。像民主这样复杂的概念，其普遍用法多种多样，现代民主理论中的民主概念也是如此。而且民主实践本身在实质性原则方面就充满了争论。那么，为什么要如此严格地将这些原则排除于民主的定义之外呢？

如果民主理论既包括程序原则又包括实质原则的话，其原因不可能是民主理论在某种程度上是内在不一致的。当然，一个理论包含的原则越多，就越有可能在这些原则中产生冲突。而既包含实质原则又包含程序原则，当然就增加了产生冲突的可能性。但是，民主政治本身存在原则上的冲突是很普遍的，一个民主理论，若它试图通过限制所包含的原则的范围来避免这种冲突，那似乎与认识和解决民主政体通常会面对的意见不一致不太相关。当这种不一致混有实质和程序价值时，在实际的民主实践中常常如此，那些人为地将实质内容与程序分隔为单独的公平理论和民主理论的理论家将会曲解这两种原则的作用。

某些纯程序主义者可能希望将实质性原则排除在外，因为这些原则是存在争议的，而民主是用于解决存在争议的原则如基本自由中存在的不同意见的一种手段。但是，那些更偏重于程序的原则，如多数原则或公众义务也存在争议。一种纯程序的理论不可能避免根本性的意见不同：程序原则中的冲突并不比实质性原则中的冲突少。例如，就 NICE 拒绝承认 β 干扰素一事在下议院进行的辩论中，来自北威尔特郡的下院议员含蓄地提出了一个基础的程序问题——民主控制需要多大程度的地方自治——在他指出其选民本应可以得到这种药时。他指出——由于各地区的相对自治——这个国家其他地区的公民可以从 NHS 得到 β 干扰素，而他的选民却不能。

由一个营利性质的维护健康组织做出的关于医疗保健的规定）的不正当性，即使这与民主体制中的公民权或程序价值相关。对于多数的暴政，不仅在程序性原则的基础上而且在实质性原则的基础上都可以予以反对。

并且，这种反对应当可以在一种协商民主理论的内部进行。毕竟，民主从来也没有仅仅意味着多数原则（majority rule）。通过种族歧视政策剥夺人们的基本自由和机会，可以是一国行为的结果，也可以由国家行为加以补救，这种作为或不作为需要证明其正当性，使之可以被那些剥夺了自由和机会的人能理性地接受。这是关于相互性基本要求的一个直接含义。这种给予正当性证明的要求——提出了在公开论坛中证明相互约束的法律或政策的正当性需要有实质性原则——因而不是协商民主的偶然特性。实质性原则对于协商过程本身来说是不可缺少的。

说实质性原则是协商过程的一部分，并非否认这些原则可以在过程之外证明其正当性。像任何一个研究公平的理论家（或要求公平的公民），协商民主论者将会考虑那些他们认为可以证明的原则——而这些原则确实可能是正确的，只不过没有像法律那样得到证明。协商理论家试图通过一些相似的方式证明其实质性原则，就像任何理论家所作的一样。首先，我们要证明实质性原则，如在《民主与分歧》中讲到的基本自由，依照他们的主张，——通过确认核心价值、信念以及例证，没人能够理性地否认这些内容被冒犯了（例如基于种族的歧视）。然后，通过类比和其他形式的推理，我们试图加强并扩展这些原则，应用于更多的争端之中。这同时也说明了现实中的政治协商的进展情况。

当然，在满足协商民主的程序条件要求的协商过程中，这些实质性原则可以被反对，也许甚至可以被合理地加以反对。但是，对于程序原则而言，也可以得出极其相似的观点。程序原则也会受到协商民主（甚至是纯程序概念的协商民主）的反对。纯程序主义者不能接近某些道德的基础，这是我们的观念中所缺乏的，在此道德基础上可以认为，对他们所主张的符合宪法的协商民主进行程序性限制，是正确的或权威的。

对于某些反对协商民主理论中包括实质性原则的批评者，就公平而言，他们不是纯程序主义者。他们认可，公平需要基本自由和机会的保

社会背景下，政治讨价还价取得的实际结果。如果这些结果对于那些受其制约的人们而言更具相互的正当性，或者与协商过程的结果相比更具相互正当性，那么在这一范围内，用讨价还价代替协商将会满足协商民主的根本目标。至少协商民主论者经常持有的协商通常比讨价还价更有优越性这一主张，将需要进行修改——但修改是为了满足协商理论自身的需要。

在任何一个现实的政治环境中，对于讨价还价的辩护似乎都不太合理。由讨价还价来普遍地代替协商，其主要问题在于，讨价还价接受了当前对资源和权力的分配，并将之作为底线，从这里开始进行谈判。从其表面看，这不是对民主程序或结果进行道德维护的最佳位置。[1] 值得注意的是，在为 NICE 对 Relenza 的反对进行辩护时，没人试图将这一决定看作讨价还价的结果。在下议院中，当他们提出一项劳动管理争议或关于税收政策的争论时，也没人会建议让讨价还价从中发挥作用。

协商民主论者对事物所作的暂时性的判定，是否有限制呢？他们可以鼓励对协商原则的含义，甚至对相互性这一指导性原则进行重新解读，但是他们不能容忍对道德正当性证明的全盘否定，这一证明不仅为相互性所需要，也为其他很多以道德为基础的民主理论所需要。协商民主论者可以欢迎对他们所有原则的批评，包括对相互性的批评，但是他们不能接受对于相关的政治决策必须经过道德理由的证明这一要求的普遍拒绝。拒绝放弃这一要求并不是协商民主所独有的。总之，在政治中拒绝进行道德证明的观念不仅是要抛弃协商民主，而且是抛弃任何一种形式的、要求法律向受约束的公民进行证明的民主。尽管协商民主的批评者有时会写些东西，好像他们反对政治中的道德证明，但是，他们很少勇敢地面对这种拒绝在实践或理论中所要求的真正内容。

这样的拒绝意味着什么——即使是以特定事件中的部分形式出现——想象一下，如果 NICE 在对权力讨价还价的基础上做出关于 Relenza 的决定，将会发生什么事情，就可以看清楚了。在这一事件中，最为有力的一方，将在 NICE 的决定中获益最大的，是 Relenza 的制造者和销售者，葛兰

---

[1] Gutmann and Thompson, pp. 57–8.

素威康制药公司。当葛兰素的董事们得知 NICE 可能会建议 NHS 不使用 Relenza 时,他们威胁将要放弃葛兰素在英国的业务。他们还说他们将会鼓动其他制药公司抵制英国经济。而如现实所示,NICE 坚持自己的立场,葛兰素收回了它的威胁。在这一事件中,协商与公正获得了一致,并双双获胜。假设以权力的分配为底线,而 NICE 只是寻求讨价还价,结果将不会是这样的。

因此,协商民主论者拒绝——不是暂时地——任何否认需要道德证明的理论,并因而也拒绝任何只将权力作为政治的基础的理论。协商民主论者承诺——不是暂时地——通过相互证明的方法分配权力。协商民主接受其原则的暂时性,但反对将道德证明这种政治评价的方法看作是暂时的。那些认为政治只与权力有关的理论家所反对的,远远超过了协商民主的这些道德的内容以及进行判决的方法。他们必然也反对对于当前的权力分配的批评,无论这有多不公平。或者,如果他们提出批评,那么是因为——以他们自己的观点——那些将会受到权力制约的人们没有道德原因去接受这些权力。如果他们倾向于寻求能够得到相互证明的政治原则和实践,谁会听从他们?当然那些希望找到社会合作的公正条件的人,不会听从他们。他们的观众只能是那些已经放弃寻找可相互辩护的原因的人。那些放弃相互原因的人因此将会尽力去说服那些已经转变的人或接触那些非理性的人。在第一种情况下,他们的观众不需要听,而在第二种情况下,则没理由听。①

4. 为什么协商原则具有政治暂时性

现在,我们可以在一个更好的平台上来分析反对协商民主理论中包含实质性原则的第二种意见——他们的结论篡夺了民主政体下公民的政治权力。一种包括实质原则的民主理论可以宣称公民制定的法律是不公平的,不论制定法律的程序多么正确。对于公民权力的维护者来说,被告知实质原则在道德上是暂时的,是令人不舒服的。即使在道德上有暂时性的原则——如果当时这些原则在理论上是最为正当的——也包含着这样的含

---

① Gutmann and Thompson, p. 353.

NICE 所作的推荐。

这种修改的可能性不仅存在于实质性原则，而且也存在于保护协商实践本身的原则。这就是为什么会让人误解为协商民主理论中不应有实质性原则的一席之地，是因为实质性原则只不过是哲学上的建议。实质性原则与协商本身相比，既不是暂时的，也不是哲学上的建议。在协商理论内，很可能会问到协商是否是可以证明的——以及它的要求——就如同问到基本自由是否是可以证明的——以及它的要求。

考察一下在下议院进行的协商——NICE 本身作为一个协商论坛做出关于医疗保健的决定，是不是一种正当的行为。在辩论一开始，有几个下院议员提出反对意见说，由 NICE 做出推荐是"为了使政府不必做本应由政府做出的艰难决定"。NICE 应该推荐 β 干扰素吗？用这种药每个病人每年要花费大概 10000 英镑，并且被认为是只具有辅助疗效（这种药治疗不可痊愈的多发性硬化症时，只能"减少那些复发且没有严重伤残的病人的恶化率"①）。NICE 应该推荐用于化疗的新的 taxane 药吗？这种药不能治愈病人，如一位下院议员所说，"只能增加几年的寿命，而每年的花费为 10000 英镑。"如果 NICE 不推荐那些能为病人提供某些医疗保健但价格昂贵的新药，它是不是就因此而使政府避免了增加 NHS 的整个预算的压力呢？如果 NICE 支持 NHS 开这些药，它是不是就因此而迫使 NHS 不使用某些其他已经应用的且效果很好的治疗措施（或迫使政府增加对 NHS 的拨款）呢？对这些实质性问题的回答取决于在协商过程中所处的立场。

甚至在政治中需要进行道德论证的协商原则，也不能超越合理的分歧。有些协商的批评者认为，在政治中，讨价还价不仅是更为普遍的而且也是一种更好的解决道德分歧的方法。认为个人利益（或团体利益）的讨价还价过程比协商过程更优越的主张，其前提是，与协商政治相比，以利益为基础的政治更合乎道德上的要求，更具有相互的正当性。政治上的讨价还价是否能满足相互性（或其他的道德标准），部分地取决于在特定的

---

① E. Rous et al., A purchase experience of managing new expensive drugs: interferon beta, *British Medical Journal* (Nov. 9, 1996), vol. 313; pp. 1195 – 6.

观点。

因此，协商民主表达了一种充满活力的政治正当性观念，其中的暂时性——随时间而变动——是任何一种正当原则的根本特性。暂时性采取两种普遍形式。原则在道德上具有暂时性，是指原则因更为深入的道德观点而改变；原则在政治上的暂时性，是指原则因更为深入的政治观点而改变。

道德上具有暂时的原则的提出即要求其随时间而接受挑战和改变，以回应新的哲学上的深远见解、实际的证据和对于见解和证据的解读。只有这样提出，这些原则才能得到证明。很多理论做出了诸如此类的保证——例如，通过采取某些形式的无法获得明确知识的理论（fallibilism），或更简单地通过表现出对于道德和思想上的开放观念的普遍赞同。但是，协商民主所要求的这种暂时性的姿态，并不等于成为这一理论的一个组成部分，协商民主支持对理论本身的内容进行改变的方式。协商民主对自己的原则以及其他的道德原则进行严格的检查。如果作为这种检查的结果，其根本原则进行了实质性改变——如从更偏重于平均主义的取向转向了更偏重于自由主义的取向（或者相反）——那么这种理论确切地说是经过了修正而不是遭到了拒绝。

协商民主理论中的原则不可能同时都受到挑战，但某一条原则（或者几条原则）可能会在一个特定时间受到这一理论中其他原则的挑战。公民和负责的官员可以在接下来的过程中修改一条原则，而其他原则保持不变。他们可以通过在不同的环境或时间中应用这些原则而改变他们对所有这些原则的理解。例如，当 NICE 的委员会决定反对资助 Relenza 时，它通过将其决定限定在一个感冒季节，就含蓄地确定了其决定的暂时状态。NICE 还可以建议进行附加试验和取得更多数据，从而下一个感冒季节来临时，这一决定就可以再次进行评估。NICE 的委员会说，应特别注意 Relenza 是否对于高危病人的严重的感冒并发症有良好效果。如果有证据表明 Relenza 能够显著减轻高危病人的严重的感冒并发症的话，反对 Relenza 这一决定的道德基础——使用 Relenza 不能显著地影响任何人生活的基本机会——将不再有说服力。这样做出决定的过程和内容都可能在将来改变

义，即这些原则应当在政治上予以规定。依据这一含义，公民就失去了通过协商过程来决定应在政治上制定什么和为什么制定的权力。协商民主要依靠第二种条件状态——政治的暂时性，来回应这种反对意见。

政治暂时性是指他们所证明的协商原则和法律不仅在某一时间要进行实际的协商，而且在未来还应当可以进行重新考虑和修改。就像将原则看作在道德上有暂时性的理论基础一样，要判定原则在政治上也有暂时性，也要依据相互性价值。从相互性的观点出发，人们不能仅仅被当作立法的对象或被统治的消极个体。他们还应被看作参与治理的政治代表，他们直接地或通过负责的代表，通过提出或回应那些用来证明法律的理由，来参与治理，他们都必须在这些法律之下一起生活。我们在第一部分证明了为什么相互性需要实际的而不只是假设的协商。因为协商原则必须经过实际的、公民或他们的代表参与的协商过程来进行证明，民主政体中公民的政治权力受到很大程度的尊敬。

但是，一项原则或法律通过协商过程得到了证明，它仍然可能会遭到反对，它可能会妨碍公民想制定的其他新法律。因为参与新法律的协商的公民或其代表不可能与参与制定旧法律的那些人们完全相同，公民的民主权力在任何特定时间都取决于之前证明了的原则。进行这样的限制当然是宪法想要做的，这可能也是为什么有些协商民主论者对于将他们的原则看作宪法的一部分如此谨慎的原因。但是，如果从随时间进行修改这个意义上将协商民主的所有原则都看作是暂时的，那么那些体现了实质性原则（如基本自由和机会）的宪法上的限制对于公民的政治权力来说就不那么具有威胁性了。

协商民主论者不赞成持续的协商，但是他们认为不仅应在某一时刻对法律进行协商，而且应该保留在未来的时间里根据实际情况进行重新考虑的可能性。任何一项法律进行实际的重新考虑的程度，应当取决于当时的道德原因和实践证据（以及任何其他的与道德相关的考虑）对法律的支持力度，而这种支持常常随着时间而改变。在 Relenza 的事件中，NICE 的决定得到证明，其部分原因在于它需要在一年后再次进行评估，这是一个合适的间隔，因为即使只是经过一个感冒季节，也许就会发生重大变化。另一方面，任何官方机构做出了不支持 Relenza 的决定，即使这一决定得到了大力支持，如果它不提供在未来继续进行协商的可能性，那这一决定也不会得到证明。当然，像这一事件中一样，一个决定可以在某一点上达到目的，并无可非议地予以执行。但是，协商民主理论比其他的民主理论更为强调的是，决定做出之前发生的事情——更多地就其暂时性而言——以及决定做出之后发生的事。

因此，政治的暂时性与道德暂时性相比更进一步。它意味着原则应当接受实际政治过程的挑战，不仅允许而且要鼓励对之进行修正。即使一项法律在制定的时候是正确的，协商民主的实践和机制也应确保对它进行定期的重新考察，这对于它随时间的发展进行正当性证明是必要的。协商民主论者因此应尤其注意那些常规地服从于"制定者意图"的行为，或那些使宪法修正案几乎不可能实现的行为，即使那些支持法律的理由并非被迫的时候。协商民主论者应非常支持将日落条款（sunset provisions）加进日常法律和程序的行为，并且需要管理者定期发布"效果声明"（impact statement），用以描述实行这些法律和规定的效果。我们在前面就曾指出，NICE 反对支持 Relenza 这一决定的道德证明——Relenza 的使用并未显著影响人们生活中的基本机会——部分地依赖于药物没有明显减轻高危病人的并发症这一证据。在其协商过程中，NICE 通过采取特定的机制措施表明了它对于政治暂时性的考虑：将他们的决定限制在一个感冒季节，之后进行再评估，以及建议进行进一步研究。

对于认为协商理论中存在实质性原则将预先占有民主权力这一反对意见，现在可以清楚地看到，它被证明或者过度或者不足。如果将实质性原则包括在内就意味着这些原则必须在政治上约束公民的话，则说明这一意见过度了。这种反对意见同样地会应用于将程序原则包括在内的做法，其合理性的可争辩性不亚于实质性原则。如果接受这种意见，就需要民主理论排除所有的可进行辩论的实质性和程序性原则。如果只是抱怨做出的暂时性判断（不论是不是实质性的）对于通过恰当程序制定的法律构成了挑战，则证明了这种反对意见的不足。甚至协商民主理论的批评者，也几乎无法因为这种暂时性判断而提出指责。如果政治理论因做出这样的判断而被驱逐出界的话，这应该与它声称要批评的民主政治没什么关系。

5. 当道德判断与政治判断相冲突时

理想状态下，协商民主提出的道德和政治判断是一致的。协商政治做出的决定将满足协商的道德原则。事实上，这种令人高兴的结合比通常所设想的发生得更频繁。NICE 事件中，反对使用 Relenza 的决定是通过比过去做这样的决定时更为审慎的协商方式做出的，因此似乎是经过了道德上的证明的（至少是暂时的）。如 NICE 所报道的，最可靠的研究表明，Relenza 唯一的作用在于，可以减少中度病人一天的感冒症状，而这每年要直接花费财政上 1050 万英镑。NICE 还考虑到了典型的感冒病人（他们大多数人在其他方面是健康的）看病费用的预期增长，以及这种增长将会为了极小的一点健康利益而使整个医疗保健体系负担过多的危险。并且，NICE 没有找到证据来证明 Relenza 能够减轻患感冒的高危病人的严重的、危及生命的症状。

然而，仍有一些批评者提出了一些道德上的合理意见来反对 NICE 的决定。在下议院的辩论中，之前提到过的内科大夫议员抱怨说，医疗保健体系不使用 Relenza 的决策是对穷人的歧视。"当我们谈论 NHS 对于治疗的分配时，我们并不是说在英国没人用这些药。我们要说的是，穷人得不到这些药。富人和那些负担得起的人可以私下里得到这些治疗。"① 为所有的病人省钱是以牺牲穷人的利益为代价的，因为更为富裕的公民可以通过 postcode prescribing 的方式得到 Relenza。NICE 做出的不使用 Relenza 的决定看起来至少是以牺牲更为贫穷的一部分公民的福利来节省纳税人的钱。

不论这位下院议员提出的批评有什么价值，就 Relenza 进行争论的各方应该都同意一点，他就通过政治上正当的（协商的）过程做出决定的问题提出了一个严重的道德问题。即使在当前的条件下，NHS 对于得到像 Relenza 之类药物的不同渠道也无所作为，这一决定（以及其他类似的艰难选择）的拥护者应准备好承认这种道德成本，它内在地存在于这样的状况下，富人倾向于住在更为富裕的地区，那里可以提供更好的医疗保健，他

---

① 1999 年 11 月 10 日，下议院辩论。

们也可以在市场上买到任何一种医疗保健,与此同时,穷人们则只能完全依靠 NHS 的资助来获取那些对整个社会而言可能是成本－效益最大的治疗手段。

在这一事件中,对于政治判断是否应与道德判断一致,还有些其他的合理意见,但是在其他的一些事件中,无疑存在着(程序上正确的)政治判断与(哲学上正确的)道德判断相冲突的情况。一个协商民主论者所主张的协商过程所产生的结果,可能会与他们自己想维护的一个或几个实质性的公平原则相违背。这种冲突对于一个纯实质性的理论而言,似乎并不是一个严重的问题,这只不过表明协商的结果是不公正的。同样地,一种纯程序理论在此也不会遇到严重的问题;它声称只要程序是正当的,结果就是正当的。但是,正如我们所见,一种协商民主理论应包括程序和实质原则,因为纯粹的方法会忽略甚至否认民主政治的道德特征。一种民主理论若认识到在政治决策中什么在道德上是至关重要的,那它就必须同时包含实质和程序原则。并且,如我们所见到的,协商民主理论的基本前提——相互性,即要求在自由、平等的人们中进行相互证明——同时支持实质和程序原则。

这样,与更纯粹的理论相比,协商民主更加充分地面对道德和政治协商之间潜在的冲突。它并非提供了一个简单的解决方案,而是在这些冲突产生的时候,依靠协商本身来进行解决。但是仍然存在的问题是:协商民主论者如何在断言政治的实质性结论的同时,仍然支持实际协商的价值?这些价值可能会也可能不会得出那些相同的结论。政治哲学家们,包括像我们这样的协商民主论者,不用参与任何实际的政治协商,就得到了实质性结论(包括什么程序最为正当的结论)。这似乎是公然违背了付诸实践的做法而对政治分歧进行假设性的评判。

某些协商民主理论的批评者将这一问题作为协商民主的悖论。① 他们认为,一方面,如果他们接受了一个实质性协商理论(如我们在《民主与分歧》中指出的)的观点和结论,他们就不需要费力呼吁进行实际的政治协商了。实质性理论为那些接受这一理论的人提供了做出正确的政治判断

---

① Frederick Schauer, "Talking as a Decision Produre," in Macedo, pp. 17–27.

所需要的所有理由,并且不需要任何实际协商的帮助。另一方面,如果批评者拒绝接受这一实质性理论的观点和结论,那么他们也应拒绝这一理论主张的协商。不论怎样,包括实质性原则的协商理论都似乎抹杀了进行协商实践的需要。

像我们在之前关于道德和政治暂时性的讨论中所表明的,这种反对意见并不能提出真正的悖论。协商民主论者所维护的程序和实质原则(甚至政治结论)并没有取代实际的协商。根据协商民主理论的内容,(实质和程序)原则和结论需要经过现实中的实际协商;这也就是政治上有暂时性的部分含义。(道德暂时性也间接地受益于政治暂时性,因为个人在自己的家中或办公室这样的私人场合进行思考时,常常从引起他们注意的公众协商中吸取一些思想、观点、观察视角,或者是对挑战的回应。)协商民主论者并非将他们提出的原则和结论作为协商政治的权威性的、哲学上的强制规定,而是将之作为对于民主协商的暂时性的贡献。

协商民主论者所得出的关于实质和程序原则的结论可被理解为关于政治道德的标准假说,如对于某些关于相互性的假设,有些原则最可进行相互的证明。这种假设是标准的,这是因为它清楚地表明了有些人,甚至是大多数人事实上拒绝这些原则或者他们政策的含义并未驳倒这些原则。例如,将试验阶段的药物的使用范围限制于那些愿意参加医学抽样试验的人们,也许是最好的政策,即使大多数公民拒绝这么做。

但是,协商理论家主张的原则和政策仍然是假说,这是因为这些原则和政策可能会在相同的环境中被一些可以使原则或结论更为完善的更好的观点所驳倒或修正。并且他们是关于政治道德的假说——而不是普遍意义上的道德——因为他们的确认、驳倒或修正需要在民主过程中进行公开协商。一个标准假说是否被确认、驳倒或修正,只有将相互对立的观点付诸实际协商的检验,才能达成。协商理论家当然应当考虑到现实中这一过程的不足之处。然而,他们也应当考虑到他们自己的证明过程中的不足之处,就算这些不足之处不那么明显(对于他们而言,如果不是说其他理论家的话)。

对于道德判断和政治判断之间的冲突这一问题,如果被理解为需要在实质原则和程序原则之间进行普遍选择或优先选择,这是一种误解。这两种原则都取决于协商,并且如我们已经讲过的,具有暂时性。实质原则和程序原则之间的取舍——在出现冲突时——也要取决于协商,并因此而被视为是暂时的。即使公民在特定时间内,有时可以正当地选取其中的一个,但是实质原则或程序原则都没有优先权。

在下议院就 NICE 进行的辩论中,批评者与维护者都既用到了实质原则,又用到了程序原则。他们提出了决定的公平(它是否因伤害穷人而侵犯了人的平等机会)和决定的程序(它是否解决了政府需要增加医疗保健开支的问题)。有些批评家即使承认这一过程比过去的好,他们也对决定的实质内容提出了质疑。有些批评家即使承认决定的实质内容是正确的,也会怀疑决定的过程。而有些人对于实质内容和过程同时提出了批评或进行辩护。但是没人会认为某一种原则优先于另一种原则会成为一种普遍规则,或者对于这两种原则的分歧可以通过一劳永逸地决定实质原则或程序原则谁优先而得到解决。在这一方面看,下议院的辩论显示了在许多最好的民主论坛中进行的公开协商的属性。这一辩论也抓住了民主政治中的道德特征,与有些理论试图通过排除一种原则或宣称一种原则优于另一种原则来解决实质与程序之间的冲突来说,显然更胜一筹。

协商民主理论能够而且应当超越程序。它可以将实质原则和程序原则统一地结合起来。它应该超越程序的原因很多,我们曾提到过一些,但总起来是因为它的核心原则——相互性——既需要实质原则也需要程序原则。人们都广泛地接受了将相互性作为民主的核心原则,但是,即使那些不强调相互性的民主论者也从诸如人的自由平等、相互尊重或避免多数人的暴政等理想出发提出了一些主张,这些主张像相互性一样需要实质和程序原则一起来证明民主体制所采用的法律。

如果协商民主同时包括实质和程序原则,它可以更好地解决在一种健康的民主政治中道德和政治的挑战范围。它准备好了解决实质和程序原则之间的冲突,因为其原则在道德和政治上的暂时性有不同的等级。协商民主理论能够避免篡夺民主体制下公民的道德或政治权力——并对他们实行的法律做出实质性判断——因为它要求的正是它所维护的原则的暂时状态。

第三章　内在的民主协商[*]

罗伯特·古丁

一般而言协商民主论者关注的焦点在于协商的"外在集体"方面。[②] 这是非常容易理解的。民主毕竟是一种最完善的集体决策的方式,每个人都平等地参与其中。为了证明协商是民主的,它必须要有"其他人"的参与。

然而,协商还有一个熟悉的"内在思考"的方面。[③] 协商是就赞成或反对一个行动方向进行权衡。在这一意义上,它可以产生于并且最终必须产生于每个人的头脑之中。当然,在这一过程中的这种给与取在根本上是存在争议的,从而是推论的、话语的(discursive)[④];因此,也许协商,甚至在这种"内在思考"的模式上,也不可避免地模仿和依赖于我们相互之间进行讨论和辩论的过程。当然,协商工作,甚至就其外在集体环境而言,都必须在每个人的头脑内进行,这一点非常重要——我也将从这里开

---

[*] 本文的早期版本于 2000 年 2 月在德克萨斯大学法学院召开的"Deliberating about Deliberation"研讨会上进行了宣读。非常感谢当时及后来以下学者提出的意见,他们是 Louise Antony、Jsh Cohen、Martin Davies、John Dryzek、Dave Estlund、Cynthia Farrer、Jim Fishkin、Dick Flathman、Amy Gutmann、Peter Laslett、Martha Nussbaum、Philip Pettit、Cass Sunstein、Deninis Thompson、Iris Young 以及 *Philosophy & Public Affairs* 的编辑们。

[②] 以 Aristotle's "deliberative speaking" (*Rhetoric*, bk 1, chs 3 - 4) 为代表。

[③] 例如,参见 Aristotle's *Nicomachean Ethics*, bk 4 and Hobbes's *Leviathan*, ch. 6。

[④] Stuart Hampshire, *Justice is Conflict* (Princeton, NJ: Princeton University Press, 2000)。

始论述。

在协商民主论者的实际政治建议中,他们自然地将注意力集中于民主化的外在集体协商方式。协商民主论者在寻求一种结果,它将被当作民主性约束,并从而形成(至少部分地形成)"集体意愿"的基础。① 他们认为,只要这一结果是通过外在集体的协商过程达到的,结果将会是合乎民主政体的,在这一协商过程中受到结果影响的每个人都可以平等、自由地交换意见。②

这种想法在小规模的群体中完全可以实现,在那里,面对面的互动是其准则。③ 在大规模的大众社会中,则不会也不可能存在。达尔用反向计算提供了一个有力的反证:"一天,如果一个团体想做出一个决定,假定每天有 10 小时用于讨论,并允许每人有 10 分钟的发言时间——即使在最理想的状态下——这一团体最多也不能超过 60 人。"④ 除了时间和人数的限制之外,还有"距离问题"和由于相距遥远的人们之间的不同观点引起的复杂情况,在一个大的政体中,在真正的民主协商中必须有人作为他们的代表。⑤ 那么,协商民主论者面临的挑战就在于,找到一种方法,从而可以在任何一个较大的社会中采取他们的协商建议,问题在于在这么大的

---

① Amy Gutmann and Dennis Thompson, *Democracy and Disagreement* (Cambridge, MA: Harvard University Press, 1996), pp. 4 – 5. Henry Richardson, "Democratic intentions," *Deliberative Democracy*, ed. James Bohman and William Rehg (Cambridge, MA: MIT Press, 1997), pp. 349 – 82.

② Bernard Manin, "On legitimacy and political deliberation," *Political Theory*, 15 (1987), 338 – 68. Joshua Cohen, "Deliberative and democratic legitimacy," *The Good Polity*, ed. Alan Hamlin and Philip Pettit (Oxford: Blackwell, 1989), pp. 17 – 34 at pp. 21 – 3 and "Procedure and substance in deliberative democracy," *Democracy and Difference*, ed. Seyla Benhabib (Princeton, NJ: Princeton University Press, 1996), pp. 95 – 119 at pp. 99 – 100. Seyla Benhabib, "Deliberative rationality and models of democratic legitimacy," *Constellations*, 1 (no. 1: April 1994), 26 – 52. John S. Dryzek, *Discursive Democracy* (Cambridge: Cambridge University Press, 1990) and *Deliberative Democracy and Beyond* (Oxford: Oxford University Press, 2000).

③ As in Peter Laslett, "The face to face society," *Philosophy, Politics and Society*, ed. Peter Laslett, 1st series (Oxford: Blackwell, 1956), pp. 157 – 84.

④ Robert A. Dahl, After the Revolution? (New Haven, Conn.: Yale University Press, 1970), pp. 67 – 8.

⑤ 要做到使我们都满意,就要每个人都坐到桌前,而不是坐在墙边的一圈椅子上,这是缓和问题的一个办法。我在下面要讲到的建议,可视为做到这一点的一种方法。

社会内，想要安排面对面的讨论是不可能的。①

　　这一问题的解决方法不容易找到。在简要地分析了解决协商民主的外在集体形式因时间、人数和距离产生的问题和为了解决问题而采取的各种存在缺陷的主张之后，我将提供一种对策建议。我的建议是，通过将我们的关注点从"外在集体"转到"内在思考"，将协商民主的大量工作转换至每个个体的头脑之中，从而减轻大众社会中协商民主的负担。为了支持这一建议，我要回顾一下，这种内在的精神活动甚至在日常的对话场景中也发挥着主要作用。从这一点出发，到将移情想象作为民主论者所希望的、在大众社会中进行的、人与人之间的协商对话的重要补充、距离代替这种对话，只有一步之遥。

　　就此而言，协商并不是使人们"通过对话在场"，而是使人们以协商者的思想"通过想象在场"。② 这种对协商的修正了的理解，将会使在现代民主理论中边缘化的东西得到强调。毫无疑问，民主论者总是将艺术以及其他的所有东西假设为使社会的每个角落都得以民主化的好东西。但是，将移情想象作为大众民主的协商过程的中心，使我们对于一些条件更为敏感，即那些对想象的生产和分配十分重要的条件，其中尤为明显的是文学与视觉、表演艺术。确保这些表现形式的广泛代表性和普遍理解，就此处提出的民主协商模式而言，是非常重要的。

　　协商的内在思考模式决不能代替外部集体的协商。一方面，在实践中，这两种模式决不会纠缠在一起。使其他人通过想象在场（imaginatively

---

　　① 詹姆斯·麦迪逊认为，"一种民主政体……必须限于一个小地方之内"，然而，"共和政体可以扩展到较大的地区"，准确地说这是因为"在民主政体中人们作为个体参与并行使管理职能"，而"在共和政体中，人们通过其代表和代理人进行管理"。(*The Federalist* no. 14) 同见 Robert A. Dahl and Edward R. Tufte, *Size and Democracy* (Stanford, CA: Stanford University Press, 1973) 和 Jane J. Mansbridge, *Beyond Adversary Democracy* (New York: Basic Books), chs 19–20. 即使是面对面的集会，如果太大也无法进行协商，将会由演讲取代对话，由激烈的口号取代理性的辩论。如 Madison（或者也许是 Hamilton）在《联邦党人文集》第 55 章中所写："在无数的集会中，无论由怎样的人组成，激情抢夺理性的王权从未失败过。就算每个雅典人的集会都有一个苏格拉底，这集会也仍会成为一伙暴民。" Cf, Cicero, *De Officiis*, II. 48 and Madison, *The Federalist* no. 62 and 63.

　　② 在 Benedict Anderson 的 *Imagined Communities* (London: Verso, 1983) 一书的模式之后，更常见于 Gilbert Ryle, "Imagination," *The Concept of Mind* (London: Hutchinson, 1949), ch. 8。

present）对于理解他们对我们的意义而言是最根本的；那么同样地，他们通过对话在场（conversationally present）也可以强有力地推动他们通过想象在场。在政治上说，一个完全在人们的想象内进行的协商过程，不论其范围多大，仍将缺少其他人的认可，而只有得到其他人的认可才能算作是完全民主。相对地，如果一套程序不能内化人们之间的观点，那么只有通过最机械的方式才能称得上是民主的：如果不能适当地记录下每个人说了什么，就称不上是理性的交换，而只不过是选票的计算。

因此，在政治领域，内在思考的协商是外部集体协商的重要补充和完善。作为适当的民主，它必然通过外部集体协商的程序而具有合法性。当然，在现代大众社会中，恰当地评价内在思考的协商在协商过程中可能并且确实要发挥的作用，可以有助于减轻加于外在集体协商的负担。

一、不成功的改变

对于大规模的大众社会中协商民主存在的问题，之前所提出的那些解决方案取决于四个基本的策略。一对策略是通过限制参与协商的人数而发挥作用，另一对是通过限制对他人的信息输入来发挥作用。这两对策略似乎都会因为某些原因而失败。

1. 连续性：不连贯的协商

如果我们人数太多而不能同时在一起进行协商，那么有一个解决办法，是亚里士多德的建议，即我们"不是同时进行协商，而是依次进行"[①]。这是一个办法。将人们分成小组，从而每个小组内部相互之间可以进行真正的协商；然后将协商的结果与其他小组以同样方式产生的协商结果放在一起再次进行协商。我们将这种模式称为"分期协商"或"不连贯的"协商。

---

① Aristotle, *Politics*, 1298a13.

这就是 12 世纪时英国陪审团发现的"惯例法"。① 这种模式的变化吸引了某些后现代主义者,他们对于这个日益断裂的世界的应对之道是"直接协商的多头政治",包括"众多的集会形式"。②

当然,这种普遍路径的诀窍就在于将这些分裂的协商团体的判断相互连接起来。做到这一点的很多方法并不特别地民主。在英国,法官被分成 25 个同样的小组,他们在全国范围内对英国各地的法令进行协商,然后形成了全国统一的惯例法。马修·黑尔(Sir Matthew Hale)爵士高兴地报道说:

> 那些被任命为法官的人们……都曾接受法律的普遍教育……在此期间,他们每天坐在威斯敏斯特大厅里,相互进行交谈和磋商,交流他们的判断,从而他们的判断必然会相互传达……通过这种方式,他们对于普遍公平的判断和管理相互之间达成了统一、和谐,经久不变……③

协商民主论者似乎不想分享黑尔的热情。在他们看来,直接协商的不论什么成果,如果是通过陪审团达成的,由一小部分关系紧密的精英来承担将那些更为基层的协商结果形成全国范围的单一的惯例法的任务,这首先就

---

① Harold J. Berman, *Law and Revolution*: *The Formation of the Western Legal Tradition* (Cambridge, MA: Harvard University Press, 1983), pp. 448 – 9. 即使是现在,陪审团也是事实上的灵魂机构,它"通常召集普遍市民参与到面对面的辩论过程中来",参见 Jeffrey Abramson, *We*, *the Jury* (New York, Basic, 1994), p. 8。

② Joshua Cohen and Charles Sabel, "Directly-deliberative polyarchy," *European Law Journal* 3 (no. 4: Dec 1997): 313 – 42. See similarly: Joshua Cohen and Joel Rogers et al., *Associations and Democracy*, ed. E. O. Wright (London: Verso, 1995); Paul Hirst, *Associative Democracy* (Oxford: Polity, 1994); Seyla Benhabib, "Deliberative rationality and models of democratic legitimacy," p. 35; and Iris Marion Young, "Communication and the other: beyond deliberative democracy," *Intersecting Voices* (Princeton, NJ: Princeton University Press, 1977), pp. 60 – 74.

③ Sir Matthew Hale, *The History of the Common Law of England* (1716), quoted in A. W. B. Simpson, "The common law and legal theory," *Oxford Essays in Jurisprudence*, 2nd series, ed. A. W. B. Simpson (Oxford: Clarendon Press, 1973), pp. 77 – 99 at p. 96. See also Berman, *Law in Revolution*, p. 449.

会毁坏协商的大部分成果。

英国的最高法院只提出了相当普遍的、困扰这种不连贯的协商模式的难题的一些最富戏剧性的例子。这些模式似乎都通过一种等级制度，集聚起了基层的高度民主团体的输入，而这种等级制度本身的直接民主协商从根本上说是不太有保证的。例如，哈贝马斯建议，将"对立公共领域"或"反抗性公共领域"作为协商民主主义的输入的来源，它将汇入普通政治领域，并通过其得以协调——哈贝马斯自己认为，普通政治领域本身与直接协商的民主相距甚远。① 再如柯亨和萨贝尔所建议的，将地方层次的"直接协商民主的多头政治"的输出与其他这样的团体汇入高层的元协商之中：又一次地，这些团体在这种元协商中无论多平等，这些额外层次的协商的结合使得这一方案缺乏"直接协商"，并因此在这一意义上缺乏民主。② 在很多其他的调停机构也有相同的情况——从政党到立法分委员会到高级法院——这些机构经常被当作协商过程中的关键机构。③

我认为，只有一种方法，可以使众多团体的输入以一种既直接又协商的民主形式进行整合。假设我们每个人是许多不同"团体"的成员。（这些团体没有什么特别的属性：它们像陪审团一样，只是在人们中随机抽签组成的）。进一步假设我们每个人在团体中都有一小部分与其他团体相重叠。④ 那么，将形成一个"团体关系的网络"，这一网络通过对话将人们（间接地：也许是非常间接地）联系起来，这将有效地联系起整个社会。⑤

---

① Jürgen Habermas, *Between Facts and Norms*, trans. William Rehg (Oxford: Polity, 1996; originally published 1992), ch. 8. 参见 John S. Dryzek, "Political inclusion and the dynamics of democratization," *American Political Science Review*, 90 (1996), 475–87。

② Cohen and Sabel, "Directly-deliberative polyarchy," p. 326.

③ 分别参见：Cohen, "Deliberation and democratic legitimacy," pp. 31–2; Joseph M. Bessette, *The Mild Voice of Reason: Deliberative Democracy and American National Government* (Chicago: University of Chicago Press, 1994), esp. ch. 6; John Uhr, Deliberative Democracy in Australia (Cambridge: Cambridge University Press, 1998), esp. ch 4。

④ Iris Marion Young 也假设过类似的情形，参见 "Together in difference: transforming the logic of group political conflict," *The Rights of Cultural Minorities*, ed. Will Kymlicka (Oxford: Oxford University Press 1995), pp. 155–77 at p. 157。

⑤ Georg Simmel, *Conflict and the Web of Group Affiliations*, trans. Kurt H. Wolff and Reinhard Bendix (Glencoe, I11.: Free Press, 1955), esp. pp. 125–95。

这样的话，举个例子，如果我们每个人都参加了5个团体，而每个团体另外还有20个人，而且每个人都不再有重叠，如此，我们的判断将会直接地或间接地与20^5或3200000个人的意见相结合。

在理论上，这种连接起所有团体的方法既是协商民主的，又是直接民主的。然而，在实践中，作为这一模式基础的非常重要的先决条件却不太会实现。因为，这种团体关系重叠的模式，其先决条件是每个人都是某些（事实上，是几个）团体的成员，并且每个团体都接近协商的理想，而在现实世界中，有太多的人"被排斥在社会之外"，根本不参加这样的团体。还有些人"在社会中被分隔开来"，只不断地与相同的人们一起参加同一种小型的协商团体。鉴于这两种情况，根本不存在间接连接起社会所有成员的分期协商。

2. 替代物：代用协商

第一种策略"不连贯的协商"以局部的、重叠的团体内的协商取代在整个社会中进行的协商。第二种策略，我称之为"代用协商"，则是用这个社会的一部分人组成的子集的协商来取代全体成员的协商。①

相关的问题还有这种子集如何进行确认，这种替代如何得到证明。这一子集被假设可以代表更大的团体——典型的，"公平的样本"，"一个缩影"②。反过来，如果那些较小的团体通过协商形成的审慎的意见能够代表（或精确反映）更大团体以同样过程形成的意见（如果这是可行的），那么以之代替更大团体的判断就可以得到证明。③

---

① 当然，协商者在这些过程中进行真正的协商。问题在于——这也是将这一过程称为"代用"的原因所在——这种子集的协商在多大程度上能够完全代替全体协商。

② John Stuart Mill, *Considerations on Representative Government* (1861), ch. 5, in Richard Wollheim, *John Stuart Mill*, *Three Essays* (Oxford: Clarendon Press, 1975), pp. 142 – 423 at p. 228. Lord Boothby 高兴地阐释道："理论上说，下议院应当是这个国家社会的缩影。国家中有许多相当愚蠢的人，下院中也同样如此。"引自 A. H. Birch, "The nature and functions of representation," *The Study of Politics*, ed. Preston King (London: Frank Cass, 1977), pp. 265 – 78 at p. 268。

③ 例如，在费城大会关起门来进行的协商中，立国之父自觉地表达了他们的观点，"人民在讨论一个为了人民的政府时，将会发生什么……在一个适当的时刻，并且有他们之前的其他国家的经验"; James Madison, *Notes of Debates in the Federal Convention of* 1787 (New York: Norton, 1966; originally published 1840), entry for 26 June 1787, pp. 193 – 4。

这种"代用协商"——以较小团体的协商代替难以控制的庞大团体的协商——最清楚的例子当然是代议制民主。① 立法机关通常被称为"协商会议",相对的是"大众会议"(并且即使在立法机关内部,人数较少的议院一般也被称为"协商院"②)。但最近的一些革新,像"公民陪审团"和"协商民意测验"也是这种模式的例子。③

所有这些代用协商的模式,从根本上说,包括用一个子集代替全部,并使子集代表全体进行协商。所有这些方案共同的问题在于,一旦协商开始,如何确保这一子集代表性的*连续性*。自然,人们在协商过程中会改变意见(如果他们一点都不改变意见,这将很难称得上是一次真正的协商,至少有时是这样④)。他们开始代表更广泛的公众时,我们可以对之进行衡量。问题在于,如果公众在协商过程中改变了意见,他们是否仍能发挥代表作用。

表面看来,这似乎是不可能的。从日常生活中,我们知道,与不同的参与者(或者是与相同的参与者就不同观点)进行的不同的对话,将会走向截然不同的方向。⑤ 假设已知对话动力的路径依赖并赋予对话人完全的创造力,那么很难相信一个团体将通过与其他团体相同的路径达到完全相

---

① Hanna F. Pitkin, *The Concept of Representation* (Berkeley: University of California Press, 1967). Bernard Manin, *Principles of Representative Government* (Cambridge: Cambridge University Press, 1997), esp. ch. 6.

② Madison, *The Federalist* no. 62 and 63.

③ James S. Fishkin, *Democracy and Deliberation: New Directions for Democratic Reform* (New Haven, Conn.: Yale University Press, 1991) and *The Voice of the People: Public Opinion and Democracy* (New Haven, Conn.: Yale University Press, 1995). Anna Coote and Jo Lenaghan, *Citizens' Juries: Theory into Practice* (London: Institute for Public Policy Research, 1997).

④ Jon Elster, "Introduction," *Deliberative Democracy*, ed. J. Elster (Cambridge: Cambridge University Press, 1998), pp. 8 – 9.

⑤ James Tully, "The agonic freedom of citizens," *Economy & Society*, 28 (no. 2: May 1999), 101 –22.

同的结论。①（律师们说，"没有两个一样的陪审团或法官"，这是一个"众所周知的秘密"。②）然而，那正是代用协商的强力拥护者所必须要声称的，至少认为是接近真实的，他们坚称在一个有代表性的子集内进行的协商将会真正反映、从而能够代替在整个社会内进行的协商。③

3. 限制输入：瘦弱的协商

解决大众社会的协商难题的前两个策略是减少一起进行协商的人数，解决这一难题的后两个策略则是减少他们相互之间的交流量。这一种模式的第一个方法是一种"瘦弱的协商"，它通过减小信号的密度而减少每个参加者的协商负担，从而推进大众协商的进行。

举一个大家熟悉的例子，立法大会通过强行限定发言的长度和数量来加速他们的过程。④ 其作用之一是限制发言的人数，进而限制协商者对于信息输入所进行的思考。当然，"相关性"原则更直接地过滤了立法协商的输入量（很明显，还有输入的质量）。⑤

这一基本策略的另一版本是"调解协商"，某些中间人通过"调解协商"将消息在较大的团体内进行过滤，再传递给其他人。在国际谈判中，

---

① 菲什金的 Voice of the People 一书在第220页报告了在德克萨斯三个不同的地方进行关于公用设施协商投票的结果。他高兴地报告道，在这三个案例中，从协商前到协商后的意见的转变，其方向是一致的。但是，绝对人数的分野却是很大的。在一个地方，一半参与者在协商后认为，"投资于环境保护"是"首先应追求的目标"，而在另一个地方，不到1/3 的人这样认为。在一个地方，在协商后，超过1/3 的人仍认为"再生资源"应当是首选，而在另一个地方，不到1/6 的人这样认为。很明显，这些协商团体不应被看作是可以互换的。作为结果，这一事实也不能产生将"代用协商"作为普遍策略的信心，即用较小的协商团体作为整个社会协商的缩影来"代替"整个社会的协商，是不太现实的。

② Harry Kalwen, Jr., and Hans Zeisel, The American Jury (Chicago: University of Chicago Press, 1966), p. 474. 如 Cass Sunstein 所告诉我们的，即使是模拟陪审团经常形成相同的裁决，他们也是通过不同的集体推理形成的。

③ 最多，它们可以被作为一种"情况介绍"反馈到那些更广泛的、社会范围的协商中去。(Fishkin, Voice of the People, p. 162)

④ 限制参与的时间是一种更现代的办法，限制参与人数的方法比较陈旧。英国议会的传统做法是"每人就一件事只能发一次言"；Thomas Jefferson, Parliamentary Pocket-Book; sec. 180, reprinted in Jefferson's Parliamentary Writings, ed. Wilbur Samuel Howell, 2nd series (Princeton, NJ: Princeton University Press, 1988), pp. 47–162 at p. 89.

⑤ Ibid., pp. 89–90.

中间人通过减少谈判各方之间的信息来促进协议的达成。① 在现代大众社会，通过大众传媒的作用，很多同类型的"调解协商"也在进行，它严格限制着任何人可以传递给（或强加于）其他人的信息量。②

然而，通过"限制输入"推动大众协商出现了一些明显的问题。除非我们有理由认为我们筛掉的信息都是不相关的或不必要的③，限制输入使我们的协商或多或少地陷入无知。我们的认识能力依赖于信息的输入，限制输入将使我们的认识能力或多或少地出现营养不良。（因此，使用"瘦弱的协商"一词）在对"广播讲话民主"进行限制的事例中，我们进行协商的基础那么薄弱，以至于根本不能将之称为认真进行"权衡和判断"的协商。

4. 选择性理解：被遮蔽的协商

哈贝马斯的"公共领域"的参与者被理想地假设为互相"参与"其中。④ 也许，在18世纪伦敦的咖啡馆里，他们确实这样做。⑤ 然而，当前公共领域中的绝大多数机构，更像哈贝马斯在其早期公共领域中所讲的另一个伟大的典范，大报（broadsheet newspaper）。哈贝马斯说："当阿狄森

---

① 忽略无理的侮辱、无根据的威胁等；参见 Oran R. Young, *The Intermediaries: Third Parties in International Crises* (Princeton, NJ: Princeton University Press, 1967).

② Benjamin I. Page, *Who Deliberates? Mass Media in Modern Democracy* (Chicago: University of Chicago Press, 1996).

③ 例如，可以证明的那样，我们在立法的事例中运用相关性原则。

④ Habermas, *The Structural Transformation of the Public Sphere*, trans. Thomas Burger and Frederick Lawrence (Oxford: Polity, 1989; originally published 1962), esp. pp. 31–43; "The public sphere" (trans. S. and F. Lennox), New German Critique, 3 (1964), 49–55; and *Between Facts and Norms*, esp. chs 7–8. See also Charles Taylor, "Modernity and the rise of the public sphere," *Tanner Lectures on Human Values*, 14 (1993), 203–60.

⑤ 即使在那里他们直接参与，但并不深入，参见 "On coffee-house politicians," *Table Talk, or Original Essays* (New York: Chelsea House, 1983; originally published 1869), pp. 261–83. 其中，他写道，咖啡馆中的政客，"像退潮时的牡蛎，张口寻找新的浪潮"(p. 263)，在他们中间，"在某个关键时刻，急躁地等着晚报：早上的新闻在晚饭时间就变得陈旧乏味了。……人们对于很快就会遗忘的事情表现出如此强烈的兴趣是一件奇怪的事：——事实上，他们从未对这些感兴趣，只是为了有些谈资。每天，这为他们提供服务，就像这一天的菜单一样"(p. 262)。在咖啡馆，"人们似乎不是为了表达他们的观点而谈话，而是为了谈话才持一种观点。……这不是对话，而是复述"(pp. 268-9)。"受教育的人和饱经世故者……知道对于一个话题应该说些什么，并立刻进入主题。咖啡馆政客们在他最后听到的话和接下来他要说的话之间保持平衡；却看不清楚他的路径，用详细的讲述支吾其词，并且尽量拖延时间，唯恐走错一步"(p. 269)。

(Addison)和斯蒂尔(Steele)在1709年出版了第一份《闲话报》时,咖啡馆的数量已经如此众多,并且其常客的圈子如此广泛,以至于这些人数众多的圈子之间的联系要通过一本定期刊物来维持。"① 就此而言,这一公共领域的参与者已无法再直接参与其中了。

问题不仅在于他们之间的互动需要通过大报进行调解,像前面已经指出的。还有更深层的问题。大报的撰稿者——以及在咖啡馆里滔滔不绝地进行演讲的人们——因为是"为所有人提供消息"而不再是"相互之间的交谈"。其他人或许会(或许不会)注意到他们并予以回应。那么,反过来,若他们以相似的方式予以回应,那他们在根本上也只是为了提出其他的观点以引起其他人的注意(或不注意)。

总之,我们在公共领域所发现的,并不像"在公众中进行的协商"那么"公共"。北京的"民主墙"提供了民主的一种类型。并且那种类型的民主——自由传播意见——可能是任何一种真正的协商民主的一个重要的前提条件。但是,仅仅在海报栏或网络上发表意见或站在海德公园的肥皂箱上喊出自己的意见,在本质上并不能形成沟通,更不用说充分的协商民主了。②

当然也一定会有对之的领会和参与——其他的人必然会听到或读到,将之内化并产生回应——因此,公共领域的活动可算作是远距离协商的。③并且,因此公共领域被看作是特别民主的,因为绝大多数人们都积极参与

---

① Habermas, *Structural Transformation*, p. 42.
② 英国议会禁止宣读成文的演讲,这是因为:"当演讲者将自己局限于宣读他们在沉默的研究中写成的文字时,他们就不再进行讨论,他们只是在做进一步的阐释。他们不听发言,因为他们听到的根本不会改变他们将要说的内容。他们一直等到发言者的发言结束。他们对于所支持的观点并不进行检验,他们只关注发言人所用的时间,将之认作是拖延。这样一来,就不存在讨论了……每个人对于他所没有预料到的事都漠不关心,所有那些可能会破坏议案的情况都已经提前完成了。发言者一个接着一个,相互之间没有碰撞;如果他们之间相互有反驳,也只是碰巧。他们就像两路军队,往相反的方向进发,一个接着一个,偶尔相互看到来自对方的一瞥,甚至避免看到对方,唯恐违背早已描绘好、不可更改的路线。"Benjamin Constant, "Principles of politics applicable to all representative governments," *Political Writings*, trans. and ed. Biancamaria Fontana (Cambridge: Cambridge University Press, 1988; originally published 1815), ch. 7, p. 222.
③ On uptake see J. G. A. Pocock, "Verbalizing a political act: toward a politics of speech," *Political Theory*, 1 (1973), 27–45.

这种与其他人一起进行的给与取的活动。

总之,公众领域的理论家通过满足使过程具有协商性的条件,解决了这种在大众社会进行民主协商所存在的问题。为保证在公共领域能够自由平等地表达意见,他们确保每个人都可以发言,但却不能保证人们会听取这些发言。

二、另一种途径:内在的协商

之前提出的所有那些使大众社会中实行协商民主成为可能的建议都集中于协商的"外在集体"的一面。他们都认为,使民主具有协商性,关键在于使每个人在某种意义上"同时进行交流"。但是在任何一个大社会中,都无法完全做到,而且到目前为止,没有一种建议能令人很满意。我的建议是尽量使协商的"内在思考"方面多发挥作用。

1. 相互理解

首先,回想一下在一个真正的面对面的对话中,在每个参与者的头脑中进行了多少活动。语言本身与其说是个人的,不如说是公共的。但是,问题在于在解释其他人所说的话时——译出其字面意思,并在背景信息下根据自己的理解来解释字面意义——实际上是在自己的头脑内进行的。

当试图理解别人的话时,我们首先会假设他说得有道理。我们假设,他们所说的话的意思大致与我自己对他们的理解是一致的。[1] 我们暂时将我们的对话者提出的主张当作真的,这样做似乎是了解我们的对话者其话外之音的最直接的方法。[2]

在一般的对话中,人们不会沉闷乏味地详细解释整个演绎推理过程

---

[1] J. L. Austin, "Other minds," *Philosophical Papers*, ed. J. O. Urmson and G. J. Warnock, 3rd edn (Oxford: Oxford University Press, 1979), pp. 76 – 116 at p. 115. Donald Davidson, *Inquiries into Truth and Interpretation* (Oxford: University Press, 1984).

[2] David Lewis, "Scorekeeping in a language game," *Journal of Philosophical Logic*, 8 (1979), 339 – 59.

(如果他们讲，也没人听)。相反，人们的讲述会较有特色并比较"轻松"①。他们用或多或少有些神秘的提示来讲述成熟的意见。在一般的谈话中，"抓住别人的要旨"从根本上说就是在你自己的意识中完成别人的推理，想出别人的谈话中所包含的各种"含义"(implicature)。②

我们能在多大程度上确切理解"别人的意识"是一个很大的、在哲学上存有争议的问题。③ 但是不论我们讲多少更为特别的例子，理解别人意识的最一般的意思只能是，通过在某种意义上的、思想上的"设身处地"来理解别人的语言和行动。"模拟理论学家"设想我们以一种略微理论化的方式"从内部理解别人的思想"。④ "理论学家"，如名所示，设想我们以一种更为理论化的方式来理解别人，也许是通过"民族心理学"。⑤ 不论哪种方式，在理解别人日常话语的意思时，大部分工作必须在听者自己的头脑中进行。

---

① Dan Sperber and Deidre Wilson, "Loose talk," *Proceedings of the Aristotelian Society*, 86 (1986), 153 – 71.

② 这就是"对话的"的作用所在：G. Paul Grice, "Logic and conversation," *The Logic of Grammar*, ed. Donald Davidson and Gilbert Harman (Encino, CA: Dickenson Publishing Co., 1975), pp. 64 – 75 and Studies in the Way of Words (Cambridge, MA: Harvard University Press, 1989), esp. pp. 22 – 40, 138 – 44, 269 – 82.

③ 对于认知科学的相关争论，参见 Gregory Currie, *Meeting of Minds: Thought, Imagination & Perception* (Oxford: Oxford University Press, 1999); Christopher Peacocke, ed., *Simulation and the Unity of Consciousness: Current Issues in the Philosophy of Mind*, Proceedings of the British Academy no. 83 (Oxford: Oxford University Press for the British Academy, 1994), esp. Martin Davies, "The mental simulation debate," *Current Issues in the Philosophy of Mind*, ed. Anthony O'Hear (Cambridge: Cambridge University Press, for the Royal Institute of Philosophy, 1998), pp. 53 – 82.

④ Jane Heal, "Understanding other minds from the inside," *Current Issues in the Philosophy of Mind*, ed. O'Hear, pp. 83 – 100. "略微理论化"的方式仍然是理论化的：例如，我们需要假设他们在相关方面与我们是相似的。

⑤ Ned Block, ed., *Reading in the Philosophy* (Cambridge, MA: Harvard University Press, 1980). "民族心理学"认为，我们都在心理学上赋予别人同样的信仰和期望类型，通过内省，我们发现我们自己、并且认为别人也会在典型的诱因下，像我们自己那样依照各自的信仰和期望作出典型的反应。参见 Frank Jackson and Philip Pettit, "In defense of folk psychology," *Philosophical Studies*, 57 (1990), 7 – 30; Philip Pettit, *The Common Mind*, 2ⁿᵈ edn (New York: Oxford University Press, 1996), esp. chs 1 – 2, 4 and postscript; and David Braddon-Mitchell and Frank Jackson, *The Philosophy of Mind and Cognition* (Cambridge, MA: Blackwell, 1996).

2. 话语和想象

话语学家清楚地知道进行这种对话很普通。事实上,他们非常重视事实。举个著名的例子,哈贝马斯将话语伦理描述为"依赖于……一种'发挥理想的作用'的系列过程",其中"每个人都要从别人的角度思考问题,从而切身理解自己以及他人"①。他希望以此保证一种"主体间性",这对他的更大的计划非常重要。

准确地说,这是一个将你自己处于别人位置的过程,话语学家希望发动起这种人与人之间的对话。但是,请注意:话语学家将这一过程限定在"内在思考"中。对话的"外在集体"过程即使对于话语学家而言也仅仅是一种发动起其他的更为"内在思考"的过程的手段。②

向另一个人回答问题也许是一个使这一过程得以进行的好方法。但是这不是唯一的方法。有时"向自己回答问题"就足够了。假设我们的想象被某些电影或小说点燃,我们就会由这些高明的手段引导着去生动地想象作为他们将会怎样,或想象自己进入了那个场景;我们问自己,"那么,我们将说什么呢?"

3. 点燃想象

想象得以运转的精确机制在于很多关于文学理论和艺术批评的辩论主题。③ 某些这样的过程似乎在运转,这一事实似乎还不够无可辩驳,即使

---

① 哈贝马斯说:"话语论理学依赖于一种直觉,即一般意义上理解的普遍化原则需要一系列的'思想交谈'过程。它用一种实用主义的推论理论解释了 G. H. Mead 的这一思想。根据这一理论,对于在自由平等的参与者中进行的大范围非强迫的理性对话,每个人都应以别人的视角进行理解,即将自己投入对自身和世界上其他人的理解之中。"参见 Jürgen Habermas, "Reconciliation through the public use of reason: remarks on John Rawls's *Political Liberalism*," *Journal of Philosophy*, 92 (March 1995), 109–31 at p. 117。

② 如同 Iris Marion Young 恰当地指出的,对于哈贝马斯而言,它不仅是记录下别人的观点,而且是"想象"自己处于别人的位置。Asymmetrical reciprocity: on moral respect, wonder and enlarged thought, *Interesting Voices*, pp. 38–59 at p. 39。

③ 对于哲学上的论述,参见 Richard Wollheim, *The Thread of Life* (Cambridge: Cambridge University Press, k 1984), esp. chs 3–4; Gregory Currie, *Image and Mind: Film, Philosophy and Cognitive Science* (Cambridge: Cambridge University Press, 1995); and Elaine Scarry, "On vivacity: the difference between daydreaming and imagining-under-authorial-instruction," *Representations*, no. 52 (Fall 1995), 1–26。

仅仅作为读者、观众和听众,从我们的日常经历出发进行判断,也是如此。①

一个尤其显著的例子就是,将"奴隶讲述"——得到解放的奴隶的自传式讲述,生动地唤起他们被奴役的经历——应用于废奴主义事业。② 也许,只有一小部分小说从文学上说可以被称为改变了历史的进程,《汤姆叔叔的小屋》是一部,《印度之行》也许是另一部。③ 但是,在好的作品里,这种"扩大人们的感受"的情况确实会发生。④ 文学理论家将之看作一种老生常谈,即"在司汤达、狄更斯或托尔斯泰的小说情节里所反映的历史和社会事件,有一种真实感、确实性,比由记者或专业的历史学家所讲述的更为深入……巴尔扎克的艺术,是一种百科全书式的作品,是对同时代生活的详细记录。一个人通过阅读《左拉》能够了解六种职业。"⑤ 如此等等。

小说(更普遍地讲,艺术)不仅能够、而且经常含有对社会、经济、政治和历史事实的暗示,并且还可以发挥一定的教育作用。更重要的一点是,与那些不够风格化的历史讲述或反思性随笔相比,这些教育以一种更具感情色彩的方式渗入,以一种更有效的方式参与我们的想象。约翰·杜威(John Dewey)说:"艺术家总是扮演着新闻的真正传播者的角色,因为新闻并不是外部所发生的事情,而是对感情、感知和评价的激发……","当对社会的自由探寻不可分割地与充分且流动的交流艺术结合起来时,

---

① 很可能,一个人自己的"个人感觉"同样地来自于某些这样的内在叙述。如:Charles Taylor, *Sources of the Self* (Cambridge: Cambridge University Press, 1989), esp. ch. 2, and Alasdair MacIntyre, *After Virtue* (Notre Dame, IN: University of Notre Dame Press, 1981)。

② Kimberly K. Smith, "Storytelling, sympathy and moral judgment in America abolitionism," *Journal of Political Philosophy*, 6 (1998), 356-77.

③ Elaine Scarry 的主张,参见"The difficulty of imagining other people," *For Love of Country*, ed. Joshua Cohen (Boston: Beacon Press, 1996), pp. 98-110 at p. 105。

④ 这种情况和由之而来的政治含义,形成了以下著作中重现的主题。参见 Martha Nussbaum: *Love's Knowledge: Essays on Philosophy and Literature* (New York: Oxford University Press, 1990); *Poetic Justice: The Literary Imagination and Public Life* (Boston: Beacon Press, 1995); and *Cultivating Humanity* (Cambridge, MA: Harvard University Press, 1997)。

⑤ George Steiner, "Literature and post-history," *Language and Silence* (London: Faber &Faber, 1967), pp. 413-24 at p. 420.

民主也就得以实现。"①

这并不仅仅是说小说家比历史学家或评论家更具感染力（尽管可能确实如此）。更确切地说，他们将注意力集中于细节——一个人、一个动作或一个时期——他们从特定的视角观察的趣闻轶事、片断中引出一般性。②反过来，对细节的生动描述对于理解艺术作品有重要意义。自然，我们想象自己处于某一个具体的人（假设的但是有根据的）的境地相对比较容易。而将自己想象成一个描述不够细致或抽象的人必然更为困难，而这正是历史学家和社会学家的惯用手段。③

小说"让我们从自身中脱离"的方式与其说是偶然的，不如说是固有的：

> 小说的形成产生于并且包含着性格、价值观、利益、环境和阶级的冲突。……如萨特在《什么是文学》中指出的，只有在作者能够从精神上进入并刻画看似真实的多种多样的社会时，才能写出好的作品。他提问说："有那种极权主义的小说吗？"这不仅在条件上说是个矛盾，而且在心理学上也是不可能的。④

无疑，当乔治·斯坦纳（George Steiner）在谈到"小说或哲学、想象或学说将会怎样对我们发挥其作用时，甚至于，暂时地，我们会害怕自己……"⑤ 时，有所夸大。像你希望的那样，去掉这种修饰上的夸大，"小说

---

① John Dewey, *The Public an Its Problems* (Chicago: Swallow Press, 1954; originally published 1927), ch. 5, p. 184.

② Aristotle, Poetics, 1459a17 – 1459b8.

③ 你可以自己进行试验。如果雨果已经讲过了关于冉·阿让的情况，那么将你自己想象成冉·阿让是不是比根据历史学家对巴士底那个地方和其居民的介绍将自己想象成"巴士底狱"的一员更为容易呢？在智力上讲，笼统的表述可能更容易概括和把握；但是从感情上和想象上讲，我们对于全面描述的特定事物的反应要好于对笼统表述的反应，笼统的表述从细节中抽象而来，而细节使那些特定的事物更易记住。

④ Bernard Crick, *Essays on Politics and Literature* (Edinburgh: Edinburgh University Press, 1989), p. 17.

⑤ Steiner, "Humane literacy" (1963), *Language and Silence*, pp. 21 – 9 at p. 29.

的独特价值"仍然在于"相对而言免费进行体验……通过一个月的阅读,我能体验到的'生活'比我一生中所能体验到的东西还多"①。

沃兹沃斯(Wordsworth)给埃利奥特(Eliot)的诗中有一些期望、热情可以"增强我们的意识或加强我们的感受"②。社会现实主义艺术、摄影新闻工作、广播剧都一次次地起到这样的作用。现在,某些批评家所说的"直观知识和图画复制品等新媒体所产生的想象"——电视、电影和录像更普遍地发挥着这样的作用。③

4. 想象的协商与协商的想象

我的建议就是利用这些熟悉的现象来提高大规模社会的民主协商。无疑,我们还有很多其他办法可以使每个人都"在场交流",即使在大规模社会中。然而,那些办法最终总会使所有人们在大规模大众社会中同时进行交流的程度受到严格的限制。

与其对此表示惋惜,不如更努力地使每个协商者在意识中"通过想象在场"。我认为,个人的假想可以发挥重要的公共作用。通过在拥有适当信息的情况下进行想象,我们每个人都能够在我们的头脑中就所有存在争议的观点进行一场范围广泛的辩论。

这种内在的对话无法完全代替公共对话。无论我们的想象包含多少信息,我们都需要将我们赋予别人的意见与他们自己真正持有的意见进行反

---

① Wayne C. Booth, *The Company We Keep: An Ethics of Fiction* (Berkeley: University of California Press, 1988), p. 485. Scarry 提出,"在意识中同时想象众多的人物是不可能的"。她可能是对的,"要想认清楚狄更斯或托尔斯泰的作品中的众多人物,他必须对之进行分类"。("The difficulty of imagining other people," p. 104.) 但是,回忆很多不同小说中的人物和场景也不总是那么困难。我们总是能够做到这一点。

② T. S. Eliot, "The social function of poetry," *On Poetry and Poets* (London: Faber & Faber, 1958; originally published 1943), pp. 15 – 25. 埃利奥特继续指出,诗歌可以传达"关于熟悉事物的某种新鲜的理解,或表达某种我们曾经经历过却不知如何表达的东西,这增强了我们的意识或加强了我们的感受"。(p. 18) "真正的诗人……能够发现新的感受,别人可以感得到。……为了表达出让别人也能感受到的感觉,他还要通过使之更为感性而改变感情;他使得人们更为了解他已经感受到的东西,从而教授他们一些关于他自己的东西。"(p. 20) 参见 William Wordsworth, "Observation prefixed to 'Lyrical Ballads'" (1820), *What Is Art?* ed. Alexander Sesokske (New York: Oxford University Press, 1965), pp. 261 – 74。

③ Steiner, "Literature and post-history," p. 420.

复查对。无论我们的想象多么机敏灵活，无论我们的内在对话多么广泛，在某种意义上，如果我们的协商要保证实现真正的民主，我们必须允许别人发言和投票。

如果社会还没有小到足以让所有相关的公众都参与到真正的对话交流中来，内在思考对话就可能有利于了解外在集体对话。至少这一办法与协商民主论者为了克服大规模社会的时间、人数、距离上的限制而提出的其他建议一样有用。

并且，正是因为它不要求人们代表自己说话，内在思考的协商可能比外在集体的协商更好地代表那些不善交流或交流有障碍的人。设想一下将来受到影响的后代。[①] 我们今天的行动和选择当然会影响到他们，并且根据民主的普通的准则，受到影响的每个人在我们的协商中都有发言权。但是，对于还未出生的人，他们不能为自己说话；而那些声称为他们说话的人也将不可避免地会被问到，有什么权力这样做。内在思考的协商不会遇到这样的问题。它不需要还没有出生的人们为了能够通过想象在场而真正到现场；并且由于整个过程都是通过每个人设身处地进行想象进行的，我们每个人不必要都为未来的人们进行设身处地的想象。

三、内在协商的危险

与外在集体协商相比，内在思考的协商存在着很多明显的缺陷。一个缺陷是缺少一个持续存在的、将其观点加诸于你的"他人"。[②] 有些人以及他们的观点可能会被完全忽视；他人可能会不再被或多或少地拙劣模仿，因为在我们的头脑中关于他们过于偶然，不具有代表性的形象被忽略了。

[①] Peter Laslett and James S. Fishkin, eds, *Justice Between Generations: Philosophy, Politics and Society*, 6th series (Oxford: Blackwell, 1992). 其他那些交流有障碍的人的利益，我们认为应该予以考虑，包括其他人和其他物种。Robert E. Goodin, "Enfranchising the earth, and its alternatives," *Political Studies*, 44 (Dec. 1996), 835–49.

[②] 如 Alan Ryan 所说："如果缺少一个真正的、现实存在的对话者……你们这些读者对对话内容的想象就处于我的意识的控制之下。……你不能照你希望的改变对话。" "In a conversation idiom," *Social Research*, 65 (Fall 1998), 473–89 at p. 473.

状态、竞争和荣誉将驱使我超越自己的水平。①

当然我们能感受到这种情绪。跟自己下棋远没有与别人（或者甚至是一台好电脑）下棋令人满意。每件事都太恰好、太缺少惊奇。对于像对话这样的合作活动与像象棋这样的竞争游戏都是如此。想象出来的他人的利益、立场、观点不可能像那个人的亲身经历一样丰富。那么，出于实用主义地以及象征性地，对于"在场政治"来说，有一件必须完成的事：在受到影响的人们进行的协商过程中，各种不同类型的人都要真正到场，而不是仅仅由其他人来代表他们的利益。②

然而，这一理想似乎又一次要受制于大规模社会的现实。我们在此处所讲的环境——我所设想的外在集体协商由内在思考协商作重要补充的环境——是那种参与其中的各种不同的人太多，以至不能全部都有效地参与协商的环境。

至多，我们可以（通过我所讲的"代用协商"）由一个或一小部分成员来代替团体中的其他成员。③ 这种代替可能会令人满意，如果这一团体是同质的，一小部分成员就能够代表整个团体（这限于，如果每个人都是一个确定的类型的象征，完全可以进行互换，那么每个团体有一个代表就足够了）。然而，绝大多数研究团体差别的理论家将阻止那里面所包含的这种"实在论"（essentialism）。④ 他们避开"一般化"，支持"具体的他人"。⑤ 其含义之一是，没有小部分的代表能够像在场政治所要求的那样代表整个团体的利益。

这将在多大程度上冲击外在集体协商过程，部分取决于有多少不同团

---

① Michel de Montaigne, "On the art of conversation," *The Essays of Michel de Montaigne*, trans. and ed. M. A. Screech (Harmondsworth: Allen Lane/Penguin, 1991; originally published 1580), bk 3, essay 8, pp. 1044–69 at p. 1045.

② Anne Phillips, *The Politics of Presence: Democracy and Group Representation* (Oxford: Clarendon Press, 1995).

③ 那就是 Phillips 所讲的"团体代表"。参见 *Politics of Presence*, ch. 6。

④ Young, "Together in difference."

⑤ Benhabib, "The generalized and the concrete other."

我们。但是，与在现实对话中发生的那种有力的、互相核查、互相补充的情况相比，这是一个晦暗的阴影。无论个人的想象多么丰富，也不能模拟在非常普通的事件中持不同观点的真实的人进行对话所发生的情形。

在大众协商中，同样如此。在两个人的对话中，每个发言者都能使别人注意到他自己的个人观点，一对一地。在大众协商中，典型的情况是有些人发言，很多人听。那些发言的人有可能广泛地代表那些不发言的人。[①]在任何一个较大的团体中，无论如何，每个人都能跟其他人谈出自己的意见的情况不可能实现。

因此，与两个人之间的或小团体中的对话所具有的活力相比，由于"内在思考"协商在那种他们形成的共同理解方面的严重不足，不能将两者进行对比。此处的建议是，在大型团体中，让内在思考协商来提供信息和补充外在集体协商。在那种情况下，话语的活力与成对的对话相比总是具有很大不同。在大型团体里，我们在成对的对话中发现的热烈谈判的意味大部分都消失了。在那里，外在代表面临着被类型化的危险，就像被导向了其原型，就像在人们通过内在想象对社会生活进行重构而形成的代表性一样。[②] 我们只能再一次希望通过用内在思考机制来补充外在集体机制，从而使其各自的错误和疏漏能相互弥补和纠正。

3. 代表他人

似乎是对于我的用内在协商来补充外在协商、用阅读来补充谈话这一建议的直接回应，蒙田（Montaigne）提出了异议：

> 学习书本有一种没精打采的、虚弱的动作，而对话可以立刻提供教育和锻炼。如果我与一个高大的、坚强的对手进行辩论，他将攻击我的两侧，用长矛左右突刺；他的思想使我的思想也沸腾起来。敌对

---

① 只要在不典型的情况下：在一个代表的实例中，只要不是每个不同的组成成分都分别加以代表，多样性的事实就应当得到代表。

② 用本哈比的话说，在所有的具体的形式中，它们必然反映"一般性"的东西多于反映"具体的"东西，"The generalized and the concrete other"。

无疑，我们的想象并非总是尽善尽美，并且如果只进行内在思考协商的话，有些人将会被排除在协商之外。然而，其他的那些外在集体协商的"次优"方式同样也是不完美的；有些人或有些立场同样总是得不到代表或得不到充分代表。所有这些"次优"机制在这一方面具有相似的危险性。当我们在这样的条件下用内在协商程序来补充外在集体协商时，我们只能希望被一种程序忽略的声音能够被另一种程序捕捉到。

当然，即使有些人在外在集体协商中真正出现了，也并不一定意味着我们能够真正顾及到他们和他们所关心的事物。我们总是可以耸耸肩膀或者走开。① 我们总是能够对其视而不见、充耳不闻。② 信息的输入并不能保证对其加以考虑。确实，对于日常对话能回忆起多少取决于内在的代表，甚至可以说"内在的立场"在外在集体协商中和在内在思考协商中一样，都是有效代表的前提条件。

2. 理解他人

在真实的人们间进行的真实的对话，存在一种对其意思的不断的核实和重新商议。③ 这有助于对话者之间的相互理解。有时，人们若只偷听到一段对话的只言片语，将会发现很难了解正在发生的是什么事，这就是因为他们不能参与到对话之中，对别人说的话的意思与他们自己的理解进行互相核对。④

在真实的对话中，将出现对一套代码的双重理解。在"内在思考"的协商模式中，与想象中的人们进行对话时，不会出现这种情况，这种对话在本质上说是与我们自己对话。如果我们的想象足够丰富，我们可能会设想我们"想象出的另一个人"通过类似于现实中的其他人那样的方式纠正

---

① Ryan, "In a conversational idiom," p. 473.

② 就像 Averell Harriman 非常著名的举动，当苏联的谈判者进行其惯常的长篇大论时，他故意引人注目地关掉了他的助听器。这一轶事来自于我的老朋友、教师，Robert Ferrell。

③ As in Charles Tilly's representation of conversation as necessarily involving "continuously negotiated communication"; "Contentious conversation," *Social Research*, 65 (Fall 1998), 491–510 at p. 495.

④ Michael F. Schober and Herbert H. Clark, "Understanding by address and overhearers," *Cognitive Psychology*, 21 (1989), 211–32, confirming a speculation by Jean-Paul Sartre, *What Is Literature*?, trans. Bernard Frechtman (London: Methuen, 1950), p. 50.

那些情况比较典型的人们在内在协商中也许能得到较好的代表；那些情况较为独特的人们通常得不到较好的代表。① 等等。

这些都是真的。这就是外在集体协商优于纯粹的内在思考协商的原因，只要这个社会足够小，使得外在集体协商真正可行，外在集体协商就优于内在思考协商。但是，在真正的民主集体协商不可能实现的社会中，无论如何，我们就在一个"次优"的世界中运行。那些使外在集体决策程序更具直接协商民主性的替代策略同样都会有各种各样的缺点。我只是希望，通过用内在思考协商补充外在集体协商，这两种模式中某些不可避免的错误和疏漏能够互相补救、互相弥补。

1. 参与到他人中

设想一些内在思考协商必然次于理想的外在集体协商的情况。例如，我们都会担心在协商中"包括哪些人"。在外在集体的协商安排中，协商民主论者很难确保每个将受到影响的人在协商中都成为一方。而在内在思考协商中，每个协商者都必然如其所愿生活在自己想象的内在世界中。

当然，我们会劝告他尽可能地范围广一些，尽力将真正受到决策影响的各种不同类别的人们都想象到。我们甚至会给他一堆书、照片或者录像带，以帮助他们做到这一点。但是，我们很难能做到从外界影响其他人的意识，而通过这种方式，我们则可以在外在集体协商中用更为普通的方法影响到那些当时在场的人们。

然而，要记住我所讲观点的背景。我曾经假设我们转向内在思考的协商就是因为（或者说迄今为止）受到影响的人们所组成的团体太大了，以至于不可能使他们全都参加而仍能保证其进行有意义的协商。因此，我们所要进行比较的，一方面是我们用意识可以想象到的人们的代表性，另一方面是上面所讲的外在—集体协商的"次优"方式的（有效的）代表性。

---

① Michael F. Schober, "Conversational evidence for rethinking meaning," *Social Research*, 65 (Fall 1998), 511-34. Seyla Benhabib, "The generalized and the concrete other; the Kohlberg-Gilligan controversy and moral theory," *Situating the Self* (Oxford: Polity, 1992), pp. 148-77. 注意，不仅仅是"独特的人"提出了挑战：任何人离开了我们自己的思考方式，都需要伸展其想象，这在或大或小的程度上都很难做到。

体要代表,还部分取决于多少个人能够较好地代表每个团体。但是,在任何一个大规模社会中,我们可以大概地设想团体间的多数状态和团体内的不同成分都保持相当高的水平,并且如果其地理学上的位置本身证明是一个确认一致性与差异的重要维度,那么多数仍将再次组合,如同地域政治的理论家所主张的那样。①

再一次地,结论似乎将会是,在任何一个大规模社会中,外在集体协商都必然远远达不到理想状态。这种协商不能有效地听到每个不同的声音:从而必定需要某种次优的捷径;在这一过程中必然会失掉某些东西。在内在思考的协商模式中,在试图在某人的意识中重建这样的对话时,也不可避免地要失掉某些东西。但是,再一次地,当我们用内在思考协商补充外在集体协商时,这些疏漏和错误有希望互相弥补和纠正。②

4. 为他人寻找时间

最终,可以说,在任何一个大规模社会中,内在思考的协商过程都会像外在集体协商过程一样受制于时间和注意力。外部集体协商的问题在于我们没有足够的时间与所有的人进行必需的对话。内在思考协商有一个与之非常相似的问题:我们同样没有足够的时间去想象那些对话。

当然,"注意力"是一个非常有限的资源,严重地制约着我们进行协商的能力。③ 但是,那些限制对于外在集体的协商方式有更强的影响。在外在集体协商中我们参与他人活动的机制是通过口头或文字交流,我们在一段时间内只能听一个人发言或看一样东西。这使得外部集体协商过程比内在思考协商更具连续性。

假设我们通过想象自己处于他人在以前的场景中所处的位置,设法成功"内化"各种人的观点,那么,也许我们甚至可以不通过任何有意识的努力,立刻就能"看到"那些众多的不同观点中某个人的观点。如果那些

---

① J. E. Malpas, *Place and Experience* (Cambridge: Cambridge University Press, 1999).

② 确实,当存在很大差异的情况下,我们会发现很难想象自己处于一个与自己差别很大的人那样的状况;但在外在集体协商中,这受制于我们理解他人的话的能力,就像要进行内在思考协商,要受制于我们想象自己处于别人位置的能力一样。

③ Herbert A. Simon, "Human nature in politics: the dialogue of psychology and political science," *American Political Science Review*, 79 (1985), pp. 293-304.

其他人的观点以某种强有力的方式加以内化,将变成我们的"第二天性"。不需要刻意的行为来将其唤起,不需要刻意地关注与之相关的东西。从他人的视角"看待"事物,与其说像一个有意识地将注意力从这里移向那里的"一连串的"过程,它可能更像一种西蒙所描述的控制眼睛与耳朵的过程。

再一次地,这种强有力的方式不能保证人们将会"内化"任何其他相关的观点(更不用说全部观点了)。① 关键就在于,他们也许能做到。如果他们这样做了,将会在参与其他人的协商时极大地减轻认知上的束缚,那么还是需要将内在思考协商作为外在集体协商的宝贵的补充。

四、告知以民主的想象

内在的、想象的对话可以作为民主协商的重要帮助,这些方式将会引出重要的实践结果。对问题的关心,这似乎处于我们民主理论的边缘位置——与代表和图像的生产和消费有关的关心,我们的想象依靠其进行工作——突然变成了中心。

一方面,是关于接近现代大众传播的方式的熟悉的问题。另一方面,是关于"为谁写"的同样熟悉的问题。② 谁是观众,是进行评价的团体吗?谁是主体,他们怎样被代表?③

这些问题不仅仅是文化研究范围内的晦涩的争论问题。而且,对于民主而言,也是绝对关键的问题,因为这将在现代大规模社会中付诸实践,在那里(像我已经指出的),头脑中的代表几乎像立法院中的代表一样重要了。我们得以形成这些代表的艺术形式潜在地非常强大,就像我们得以形成立法多数的选举在政治上非常强大一样。

---

① 并且,如果他们内化了某些而不是全部的观点,那么当然有可能,在此基础上进行的内在思考协商存在偏差。

② Sartre, *What Is Literature?* Ch. 3.

③ 对于民主化的文化(或者说,对于在民主服务中产生的典型的文化产物),并不像存在"广阔"与"狭隘"一样,有"高"和"低"的分别。

某些对于公共政策的含义的认识是非常陈腐的。当然，民主政体在本质上需要馆藏丰富的公共图书馆和艺术公共基金。① 艺术和文学至少部分而言是公共利益，依靠普通市场的力量，它将供应不足；因此，我们应当尽我们所能资助创新能力。② 从文化综合体的生产一边转到消费一边——当然，我们应当"将艺术带给人们"而不是将其束之高阁。正是因为"艺术创作形成政治概念"，公共博物馆应作为"论坛而不是庙宇"这一点非常重要。③ 显然，所有这些在产生和散布各种类型的代表方面都非常重要，这些代表将在我提出的那种内在思考协商中发挥关键性的作用。

然而，同样重要的是，我们必须确保这些代表的代表性。当用内在思考协商来补充外在集体协商时，我们实际上在给那些图像以公民权。如果我们想让这一过程达到民主的目的，显然我们需要确保那些被赋予公民权的图像的广泛性足以真正代表这个共同体中受协商影响的所有不同感受。④

并不是所有的感受都是愉快的。并不是所有的感受都具有智力上的启发性或道德上的提升。有些可能是悲哀的或令人失落的或沮丧的讨厌的。然而，在民主文化的空间里，所有感受都应有发言权，只要这些感受参与了内在思考的协商——无论如何，在相同的程度上，他们就应当在外在集体协商中有这样的发言权。我们有良好的民主基础来审查"仇恨式言论"，我们也应当准备好禁止它的其他的文化表现形式。⑤ 但是，从目前的观点

---

① Amy Gutman, *Democratic Education* (Princeton, NJ: Princeton University Press, 1987), ch. 8. Dick Netzer, *The Subsidized Muse: Public Support for the Arts in the United States* (Cambridge: Cambridge University Press, 1978). Edward C. Banfield, *The Democratic Muse: The Visual Arts and the Public Interest* (New York: Basic Books, 1984). Carnegie Commission on the Future of Public Broadcasting, *A Public Trust* (New York: Bantam, 1979).

② Ronald Dworkin, "Can a liberal state support art?," *A Matter of Principle* (Cambridge, MA: Harvard University Press, 1985), pp. 221-33.

③ Murray Edelman, *From Art to Politics: How Artistic Creations Shape Political Conceptions* (Chicago: University of Chicago Press, 1995). Robert McC. Adams, "Forums, not temples," *American Behavioral Scientist*, 42 (1999), pp. 968-76.

④ Harry Brighouse, "Neutrality, publicity and public funding of the arts," *Philosophy and Public Affairs*, 24 (1995), pp. 36-63; and Dworkin, "Can a liberal state support art?"

⑤ Karl Lowenstein, "Legislative control of political extremism in European democracies," *Columbia Law Review*, 38 (1938), pp. 591-622, 725-74.

来看,我们不应将政治注意力限于"高尚"观点的表达,我们也不应将对公共的关心和公共津贴纯粹限于"高尚的"文化表现形式。

然而,仅仅有多样的代表还不够。我们还必须要确保这些多样的代表广泛地分布于协商共同体中。"尽管美国强调艺术的文化多元主义,但有时亚裔美国人的文学作品由亚裔美国人读,非裔美国人的文学作品由非裔美国人读,欧裔美国人的文学作品由欧裔美国人读。"① 由此而产生的狭隘想象将很难对真正的民主协商事业有所裨益。

因此,协商民主中迫切需要确立一套文化政策。这种迫切的需要将会在多大程度上确切地满足需要,无疑各个地方、各个时期都会有所不同。在两次世界大战之间,在英国,企鹅出版社和BBC广泛地发挥了这项功能,并取得了相当的成功;并且人们一直希望公共广播和公共津贴能为表演艺术而实现某种结合,从而能够在全世界的其他地方也发挥同样的"扩大"功能。在小学和中学内的社会混合,在战后英国的"综合"学校和后布朗时期(post-Brown)美国的一体学校中都同样拥护,它们不在任何一个小部分内传授"有差异的课程"。

怎样将这些模式应用于当前广播和学校教育的特定环境,他们怎样才能冲出那些限制,是对这一政策的主要挑战。然而,提出这些挑战的第一步,在于认识到许多不同的意图,这些意图曾被认为是那些更早的社会形式使用的,因此我们想在某些新的形式下进行再创造。我想,告知和扩大我们的社会想象的机制,是我们作为协商民主论者不论在怎样的新的社会安排下都应该追求的事情之一。

五、从民主协商到民主立法

协商有一个目的——要解决某些事情。② 有时,在真正达成一致意见时,协商可以直接形成决策。但是,即使是最理想的协商大会,更典型的

---

① Scarry, "The difficulty of imagining other people," p. 104.
② 霍布斯:《利维坦》第6章。

是通过宣告协商结果并进行投票来促成决策。

最终表决对于赋予决策以民主的合法性来说是关键性的。无论之前所进行的讨论曾经多么自由平等，如果仅仅由会议主席对"会议的精神"进行概括，却没有得到其他人的认可，那么最终决议的民主可信度也会大受怀疑。① 然而，在为决议提供民主合法性时，无论那个显然没有协商的最终表决多么关键，是之前进行的讨论决定了决议是民主协商的。

因此，即使在最纯洁的直接民主协商大会中，民主合法性一般来自一个源泉，而民主协商性来源于另一个。我承认，内在思考的协商和外在集体的协商过程相互处于类似的关系之中。

内在思考协商不是对外在集体决策程序的替代，而是对之的输入。这是因为，首先，在内在协商内部以及它本身无法产生任何集体的决定。除了那个必要的、分析的事实之外，还有一个更深层的民主事实。纯粹个人行为的内在协商，无论内容多么广泛或多么设身处地，只有当它们已经保证了某种公众的合法性才能有完全的民主保证。使我们内在的思考民主化——使其更加广泛和设身处地——也有助于保证这一过程的民主性质，使其更具民主协商性。但是，为了使我们达成的结论具有民主合法性，某些外在的集体行为是必须有的。

就像在一个小型会议上，通过进行无限制的讨论并最终进行非协商的表决，协商民主的必要条件可以达到，同样地，在大规模的大众社会里，通过广泛的内在思考协商，并最终进行非协商的投票，协商民主的必要条件也可以达到。并且，内在思考越具民主协商性，那么在大规模的大众社会中存在的，外在集体决策过程不具有直接协商民主性这一问题，就越是变得不重要了。

---

① 就像英国的内阁大臣的传统做法那样。

第四章　团体极化法则[*]

卡斯·桑斯坦

我们可以思考下列事件：

1. 平权运动在德克萨斯州受到攻击。德克萨斯大学某一部门的一些教授倾向于支持平权运动；如果需要，他们见面交换意见并计划进一步的行动。这些教授在交谈之后，会怎么想、怎么做呢？

2. 在一所高中发生了全国公开的枪击案之后，该社区的一伙人，他们大多数勉强支持更严格的枪支管理，聚在一起讨论实行新的枪支管理措施的可能性。那么在讨论之后，他们个人的观点会发生怎样的变化呢？

3. 一个陪审团正就一件大公司因粗心大意、玩忽职守而发生的案件做出适当的惩罚性伤害赔偿的判决；这家公司的行为对一个小孩造成了严重的伤害。在陪审团作为一个团体进行协商前，各个陪审团已经选择了适当的赔偿额，平均是 50 万美元，中间数是 100 万美元。作为统计结果，陪审团最终做出的判决与这些数字相比有什么倾向呢？

4. 一个妇女团体很关心她们认为正在上升的"女权主义专制"的问题。她们认为，妇女应该能够做出自己的选择，但她们也认为男人和女人存在根本的差别，而他们的差别将合法地导致不同的社会作用。这一团体

---

[*] 本文更早的一个版本，是为法律方面的读者所作，参见"Deliberative Trouble? Why Groups Go To Extreme," *Yale Law Journal*, 110 (2000), pp. 71–119. 本文用了原来版本的大量材料，但也进行了重大修改和论点上的调整。我尤其感谢詹姆斯·菲什金对本文提出的宝贵意见。

决定每两周见一次面，讨论她们共同关心的问题。能否知道一年以后，她们的成员会有怎样的想法？

每个社会中都有无数的协商团体。教会团体、政党、妇女组织、陪审团、持不同政见者组织、立法团体、制定规范委员会、多元参与的法庭、学院、学生协会、参加广播谈话节目的人们、互联网讨论团体以及其他的团体，他们都参与协商。有时，人们刚参加讨论时持一种观点，而离开时持另一种观点，这是一种很简单的社会现实，即使是关于政治和道德的讨论也同样如此。为强调这个事实，最近许多观察家已经将美国的传统精神包含于"协商民主"之内；这一思想是指，通过持不同观点的人们之间的高层次的思考和交流，形成一种普遍的回应。[①] 但是，最终的结果根据经验多半不会被告知。它与真实世界中协商的结果、与在现实的协商环境中是否具有普遍性、与具有不同预先倾向和人员构成的团体，都没有太大关系。

我的基本意图是，考察一个显著的、但又被严重忽视的统计学规律——**团体的极化**——并将这一现象与下面关于在差异性民主政体的"公共领域"中协商的作用这一问题联系起来。简而言之，团体极化是指，**一个协商团体中的成员必然会在协商之前的倾向所暗示的方向的指引下走向一个更为极端的观点**。[②] 例如，第一个进行协商的团体将更坚定地坚持平

[①] 参见 Amy Gutmann and Dennis Thompson, *Democracy and Disagreement* (Cambridge, MA: Harvard University Press, 1997), pp. 128 - 64; Jon Elster, ed., "Deliberative Democracy" (Cambridge: Cambridge University Press, 1998); Jürgen Habermas, *Between Facts and Norms* (Oxford: Polity Press, 1996), pp. 274 - 328; Cass R. Sunstein, *The Partial Constitution* (Cambridge, MA: Harvard University Press, 1993), pp. 133 - 45。

[②] 注意这一陈述有两种不同的含义。第一，一个协商团体，要做出一个团体决定，与协商前的中间判断相比，将转向一个更为极端的方向。第二，组成协商团体的单个人的倾向，如果在讨论后进行无记名投票，与协商前的中间判断相比，将转向一个更为极端的方向。经常地，在经验主义的文献中，这两种现象都会破灭，而我在这里也不会总是对之加以区分。但有时，加以区分还是很重要的，因而有些文献将团体的运动看作"选择的转变"，而将个人的运动看作"团体极化"。参见 Joahnnes A. Zuber et al., "Choice Shift and Group Polarization: An Analasys of the Status of Arguments and Social Decision Schemes," *Journal of Personality and Soc. Psychology*, 62 (1992), pp. 50 - 61 at pp. 50, 59。

权运动；第二个团体可能会相当热烈地终止对枪支管理的支持；惩罚性伤害赔偿陪审团可能提出一个比中间数更高的赔偿额，也许比平均数还要高，而且很有可能与协商前某个成员提出的最高数额一样高或更高；关心女权主义的这个妇女团体可能会在性别问题上变得非常保守。显然，由具有极端主义倾向的个人组成的团体，更易于转变，变得更为极端（一种作为暴力和恐怖主义的源头的观点）；具有某种显著的共同认同的团体也是如此（如共和党人、民主党人以及律师，而陪审员和参加实验的主体则不是这样的）。当具有相似意向的人们参加"重复的极化活动"时——如果他们有规律地见面，不接触不同观点——极有可能产生极端的运动。

有两个基本的机制构成了团体极化的基础。第一，社会对人们行为的影响，尤其是对人们的期望的影响，这种期望包含着名誉和自我观念的内容。第二，任何团体内的有限的"观点库"（argument pools），以及这些观点库所指引的方向。对于这两个机制的理解可以深入了解协商机构。这样的理解阐明了很多内容，如多元参与的法庭、陪审团、政党和立法机关内的相似的协商过程——更不用提种族团体、极端主义组织、恐怖主义组织、犯罪团伙、学生协会、学院、参与长期争斗或"争夺势力范围"的机构、工厂和家庭。同时，从标准的观点来看，这些机制也提出了一些关于协商的重要问题。如果协商注定会在其原有倾向的基础上将团体推向更极端的观点，无论是什么观点，我们还有理由认为协商具有进步作用吗？一个合理的回答将会是，要更为关注协商的环境和性质，而不仅仅关心正在发生的事实。

我最大的意图之一，是要解释一下飞地协商（enclave deliberation），我认为这是指具有相似意向的人们进行协商的过程，他们大部分时间在一个相对隔离的地方进行交谈甚至是生活在一起。我要指出，飞地协商既是社会稳定的潜在危险，社会分裂甚至暴力的源泉，同时也是反对社会不公正、非理性的卫士。正如我们将看到的，团体极化有助于认清一个古老的概念，即社会的同质性对于良好的协商非常有害。当人们听到他们自己声音的回声时，其结果远不止支持和增强他们的声音。但有一个观点更加支持飞地协商：差异性团体的参与者往往对于地位低的成员的观点考虑最少①——在某些时候、某些地方，如妇女、非裔美国人、受教育较少的人。因此，飞地协商可能是保证这些观点得以提出并最终被听到的唯一方法。如果没有飞地协商，因为根本听不到反对的声音，处于更广泛的公共领域中的公民可能向某一特定方向移动，甚至向极端的方向前进。矛盾之处在于，进行协商的这块飞地，同时为提出被不公正地压制的观点和未得到证明的极端主义观点（事实上是狂热的观点）提供了基础。一个不太矛盾的经验在于，不要去赞美或挑战协商，而要设计一种制度，从而确保个人或团体的前进是由于论据的力量，而不是社会动力，我在此要予以强调。

一、团体怎样以及为什么极化

1. 基本现象

团体极化发生在那些最有活力的协商团体中，在世界各地和许多不同任务中都是如此。其结果是与团体中典型的或一般的个体相比，团体常常会做出更为极端的决定（在此，"极端"仅被定义成内在的，与团体最初的倾向相比）。注意，在实验中，极端主义和倾向都不是参照任何外在的事物或规范的标准，而是参照个人在加入这一团体之前的观点，要限于这一特定范围内。举个例子，在一个从－5到5的范围内，要求人们回答他们同意或不同意某一特定陈述的强度是多大（如，白色种族主义要对非裔美国人面临的不利条件负责任，政府应当提高对核能的控制管理，美国应当增加对外援助）。我们可以看到，实验用的文字与现实世界的现象是紧密相连的。

尽管规定了标准，"团体极化"这一术语还是会引起某些误导。它并不意味着团体成员将会转向一个极点，它也并不是指团体间分歧的增长，尽管最终结果可能是这样。相反，这一术语是指在一个团体内部讨论一件

---

① Caryn Christenson and Ann Abbott, *Team Medical Decision Making*, in *Decision Making in Health Care*, ed. Gretchen Chapman and Frank Sonnenberg (New York: Cambridge University Press, 2000), pp. 267, 273-6.

事或一个问题时,可以预见到的转变。这个转变发生时,团体和团体成员不是朝着先前倾向的中间方向,而是朝着更极端的立场前进与结合。协商的作用既在于减少团体成员间的分歧,减少个人差异,也在于在那些协商前的判断中形成一个相对更极端的观点,并集中于此。

思考一些关于基本现象的例子,这发生在十多个国家中。[1]（1）一个中度支持女权主义的妇女团体在讨论后将会更坚定地支持女权主义。[2]（2）讨论之后,在经济援助问题上,法国公民对美国以及美国的意图变得更加具有批判性。[3]（3）经过讨论,之前显示出种族歧视倾向的白种人,面对白色种族主义是否要对美国城市中的非裔美国人所面临的状况负责这一问题,做出了更加否定的回答。[4]（4）经过讨论,之前没有显示出种族歧视的白种人对于同样的问题,做出了更加肯定的回答。[5] 按照统计学的规律,可以得出以下结论,那些对于正在进行的战争努力保持中度批评的人,在讨论后,会尖锐地反对战争；那些认为全球变暖是一个严重问题的人,在讨论后,同样地会对这一观点具有相当大的信心；作为讨论的结果,倾向于认为某一种族是劣等种族的人,这一信念会更为牢固；作为讨论的结果,那些倾向于谴责美国的人,将会更强烈地谴责美国。

对于团体的极化,已经有两个主要的解释,对这两个解释都进行了广泛的考察。

（1）社会对比。关于社会对比,第一,首先是人们希望得到其他团体

---

[1] R. Brown, *Social Psychology*, 2nd edn (New York: Free Press, 1986), p. 222. 这些国家包括美国、加拿大、新西兰、德国和法国等。参见 e. g., Joahnnes A. Zuber et al., "Choice Shift and Group Polarization: An Analasys of the Status of Arguments and Social Decision Schemes," *Journal of Personality and Soc. Psychology*, 62 (1992), pp. 50 – 61 (Germany); Dominic Abrams et al., "Knowing What To Think By Knowing Who You Are," *British Journal of Social Psychology*, 29 (1990), 97 – 119 at p. 112 (New Zealand). 当然,有可能有些文化将显示出更大或更小的极化倾向；对于经验主义的研究,这将会是个极为有趣的领域。

[2] 参见 D. G. Myers, "Discussion-Induced Attitude Polarization," *Human Relations*, 28 (1975), p. 699.

[3] Brown, p. 224.

[4] D. G. Myers and G. D. Bishop, "Enhancement of Dominant Attitudes in Group Discussion," *Journal of Personality and Social Psychology*, 20 (1971), pp. 386 – 91.

[5] Ibid.

成员有利的、美好的理解，并也这样看待自己。一旦他们听到别人的想法，他们就会依照主要立场的方向调整自己的位置。结果就是推动团体的立场走向某一极端，同时也引起单个成员的转变。例如，人们会希望自己对平权运动、女权主义或者是对增加国家防卫的热情既不要太高涨，也不要太压制；因此，当他们了解到别的团体成员的想法时，他们也会转变观点。其结果将会是团体的极化。

社会对比这种解释背后的动力在于大多数人们都希望采取一种社会更欣赏的立场——例如，在一次冒险行动中，他们会希望被想成（他们自己也这么认为）中度冒险者，他们立场的选择有一部分是这种愿望的产物。直到别人的立场揭晓后，人们才会知道什么是一个中等程度的立场。因此，个人都改变他们的判断来保持他们在别人以及在他们自己心中的形象。

（2）有说服力的观点。第二种解释，强调有说服力的观点的作用。基于一种常识性的直觉：任何个人对于一个问题的立场，对于判断团体内哪种观点具有说服力，都有一定的作用。人们的选择会向团体所支持的最有说服力的立场移动，并将之作为集体性立场。因为如果一个团体的成员已经有一个确定的方向，这一团体就会有压倒性多数的人支持这一方向，讨论的结果将会是进一步向他们最初的倾向前进。关键在于存在一个有限的观点库，它被扭曲（完全描述性地说）为一个特定的方向。团体中的成员可能会思考某些证明他们最初倾向的论点；考虑一下是否害怕全球变暖的问题，或不去考虑。在讨论中，很多个人的观点被提出来，人们也听到了，但是整个观点库将会向某一倾斜，这取决于构成这一团体的人们以前的倾向。因此，将会有一个向最初的倾向的转变。

有一种相关的可能性，不太会减少这两种标准观点中的任何一个，但会用到它们的要素。在各自的判断中，人们反对极端，倾向于寻找相关两极的中间位置。[1] 很可能在人们各自做出判断时，他们过于谨慎，表达一

---

[1] 参见 Mark Kelman et al. "Context Dependence in Legal Decision Making," *Behavioral Law and Economics*, ed. Cass R. Sunstein（New York: Cambridge University Press, 2000), pp. 61, 71-6。

种他们真正持有的观点时,过于小心,唯恐看起来太极端。一旦其他人表示支持,这种顾虑就消失了,人们开始畅所欲言真正的观点,但是我们有理由相信,这种现象在团体极化和选择的转变上发挥了作用。

2. 改进——消除极化

现在,我要讲讲改进问题,将团体极化的基本问题复杂化。为了理解极化现象与民主之间的关系,核心观点有两重意义。第一,人们是否像其他成员那样认为自己是这个社会团体的一部分,这一问题关系重大;认同感将加速这种转变,而认为没有认同,将会减少甚至可能消除这种转变。第二,进行协商的团体如果由大致相当的持不同意见的小团体组成,并且其成员在立场上有一定的灵活性,这一团体就有可能消除极化。正如我们将会看到的,这两个发现与任何关于极化和民主制度之间关系的观点紧密相联。

(1)统计学上的规律。当然,并非所有的团体都会出现极化;有些团体在中间停止,不会走向任何一极。这并不难理解。如果人们支持的最初倾向没有说服力,团体极化就不太容易发生。如果团体中少数人的观点令人十分信服,团体甚至会放弃他们最初的倾向,转向少数人甚至某个人的观点。

有时,外在的限制或外在的"震动"甚至能阻止或减弱团体极化。对于某一特定问题(枪支管理、政教分离、对外国的干预)进行了较好阐释的团体成员,容易出现极化,但是为了保持政治上的效率,甚至是基本的信用,他们要在公开场合甚至私下里也要保持一张相对温和的面孔。一些开始向某一极端发展的团体,为了提升他们自己的合法性或由于某种新的发现,将会转向中间。读者们能够找到他们自己喜欢的例子。

(2)感情因素,认同和团结。在做出团体决定时,感情因素非常重要,将之熟练地加以运用时,这样的因素将会显著地增加或减少极化。如果团体成员们用感情纽带联系起来,争执的发生将会明显减少。[①] 如此,

---

① 参见 Brooke Harrington, "The pervasive effects of embeddedness in organizations" (unpublished manuscript 2000), p. 24。

感情联系的存在减少了观点的分歧,也加强了选择的社会影响。因此,如果所倡导的方向是由一些不友好的团体成员推动的,人们就不太愿意转向这一方向;如果人们认为他们的同伴是友好的、可亲的、与他们相似的,转变的可能性就会增加。① 同样地,物理上的间隔会减少极化;共同的命运和团体内的相似性会增加极化,竞争性"外在团体"的引入也会增加极化。

在对社会协商和民主理论非常重要的改进中,人们在先前或之后是否将自己看作一个较为团结的团体的一部分,至关重要。如果他们这样认为,更容易发生团体极化,也容易变得更加极端。② 因此,当社会团体参与协商时强调个人的成员身份,极化会增加。这一发现也符合更为普遍的证据,即协商团体成员之间的社会联系将会抑制分歧的产生,从而产生低劣的决定。③ 这并不令人吃惊。如果发现团体极化普遍地是一种社会影响和有限的观点库的产物,那么就可以理解,当团体成员认为他们在某一显著范围内是相似的,或者如果某些外在的因素(政治、地理、种族、性)将他们联合在一起时,团体极化将被提高。

(3) 消除极化与没有转变的协商。是否可能建立一个消除极化的团体——它将会趋向于中间——或建立一个其成员根本不会发生转变的团体呢?在现实的协商团体中,这两种现象似乎都存在。事实上,有说服力的观点这一理论就表明了,当与反对团体成员最初方向相反的、有说服力的

---

① 参见 Hermann Brandstatter, "Social Emotions in Discussion Groups," *Dynamics of Group Decisions*, ed. Herman Branstatter et al. (Beverly Hills: Sage Publications, 1978)。

② 参见 Russell Spears, Martin Lea and Stephen Lee, "De-Individuation and Group Polarization in Computer-Mediated Communication," *British Journal of Social Psychology*, 29 (1990), 121–34; Donimic Abrams et al., "Knowing What To Think By Knowing Who You Are," *British Journal of Social Psychology*, 29 (1990), 97–119 at p. 112; Patricia Wallace, *The Psychology of the Internet* (Cambridge: Cambridge University Press), pp. 73–6。

③ 参见 Lee Roy Beach, *The Psychology of Decision Making in Organizations* (Thousand Oaks, CA: Sage Publications, 1997); Harrington, "The pervasive effects of embeddedness in organizations"。

新观点被提出时，就能够消除极化。现在有这方面的证据。① 当相关团体由大致相当的两部分持两种极端观点的人组成时，将会消除极化，而不是产生极化。② 并且"熟悉的、长期争论的问题不容易极化"③。对于这样的问题，人们确实不太会发生转变。当一个团体中的一个或更多人知道了一个真实问题的正确回答时，这个团体将会转向精确的方向。

3. 可确认团体内的现实协商：重复的"极化游戏"

对团体极化的研究包括一次性的实验。我们将很快地转向现实世界中的团体极化。但是，请注意这一实验中一个有迷惑性的含义，它对于参与民主协商的人们具有特殊的重要性，这些人们相互不止见一次，而是有规律地见面。

如果参与者不断地参加讨论——例如，他们每月见一次面，发表意见，投票——将会不断地向确定的极点转变并越过极点。因此，如果一个公民团体考虑转基因食品或最低工资或世界贸易组织，随时间的变化，他们的讨论结果也会引向非常极端的方向。在这些重复进行的"极化游戏"中，协商随时间将会形成一种状态，人们所持的立场与这一系列的协商开始前单个成员所持的立场相比更为极端。事实上，重复进行的极化游戏这一想法似乎比那种一次性的实验的研究过程实际得多。看起来没有关于这种重复极化游戏的研究。但是，并不难想象现实世界中的团体，在这样的团体中，协商随时间将会转变团体和个人的立场，使他们接受以前不可能接受的观点。

4. 话语上的不对称现象和"严重性转变"：一种普遍现象？

在关于团体极化的一般文本的一个值得注意的条件中，之前提到的陪

---

① 第三种可能是，听到别人相似的观点后，对个人的观点产生更强的信心，在相同的方向上向人们打开了一个更极端的判断。这种观点是由 Heath 和 Gonzales 最近提出的。参见 Chip Heath and Richard Gonzales, "Interaction with others increase decision confidence but not decision confidence but not decision quality: evidence against information collection views of interactive decision making," *Organizational Behavior and Human Decision Processes*, 61 (1997), pp. 305–26。

② 参见 H. Burnstein, "Persuasion as argument processing, in group decision making," ed. H. Brandstatter, J. H. Davis and G. Stocker-Kreichgauer (London: Academic press, 1982)。

③ Brown, p. 226.

审团对惩罚性伤害赔偿所做的决定发现了一个引人注目的美元判决的模式。① 对于任何一个高于零的美元判决,协商产生的普遍效应是将判决数额提高到那些投票人的中间数以上。这是一种"严重性转变"。美元判决决不仅仅产生极化;然而与协商前投票的中间数相比,较高的判决会急剧地增长,低额的判决也会增长。原因何在?

起初的实验和接下来的实验都表明,严重性转变是一种话语上的不对称现象的产物,在其他事情相同且处在任何一种竞争中时,这种不对称支持某人或人们提出更高的判决。在我们的文化中,在现在的社会准则下,支持更高数额的惩罚性伤害赔偿的人与赞成较低赔偿的人相比,似乎更有说服力。重要的一点是,要注意这种不对称现象在单个案例的任何事实之外独立发挥作用。其原因在于,关于有共同被告的美元判决,一个更强大的观点——"我们需要阻止这种行动"、"我们要发出一个强大的信号"、"我们需要吸引他们的注意"——会产生相对来说更大的力量。

毫无疑问,话语上的不对称还有许多其他的背景,而且它能影响民主制度的结果,就像它影响陪审团的决定一样。例如,关于犯罪处罚措施的立法判断就包含这样的不对称现象;那些赞成严惩涉及毒品的违法行为的人比那些赞成从轻处罚的人看起来更有制度上的优势。在一定的条件下,那些支持低税率或增加学生的奖学金或加大支持环境保护的人也同样具有话语上的优势。还有很多问题有待探索。当前我们所关注的问题是,当在一个特定方向上出现了最初的观点分歧,并且现有的准则在那个更极端的方向上具有话语优势时,相当极端的转变就会出现。

二、极化与民主

在这一部分,我将讨论在法律和政治制度中的团体极化现象,我要为协商民主的参与者考察这些现象的含义。我将在下面讲到规范问题,目的

---

① 参见 David Schkade, Cass R. Sunstein and Daniel Kahneman, "Deliberating about dollars," *Columbia Law Review*, 100 (2000), pp. 1139–75。

在于提出关于社会实践的新观点。

1. 极化事件与极化促进者

团体极化对于许多协商团体和制度都有很大的影响,其影响不仅限于实验室。例如,考虑一下宗教组织的政治和社会作用。这样的组织只要通过具有相似意向的人之间的互相交谈,就能增强成员的宗教信仰。宗教团体增强了宗教上的冲动,尤其是他们与其他团体相隔离时,其结果会将人们引向异乎寻常的方向。不论这是不是真的,宗教组织成员举行的政治活动总是受到瀑布效应和团体极化的影响。与之相关,有调查证据显示,激烈的社会事件,如刺杀马丁·路德·金以及公民权的侵害,都易于使态度走向极端,在有人数统计的团体内,肯定和否定的态度都有所增加。[①] 这一点有力地证明了2001年9月11日恐怖分子在纽约和华盛顿特区发动的恐怖袭击。

事实上,可以想象"专业的极化者"或"极化的促进者",他们是政治激进分子,作为他们的目标之一,他们有创作领域,在那里,具有相似意向的人们能够听到来自某个或某些口才好的人的特殊观点,同时也自己或由他人代表参加协商讨论,通过讨论,某一观点得以挖掘和加强。对那些试图推进社会改革的人来说,一个极有前途的战略是在那些倾向于支持相关改革的人中间发起讨论;这样的讨论将会加强对改革的信念和关心。各种类型的社会改革者都可以算作是极化的促进者;包括欧洲战斗的共产主义、南非的种族隔离制度,以及恐怖主义的领导者和各种犯罪团伙。

2. "外部团体"

团体极化对于隔离在外的"外部团体"以及(极端的例子中)对于对待同谋,有着特殊的含义。如前所述,当团体成员自己确认与某些有力的人们立场一致时,尤其是当这一团体能与别的团体区别开来时,极化就会增加。外部团体根据定义应是与其他团体不同的团体。在别人讨论时,因选择或强制而被排除在外,这样的团体将向非常极端的方向发展,部分原

[①] 参见 R. T. Riley and T. F. Pettigrew, "Dramatic events and attitude change," *Journal of Personality and Social Psychology*, 34 (1976), pp. 1004–15。

因通常是团体极化的作用。这就是外部团体成员有时会被引向或自己走向暴力行为的原因。

外部团体中向极端发展的倾向有助于解释对"仇恨式言论"的特殊关心,在那里,团体的对抗性被提升,同时还会提出某些关于特定团体的讨论形成的"意识提升"思想的问题。至少,讨论的结果不仅极大地提升了意识(当然是一种模糊的思想),而且还产生了某一方向上的团体极化——而且同时还增加了对刚刚形成的这种立场的信心。这并不意味着以前从未提升过意识;毫无疑问,团体讨论能够确认和澄清以前被压制或者是那些作为个人而不是作为社会产物来解决的问题。但是这些都不可能仅仅因为观点的改变和结合或经过讨论对观点的信任更为加强就能够得到确立。

3. 长期争斗、种族与国际冲突和战争

团体极化不可避免地在长期争斗、种族与国际冲突和战争中发挥作用。长期争斗的特征之一是,争斗团体的成员倾向于只在内部进行交谈,刺激和加强他们的愤怒,强化他们对相关事件的印象。信息和名誉的力量在这里发挥了很大作用,产生了瀑布效应,而团体极化能将其成员引向逐步极化的立场。不难想象,这些作用有时存在于种族团体、甚至国家之内,更不用说通常差异程度很高的国家了。在美国,白种人和非裔美国人之间的尖锐分歧,就特别的重大问题产生的分歧或更普遍化的分歧,可以参考团体极化的解释。这同样适用于国内和国家间的尖锐分歧。团体极化发生在以色列和巴基斯坦自治政府之间;也发生在美国国内和那些倾向于支持或至少不谴责恐怖主义行为的国家之间。对于一个长期以来的问题,"他们为什么恨我们?"其中大部分原因不在于源自古代的不满或个人的意识,而是在于此处强调的社会影响。当然,正如我们将要看到的,媒体也发挥了很大的作用。

4. 互联网、传播政策和大众协商

很多人曾经表达了对于大众传播和互联网的社会影响过程的关心。据说普遍的问题在于分裂,一定的人们只听他们自己的、越来越多、越来越响亮的主张,从而减少了接触相反观点和未注意到的问题所带来的好处。

随着专门化的增强，人们逐渐不再看大众兴趣的报纸和杂志，转而选择反映他们自己之前就有的倾向的报刊。互联网正在使人们能够设计他们自己高度个人化的传媒节目，过滤掉一些麻烦的问题和不喜欢的声音。在互联网出现之前很久，通过对比白种人和非裔美国人的报纸之间的差别，就可以讨论"公共领域中的种族分层问题"①。新的传播政策可能会增加这种现象。

对团体极化的一种理解对为什么一个分裂的传播市场会产生问题做出了解释。② 一种"似乎有理的假设是，当团体的成员感到某种团体认同时，互联网这样的环境极有可能产生一种强烈的向团体极化发展的倾向"③。如果某些人与许多具有相似意向的人进行协商，其观点可能不会被加强，却会转向更极端的观点。不能说这本身是不好的——也许，增长的极端主义是好的——但是，如果各种各样的社会团体通过可预知的机制，被引向了更为相反观点，甚至是更加极端的观点，将非常麻烦。

三、协商中的问题

现在，我要讨论一下关于规范的问题，包括团体极化、民主理论和法律制度三者间的关系。我将特别关注团体极化对于制度设计的意义，特别关注差异性的用处和由内部的协商特别是"飞地"协商引出的复杂问题。但是，即使是具有相似意向的人，也会有不同的视角和观点，因此，一群都倾向于喜欢平权运动或害怕全球变暖的人，也会交换某种观点。我要重点指出，除了这一点，飞地协商对于参与者以及整个社会而言，仍有些很大的困难。但是，这里有很多复杂情况。有时，飞地协商对参与者来说是一种有缺陷的形式，但是对于范围更大一些的公众来说，可以有助于培养观点的多样性，从社会的角度看，它是合乎需要的。

---

① Ronald N. Jacobs, *Race, Media and the Crisis of Civil Society* (New York: Cambridge University Press, 2000), p. 144.
② 参见 Cass R. Sunstein, *Republic. com* (Princeton, NJ: Princeton University Press, 2001).
③ Wallace, pp. 73 – 84.

中心问题是，当具有相似意向、与其他人隔绝的人们，仅仅因为有限的观点库和视野狭窄的影响，就走向极端的方向时，结果将会出现普遍的错误和社会分裂。作为一个极端的例子，考虑一种一党独大的体制，这种体制压制不同意见，因为它拒绝为不同立场提供空间；通过这种方式，它加强了党内的极化，然而也推动了外部的批评。就制度设计而言，最自然的回应是，确保协商团体的成员，无论大小，不会与相对立的观点隔开——这一点适用于多元参与的法庭、公开的候选人选拔会、自由协会和互联网组织。那么，在此要请求协商在一个大的、差异性的公共领域内进行，并防止具有相似意向的人们将自己与那些持其他观点的人们隔开。

但是，这种回应存在一个困难：某种分隔措施，在某种情况下，对于思想和方法的发展是关键性的，否则就不能实现发展，而这种发展是值得社会倾听的。处于较低地位的团体，其成员在一个差异性的群体中常常是不出声的，因此，在这种群体中进行的协商，常常由地位高的成员主导。任何转变——技术、准则或法律实践上的——只要增加了飞地协商的飞地数量，就会增加社会的整个"观点库"的多样性，同时也增加了极端主义、不稳定性、最终甚至是暴力的危险。恐怖主义本身就部分地是团体极化的产物。向一般的"公共领域"的转变，减少飞地协商的方式，将会减少发生极端主义和不稳定的可能性。而向飞地协商方式的转变，将会增加社会的整个"观点库"，从而丰富思想市场，但也会增加极端主义、分裂、仇恨、甚至是暴力。

没有解决这一难题的现成答案。但的确有些经验可供参考。重要的一点是确保具有相似意向的人拥有协商的社会空间，但同样重要的是相关团体的成员要与持不同观点的人们进行对话。这种对话的目的是，通过让团体成员了解与之对立的立场，通过让他们与别人交换观点并从别人的视角看问题，通过确保更广阔的社会不会将那些被证明正确的或至少是能提供信息的观点边缘化甚至将之封闭，来提升相关"飞地"内外的那些人的兴趣。

1. 疑虑与问题

（1）为什么进行协商？如果协商的作用在于让人们在他们最初的倾向

上走得更远,为什么还要赞颂它?根本的机制没有提供相信它的太多理由。在那些能够或不能从整体上代表公众的团体面前,如果人们转变他们的立场是为了保住他们的名誉或自我观念,还有没有理由认为协商使事情变得更好而不是更坏呢?在转变的结果是形成偏颇的、并且常常是扭曲的观点库的情况下,协商得出的结果与简单地采取协商前的中间观点相比,可能会更糟。

最重要的一点是,那些强调与协商民主思想的人,总会强调它的前提条件,包括政治平等、没有战略行为、充足的信息和"达成理解"的目标。① 现实世界中的协商行为常常是有战略意图的,公平在某种形式上是不存在的。但是,一个有限的观点库的存在,加强了团体内的现有倾向,将会有助于团体出现极化,即使没有人表现出什么战略意图。不论社会影响是否起作用,这本身就会产生团体极化。另一方面,协商的社会背景能够产生重大影响,在一定条件下,团体极化不需要发生。协商过程的性质和协商参与者的特点关系重大。我在下面还将讲到这一点。

在任何情况下,社会影响都不需要与形成真理和理解的努力相矛盾;如果人们试图让自己处于符合他们的最佳自我观念的位置、或他们最喜欢的自我表现的位置,即使在那些最狂热的协商辩护者看来,也没有什么错。如果我们强调认为良好的协商要以充足的信息为前提条件,也许团体极化可以减少甚至消失;因为假设能够得到所有的信息,观点库也就不会有限制了。但是,这一条件很难达到,而且如果已经有了充足的信息,就会极大削弱协商的作用。无论怎样,团体极化现象表明,在现实状态下,协商很难保证增加达致真理的可能性。诀窍在于,设计一种制度,使协商走向合理方向的可能性增加,从而如果发生极化的话,也是一种学习的结果,而不是团体动力的结果。

(2) 正确或错误的运动。当然,我们不能仅仅从极化的事实出发,就

---

① 参见 Jürgen Habermas, *A Theory of Communicative Action* (Boston: Beacon Press, 1984), p. 99。因此,哈贝马斯对战略行为和交流行为进行了区分,并强调"共同追求的、达成理解的目标";而在古特曼和汤普森的《民主与分歧》一书第52—94页,却强调了相互性的思想,它希望通过提出理由来证明一个人观点的正当性。

说那是个方向错误的运动。也许，倾向越极端越好；回想一下，团体极化曾经有力支持了反对奴隶制的运动以及其他许多值得广泛赞扬的运动。在惩罚性伤害赔偿判决中，或许向严重性转变会产生好的结果。极端主义也不一定是个贬义词；这取决于极端主义分子主张的是什么。此外，根据自信的人往往具有说服力这一事实，团体极化可以得到部分解释；而且，应该说，作为一个统计结果，尽管不是一个不变的真理，自信的人也往往是正确的。但是，当团体讨论倾向于将人们引向比他们开始时更强烈的观点时，并且社会影响和有限的观点库也与之呼应的话，对于协商的效果就不能用强大的信心来解释了。

我们可以更进一步。如果可以确定某一特定观点是不合理的，那么对于认同这一观点的人们之间进行的讨论，也是令人担忧的。如果基本观点不合理，那么担心这些讨论可能助燃增长的仇恨和极端主义（此处是在评价的意义上使用），也是说得通的。这并不意味着讨论能够或应该在一个致力于自由言论的体系内进行调控。但对于"更多言论"必然是一种适当的补救措施的思想，确实提出了疑问。

2. 差异性的优点

在这里，最简单的经验包括个人的感受和制度设计。对许多人来说，仅仅认识到了有限观点库和社会影响的作用，可能会使他们对于团体内没有进行充分说明的观点上的变化有所警惕。但更重要的是，应当进行制度设计，保证观点的转变不是因为专断或者对现有观点范围的非法限制。这是缺席设计的中心任务，并且在这一意义上，还应有一套制衡体系，不是作为对人们意愿的不民主的控制，而是作为一种防止团体讨论出现潜在的有害结果的努力。

为考察差异性的优点，设想一个由各相关团体的所有公民组成的协商群体；可以是一个社区、一个州、一个国家或整个世界。假设观点库将会很大。只有公民观点的局限程度才能决定观点库的有限程度。毫无疑问也存在社会影响。人们在这个团体中处于一定的位置，为了保持他们的名誉和自我观念可能会转变观点。但是，只有当协商让人们认识到他们个人在团体中的位置与他们所认为的不同时，所有的观点上的转变都将准确地反映相关公民对此的认识,从而这种转变不会是一个偶然扭曲了的团体的产物。

这种思想中的实验并不表示,这种假设的协商群体是理想的。也许所有的公民,全部都提出个人观点,却会得出一副扭曲的图画;在一个相当不公平的社会中,所有人都参加的协商群体可能不会产生什么值得赞美的东西。也许将会形成软弱的观点,并一遍又一遍地重复,而好的观点却很少见。如下所见,确保将会产生极化的"飞地"的存在通常很重要,这样可以保证被压制的观点的出现,这些观点被社会影响或其他什么东西所压制,但是是合理的甚至是正确的。但是,至少所有公民都参加的协商群体将会消除团体极化实验中的某些曲解,在那里,一般具有相似意向又不接触其他人的人们大多会因为对其他观点的有限的一点接触而改变自己的观点。因此,这种协商不会因扭曲的观点库的作用而得出专断的结果。

3. 飞地协商和被压制的声音

讨论仍集中于差异性潜在的缺陷和由具有相似意向的个人组成的协商"飞地"所具有的潜在的令人期待的作用。显然,这样的团体在差异性社会中是极为重要的,是因为有些统计人数的团体其成员在参与到范围更大的协商群体中时,常会变得非常沉默。因此,我们可称之为"飞地协商"的这种协商形式,其特殊的优势在于,它推动了那些在一般辩论中可能会被忽视、保持沉默或被压制的观点,使这些观点得以提出。即使这在很多情况下很危险,仍可被当作一个极大的优势;很多值得期待的社会运动都是通过这种方式实现的。边缘化的团体排除局外人的努力,甚至政党将他们的候选人选拔会限定在党员内的努力,都可以在相似的条件下加以证明。即使团体极化在发挥作用——确实因为团体极化的作用——这种飞地也能够提供范围广阔的社会利益,因为他们极大地丰富了社会的"观点库"。

此处,经验主义的中心要点在于,在协商群体中,地位高的成员往往比其他成员发起更多的对话,他们的思想更有影响力,这一部分是因为地位低的成员对他们自己的能力缺乏信心,一部分是因为他们怕受到惩罚。[1]例如,妇女的思想影响力常常较小,有时"在多性别的团体中受到压制"[2],在一般环境中,文化少数派在混合文化团体的决策中影响力很小。[3]有趣的是,有证据表明,随着性别标准的改变,有些任务表明对团体的影响没有性别差别;这一证据加强了这一主张,即人们在团体协商中的作用将受到社会标准是否产生地位的等级制度这一事实的影响。在这些环境中,推动那种多个团体的成员能够互相交谈、提出观点的协商"飞地"的发展,是说得通的。

但是,在这样的"飞地"中,也有一个严重的危险。危险在于,通过社会影响和有说服力的观点这两个机制,成员们立场的走向可能是缺少价值,但是却是飞地协商的特定环境中可以预见的结果。在极端的例子中,飞地协商甚至会给社会稳定带来风险(更好或更坏)。并且,我们不可能抽象地说,那些将自己归于某一飞地的人,将会普遍地朝着社会甚至是团体成员所希望的方向前进。

对于飞地协商的危险,没有简单的解决措施。有时,对社会稳定的威胁是可以预料的。从制度设计的角度看,问题在于任何推动飞地协商的努力都将导致团体极化的广泛存在,其中有些团体必须追求公正,有些可能会推动不公正的发展,有些可能具有潜在的危险性。在这个意义上,我们应该能够更清楚地了解艾德蒙·伯克(Edmund Burke)的代表概念的意思——反对"地方目的"和"地方偏见",支持"全体的普遍理性"[4]——不是偶然地保守,而是本质上的保守(也就是说,是对现存实践的保卫)。原因是,将"地方目的"和"地方偏见"淹没在一个差异性的"协商大会"之中,将不可避免地弱化团体的决心——尤其是地位低或边缘化的团体——这些团体在内部进行协商将会产生更高程度的极化。

---

[1] 参见 Christenson and Abbott, "Team medical decision making," p. 273。

[2] Ibid., p. 274.

[3] C. Kirchmeyer and A. Cohen, "Multicultural groups: their performance and reactions with constructive conflict," *Group and Organization Management*, 17 (1992), p. 153.

[4] 参见 "Speech to the Electors (Nov. 3, 1774)," reprinted in *Burke's Politics*, ed. R. J. S. Hoffman and P. Levack (New York: Knopf, 1949), p. 116。

因此，詹姆斯·麦迪逊——担心大众的激情将会产生"对纸币、取消债务、平均分配财产或任何不适当或邪恶计划的愤怒"①——自然会被引向伯克式的代表概念，赞成大选区和长任期②来抑制极化的力量。与之相对比，有些人认为"不稳定性"在本质上是好的，或者认为现状太不公平，因此值得冒险鼓励不同团体产生极化。他们将会或应该被引向一种热烈地推动飞地内的隔绝协商的体系。

在一个大多数人们都迷茫或邪恶的国家中，飞地协商也许是发展清晰感和正义感的唯一方法，至少对某些国家来说是这样。但是，即使在这样的国家中，飞地协商也不太容易产生观点上的变化，除非其成员最终与其他人进行接触。在民主社会中，最好的回答是，保证任何一个飞地都不会与对立的观点隔绝，并且使其成员能够就某些观点与不同意他们观点的人交换意见。比这样的团体协商更严重的，是那种完全封闭或几乎完全封闭的团体，这种团体常常很不幸地（有时是致命地）是极端主义与边缘群体的结合，从而最具危险性。

4. 公共领域和适当的差异性

（1）公共领域。一个合理结论的得出需要有充足的信息，不仅是关于事实的信息，而且还有相关价值和选择的信息，并且，对于任何一种制度的设计者或领导者来说，都应该为飞地协商和各种观点参与的讨论，包括那些不同飞地中的人，提供充足的社会空间。"公共领域"思想最著名的倡导者是于根·哈贝马斯（Jürgen Habermas），这种思想可被理解为保证一个领域的努力，在这一领域中，多种视角的人们可以听到各种各样的观点。③ 当然，任何观点库都是有限的。人们没有时间听取每一种观点。但是对于团体极化的理解有助于表明，差异性的团体常常是一个做出正确判断的更好来源，就是因为在这样的团体中能得到更多的观点。

---

① 参见 The Federalist, No. 10。

② 参见 Cass R. Sunstein, "Interest groups in America public law," Stanford Law Review, 38 (1985), 28-87 at p. 42。

③ 参见 Jürgen Habermas, The Structural Transformation of the Public Sphere (Oxford: Polity, 1991), pp. 231-50。

（2）对团体代表的新看法。这一点在很大程度上在于关于比例代表或团体代表的持续争论。① 一方面，只要政治团体能得到多于最少的选票，就应该拥有代表权。另一方面，应当采取措施，使弱势或边缘团体的成员——也许是非裔美国人、宗教少数群体、同性恋者、妇女——在协商群体中更具有代表性。协商的决定是否会发生某种方向上的改变取决于很多因素，仅靠对团体极化的理解是不够的。但是，至少可以说，比例或团体代表从保证接触不同观点这一目标中吸取了力量。一方面，团体代表将有助于抑制极化的危险和对于瀑布效应的敏感性，而这些危险都来自于具有相似意向的人们的协商。另一方面，通过将飞地的代表置于一个更大范围的辩论中，将有助于减少由于封闭在一个较小的飞地中而带来的危险。为了这些目的，飞地的代表在选举上只对飞地内的选民负责还不够。团体代表还要推动飞地内的人听其他人说些什么，使其他飞地或没有加入飞地的人能够听到完全不同的观点。

（3）适当的差异性。此处，基本的限定条件是，如何保证有适当的差异性。例如，要在一个协商团体内试图思考并解决平权运动的问题，这是行不通的，重要的是要允许团体中的人与那些认为奴隶制是好的、应当恢复奴隶制的人接触。时间和注意力上的限制要求对差异性加以限制；还有一点，为了进行良好的协商，有些观点要被恰当地加以排除，只是因为时间有限，而且有时观点又那么令人反感或难以置信，或者是二者兼具。这两点又会产生一个最终的难题：在任何团体协商中，如何知道什么样的观点应当被代表，有挑选实质性问题的良好感觉非常重要。确实，要有足够良好的感觉来判断应选取和排除什么样的观点。但是，如果我们已经知道了如何选取，为什么我们不直接进入这一问题？如果我们已经知道选取什么观点，那么协商还有什么价值吗？

回答是，我们常常了解得足够多，不用知道哪个观点是正确的，就能

---

① 参见 Anne Phillips, *The Politics of Presence* (Oxford: Oxford University Press, 1995); Iris Young, *Justice and the Politics of Difference* (Princeton, NJ: Princeton University Press, 1994), pp. 183-91; Cass R. Sunstein, "Beyond the republican revival," *Yale Law Review*, 97 (1988), 1539-90 at pp. 1585-9。

够知道哪些观点是合理的,这一点足够让人们构建起协商的过程,这个过程可以纠正大多数团体协商潜在的严重问题。必要的不是让每一种观点都被听到,而是要保证没有一个观点被特别广泛地传播和加强,要保证人们对所有的合理观点进行关键性的评价。

5. 协商民意测验:一种对比

在一项有趣的理论与实践相结合的工作中,菲什金提出了"协商民意测验"的思想,在测验中,由非常不同的个人组成的小团体,要聚在一起协商各种各样的问题。协商民意测验目前在几个国家得到了实行,包括美国、英国和澳大利亚。菲什金发现了个人观点上的一些值得注意的转变;但是他没有发现系统性的极化倾向。在他的研究中,个人的转变既有接近协商前的中间观点的,也有远离中间观点的。

例如,在英国,协商导致人们对使用"监禁"来打击犯罪的关注减少。[1] 认为"将更多的罪犯关进监狱"是防止犯罪的有效方法的人的比例从57%下降到了38%;认为应当减少关进监狱的人数的比例从29%上升到了44%;相信"更强硬语言"的有效性的人比例从78%减少到65%。同样的转变也出现在支持被告的程序权利的高涨的热情上,以及探寻监狱的替代品的增长的愿望上。在另一项协商民意测验实验中,所发现的转变包括,认为父亲供养小孩的法律压力应当增加的比例从70%增加到了85%,福利和医疗保健应当交给各州负责的比例从56%增加到了66%。确实,对于许多特定的问题,协商的效果在于加强人们已经存在的观点。这些发现与团体极化的前提条件是一致的。但这并不是一贯的模式,在某些问题上,协商使持少数观点的人的比例上升(如,对增加离婚难度政策的支持,从36%上升到了57%)。这些变化不是团体极化所能预测的。

有几个因素,将协商民意测验与团体极化实验区别开来。第一,菲什金的测验中,协商者不是作为一个团体进行投票,观点收集是单个地、秘密地进行的;而对于团体极化,当没有团体决定时,极化的程度就会下

---

[1] 参见 James Fishkin, *The Voice of the People* (New Haven, CN: Yale University Press, 1995)。

降，因为成员们没有被要求对团体决定做出什么表示。第二，菲什金的实验中包括随机抽样测验，其目的就是为了建立一个多样化的、有代表性的社会缩影（然而，应当注意，团体极化能够而且就是发生在不同团体的内部）。第三，相关的实验中有起平衡作用的专家专门小组，可以回应小团体讨论中出现的问题。第四，菲什金的团体由调解人进行监督，他们经过训练，确保没人主导讨论，确保参与的普遍性，并确保一定水平的开放性，可以代替此处讨论的某种动力。第五，菲什金的研究为参与者提供了一套书面材料，这套材料包括双方观点的详细论述，试图起到平衡作用。可能出现的结果将会是，使人们对于那些通过简单的团体讨论而形成的观点和未受到外在材料影响从而不可避免地带有一定程度自信的观点，产生不同方向上的变化。确实，进行平衡的努力，应当寄希望于将较大的多数转变成较小的多数，使两边都更接近50%的代表；这事实上是在许多协商民意测验的结果中观察到的。

简而言之，外在材料和专家小组改变了协商者能了解到的观点库，也很可能对社会影响产生作用。一旦某些观点被公开，很难预测某一立场将会如何影响一个团体成员的名誉。整体而言，菲什金的大量数据与团体极化假设是一致的。而不同之处在于，大概就是某些调解行为、外来材料的影响和个别团体成员所提出的观点造成的偏离这三种因素综合作用所导致的结果。最合理的结论是，监控的存在、团体决定的缺位、参与菲什金研究的人们的巨大差异，与外在观点一起，使得协商民意测验与团体极化研究极为不同，在团体极化研究中，协商者的小团体在协商之前就有某种相对清晰的倾向。

对于协商群体进行适当的制度设计，有几条重要的经验。在制度安排上做些小的改变，团体极化就能够被提高、减少，甚至可能被消除。在有限的观点库和社会影响可能产生不适当的作用时，可以使用一些矫正措施，总之就是让团体成员在某一方面接触一些他们之前不太倾向的观点。通过推动普通人参与协商，在制度建议将会增加公众参与程度的情况下，他们将很好地体现对这些有时会被忽略的事实的理解。作为一种社会现象，协商的价值在很大程度上取决于社会背景——协商过程的性质和参与者的性质。在这里，制度是关键性的。在这些最普遍的经验中，最重要的一点是：在不将飞地里的成员与有相反观点的人相隔离，不将飞地外的人与飞地内的人的观点相隔离的前提下，为飞地协商构建一个空间，是值得期待的。

第五章 激进分子对协商民主的挑战

爱丽丝·马里恩·扬

当人们确信现存的制度及其一般程序只会加强现状时,电视节目和歌曲赞美的社会公平运动在街头遭到了反对。通过勇敢的激进主义的方式,人们在民主社会中取得了很多权利——八小时工作制、妇女的选举权、坐在任何一家快餐店的权利。然而,当前的民主理论很少思考示威和直接行动的作用。[①] 确实,有人可能会认为,当前民主理论的主流之一,协商民主理论应当会对激进主义的典型策略如街头游行、联合抵制、或者静坐提出批评,因为这些行动面对的是那些与他们有不同意见的人,而不是与他们进行讨论的人。

本文将在两种具有不同政治行动路径的"角色",即在协商民主论者和激进分子之间构建一场对话。[②] 这场对话是有用的,因为他们对好的公

[①] 也有某些例外。Andrew Arato 和 Jean Cohen 在市民社会的背景下将社会运动和不合作运动的处境加以理论化。参见 *Civil Society and Political Theory* (Cambridge, MA: MIT Press, 1992)。约翰·德雷泽克 (John Dryzek) 关于处于国家系统之外的市民社会的反对运动的重要性的观点,也是指示威和抗议活动。参见 *Deliberative Democracy and Beyond: Liberals, Critics, Contestations* (Oxford: Oxford University Press, 2000), especially ch. 4; *Democracy in Capitalist Times: Ideals, Limits and Struggles* (Oxford: Oxford University Press, 1996)。然而,本文所探寻的协商标准和激进主义标准之间的区别,不应当对应于国家和市民社会之间的区别。市民社会当然是协商政治的一个场所,就像至今为止很多人包括德雷泽克指出的那样,尽管它同时也是激进主义的场所。

[②] 非常感谢 David Alexander、Nick Burbules、Natasha Levinson、Emily Robertson、Stephen White 以及 *Political Theory* 的不知名的评论家为本文的早期版本提出的有益意见。

民权的描述在某些方面存在冲突。我想通过对话阐明，至少是部分理解协商民主的标准存在的某些局限性，尤其是如果这些标准被当作现存民主政体的指导性惯例的话。而在现存民主制中结构性不平等是严重的不公平或社会危害的基础。同时，我想为民主批评提出一些非协商的政治实践的优点。我构建的协商民主论者和激进分子的"角色"是一种理想的类型。很多政治理论家和公民无疑会对这两者都表示赞同，并且他们的看法在政治世界中也经常转变、混合。

正如我对协商民主论者这一角色的分析，协商民主论者认为，政治冲突中的各方应当进行相互协商，并通过提出合理的论据尽力在政策上达成各方都满意的协议。激进分子对这种协商的劝告表示怀疑，因为激进分子认为，在现实的政治世界中，结构性的不公正既影响程序也影响结果，符合协商标准的民主过程通常会偏向更有权力的一方。① 因此，激进分子建议那些关心进一步提升公平的人们，他们首先应当参加批判性的反对活动，而不是试图与那些支持现存权力结构或从中获益的人们达成协议。

在我构建的对话中，协商民主论者认为激进分子没有采取一种理性的态度。在代表激进分子回答了这些常常听到的指责之后，我考虑了激进分子针对一项建议提出的四个挑战，这项建议是，有责任感的公民应当遵循协商民主的准则，将之作为政治参与的最好形式。我发现，对协商民主论者而言，前面的挑战比后面的挑战更容易应对。

进行论证的目的不在于推荐一个压制另一个，因为我认为，对于促进公平的民主实践而言，这两种方法都是有价值的和必要的。然而，通过这种对话，将它们置于相互批判的关系中，在一个存在结构性不平等的社会

---

① 为了赋予这两个角色以具体的感觉，我给他们设定了性别，而不是一遍遍地重复用"他或她"。这一决定提出了一个混乱的困境：他们应该都是男性呢，还是都是女性呢，或者一男一女呢？如果决定一个是男的而另一个是女的，将会扩大这个困境：哪个应该是男或女呢？在我试图对之进行考察时，我发现无论我怎么选择，我的安排将引发不需要的陈腔滥调。如果协商民主论者是男的，那么这一立场有可能显得更为重视理性和平静，而相应的女性的激进分子似乎是轻浮的和在根本上是受激情影响而行动的。尽管有可能落入让激进分子看起来好斗的俗套，我还是决定将协商民主论者当作女性，而将激进分子当作男性，因为至少这种安排将使女性更倾向于与权力联合。

中，这可以对实践协商民主理想的努力提个醒。这一对话也揭示了这两种态度之间的张力，这种状态不可能被彻底解决。

一、角色

基于本文的目的，我既将协商民主理解为对民主合法性基础的标准表述，又将之理解为对公民应当怎样参与政治的描述。采取政治行动、影响和制定公共决策的最好、最适当的方法，应是公共协商。在协商中，冲突的各方，通过分歧和决策提出关于集体问题的解决办法，并给出自己的理由；他们批评别人的建议和理由，也接受别人的批评。协商民主与民主政治中的某些态度和实践的不同之处在于，它主张参与者不仅要关心他们自己的利益，而且应当听取和考虑别人的利益，只要这些利益与公平一致。协商民主的实践也要区分权力上的差异对政治结果造成的影响，因为协商者之间的协议应该是在辨认的基础上达成的，而不是武力威胁的结果。

协商民主理论表达了一套标准的理想模式，根据这一理想，对现实的政治过程进行评价，通常会发现现实政治过程是不够格的。做出政治决定的过程应当是，让所有潜在地受影响的各方或他们的代表参加公共协商过程。如果协商者要求其他人接受他们的建议，他们应当呼吁公平并为他们的建议提出理由。简单地宣告党派的利益或通过威胁和制裁强迫别人同意，则不需要这么做。

然而，正如我在此构建的协商民主论者这个角色，她不仅要在协商民主理想中发现批评政治过程的手段，还要推行一些在现实的民主制度下，面对着所有的冲突、分歧、经济社会和政治上的不平等，贯彻协商程序的过程和行动。协商民主论者认为，限制政治统治和赤裸裸的强加的党派利益的最好方法，和通过公共政策推动社会公平进一步发展的最好方法，是在不同的、存在分歧的政体元素中培养协商的场所和过程。因此，她认为好公民应有几种特性。参与政治并想推进社会公平的公民试图批评那些与协商民主论者有不同意见的人或在公共环境中与她发生根本利益冲突的人，或与他们进行辩论，在那里，她尽力说服别人相信某些政策或利益存在不公平或有害的后果。通过公开的批评论证，她的目的是达成一个所有相关的人都自愿接受的政策决议。

像协商民主论者的看法一样，激进分子将自己看作是公民美德的化身。激进分子致力于推进社会公平和规范价值，并且在政治上负责的人应当采取积极的行动推进社会公平和标准价值。他还认为，他置身于其中的社会的一般运转、经济政治制度在制定或再生产严重的错误——有些法律或政策有不公平的效果，或者社会经济结构导致不公平，或者动物和事物不公正地面临危险，等等。由于这些制度的普通规则和实践将会永远保留这些错误，我们不能在这些规则之内调整这些制度。激进分子反对公共或私人制度的特殊行动或政策，以及这些政策或行动的体系，并想要改变它们。有时，他也想用积极的政策和行动来减少不公平或伤害。

除了被追求公平的激情所驱使外，激进分子也经常受到他所认为的、由现存制度中当权者的不妥协所引起的愤怒或带来的挫折的推动。这些当权者骄傲自大，对于不公平现象漠不关心，他们坚持或断然否认这些不公平，将他们的决策和他们服务的制度说成是很慈善的。由于很多公民不了解这些制度上的伤害或在不在乎和屈从的心态下接受了这些制度，激进分子认为表达出这种对不公平的持续愤怒以鼓舞人们采取行动是很重要的。

一般而言，激进分子避免进行协商，尤其是与那些掌握着政治或经济权力的人或制度的官方代表进行协商。他认为这些人使非正义或伤害永久化。他认为，让他和他的同志们与那些他批评的人、实行着他所反对的政策的人坐下来，通过双方都接受的理性论证达成协议，是一个很可笑的建议。拥有权力的官员们没有动机与他坐在一起，即使他们真的同意进行协商，他们也有权力不公正地主导讨论的过程。因而，激进分子采取其他的、他认为可以更有效地提出批评以推进他认为正确的目标的行动：纠察在罢工期间，为表示不满或反抗，工会纠察员驻扎在工作单位外面，阻止非罢工雇员或顾客进入——译者注）、散发传单、流动剧团、声势浩大的街头示威、静坐以及其他形式的直接行动，如联合抵制。里面在准备进行协商时，激进分子常常在外面制造公开的骚乱。① 有时，激进分子会闯入正在进行协商的屋子，通过展示标语、投放臭气弹和在走廊里大喊大叫来破坏他们的活动。有时，他们确信某种制度产生了错误或使错误永久化，对他们来说，在道德上最恰当的行为就是尽力阻止错误的发展——如通过堵住入口的方式。

激进分子反对使用道德上可接受的策略。这些策略是不是应该是严格地非暴力的呢，非暴力的确切含义是什么？滋事和无礼行为是可以接受的吗，或激进分子应受到尊敬吗？如果不伤害人们或动物，破坏或损毁财产是可以接受的吗？在此，我不想参与这些讨论。为了塑造激进分子的角色，我将假设激进分子认为指向他人的故意的暴力不论在道德上还是在政治上都是不可接受的，但是如果他受到人身攻击，他有权利保护自己。我将假设激进分子反对故意严重毁坏财产的策略——如爆炸或焚烧。破坏性较小的毁损或破坏尤其是作为抗议行动的副产品，则不需受到谴责。

二、激进主义的协商判断

协商民主理论很少提到那种典型的激进主义的政治活动，因而我们不能通过这些活动直接推导出协商民主论者所理解的政治美德与我概括的激进分子所认为的政治美德有多大程度的差异。然而，我们确实知道，许多负责任的政治参与者一般都会谴责激进分子，认为他们是非理性的虚无主义者，给好事业带来了坏名声。

从协商民主的原则来看，他们有什么理由呢？我想，我们可以重建两种理由。有些自认为受协商民主准则指引的人可能会说，激进分子参与利益集团政治而不是将他们的信条引向所有人都可接受的原则。他们还可能会说，激进分子的看法毫无道理。在这里，我将评论几条从协商民主观点出发对激进分子的批评，并代表激进分子作出回答。

---

① Michael Walzer 提供了一个除协商之外的一系列有用的政治活动，有些活动体现了激进分子的特点。参见 "Deliberation, and what Else?" *Deliberative Politics*: *Essays on Democracy and Disagreement*, ed. Stephen Macedo (Oxford: Oxford University Press, 1999)。

如同协商民主论者进行的分析，协商民主论者认为激进分子采取的走向民主的道路与压力集团以利益为基础的政治相比稍有不同，她认为，为了达成可行的协议、使政策结果合法化，应对压力集团的政治有所超越。利益集团的政治手段是，鼓励人们组成团体，通过哄骗政策制定者或向之施压的方式，使之服务于他们的利益，运用政治或政策促成特殊的目的。通过游说、政治宣传、为政党和候选人提供竞选资金、动员选民支持或反对在特定问题上持某一立场的候选人等方式，利益集团推进他们的目标，并且击败自己的对手。他们觉得没必要为了达成一个所有人都接受的协议与那些和他们有利益冲突的人进行讨论。他们的目标只在于为他们的集团赢得最多的利益，并为此而参与权力政治。

激进分子对此回应说，他的立场与那种简单的拥护某种利益的立场不同，因为他从事的是一种普遍性的而不是党派的事业。他指出，个人利益或利益集团与对伤害或不公平进行补救之间存在显著的差别。一个作为好公民的激进分子通常不会受个人目标或他所保护的团体的目标的驱动，不公平地以他人为代价达到自己的目的。他为了所投身的事业牺牲自己的时间、职业上的提升机会和金钱。他确实试图用压力、集体行动的力量、破坏活动和羞辱的方式使事情向着更公平的方向发展。然而，他和他的同志们在街头行使的权力，相对于由国家和共同主体行使的权力而言通常只不过是大卫与哥利亚式（意即很小）的权力，激进分子反对国家的政策，并想改变这些政策。那些协商民主论者认为这一权力可以被研讨会中轻柔的语调所支撑，这实在太天真了。

尽管激进分子对于一些主张表示怀疑，如他应当与有权力的、他认为将不公平和伤害永久化的代理人或支持那些代理人的人进行协商，然而激进分子并不完全拒绝讨论。散播信仰和交换信息、思想是其政治工作的主要部分，这工作既在其激进主义的组织内进行，也在更广的范围内面对那些他想加以说服的人进行，他想让他们相信存在着严重的伤害和不公平，他们应该进行反抗和抵制。当社会、经济和政治制度产生了不公正的结构性不平等和其他严重的社会和环境破坏时，激进分子坚决认为，对于公民来说，尽量避免成为那些机制运转的同谋是很重要的。对于让公民们能够严肃地思考什么是正常的和可以接受的,在那时使用抗议、联合抵制、破坏等活动是非常适当的。相反,协商活动更倾向于赋予现存制度合法性,并切实平抑真正的分歧。

协商民主论者可能会认为激进分子的态度是不理性的。在这个意义上,理性的政治参与,应当是,即使认为某些人的观点是错误的,还愿意倾听他们的意见,要他们提出理由,并且自己也提出一些观点以说服他们改变观点。在很大程度上,激进分子拒绝与观点不同的人进行讨论。在协商民主论者看来,激进分子依靠感情上的呼吁、标语、讽刺性和破坏性的策略、而不是用理性来进行反抗,并提出自己的主张。

因而,在许多民主制的政治生活中,给激进分子贴上不合理甚至是"极端主义"的标签是很常见的。人们可以将这种总括性的标示本身解释成一种权力手段,其作用是将所有那些对现存制度的某些基本内容提出疑问和政治替代的人排除在外。因此,考虑一下激进分子对于非理性极端主义指责的回答非常重要:这种指责所依赖的对于什么是理性的理解过于狭隘。

此处对"理性"的理解,我认为是一种在信仰和行动上进行选择的范围,以及在这些选择中经过深思熟虑做出的判断。理性的人能够也愿意向别人证明他或她的主张和行动。就像我已经提出的激进分子的态度,在这个意义上,他是有原则的和合乎理性的。他思索某些对人们不利的问题和非人性的事,对某些他认为可以改变的不公正的社会问题加以分析。他想出一些可供选择的办法以引起人们对这些问题的关注,并号召人们去加以补救。他通常乐于向他的同志,也向其他人如电视记者证明在特定情况下使用特定的方式是正当的。然而他的原则经常引导他在他所反对的掌权者的会议外面进行抗议或破坏会议,他这样做的一个根本理由是,让更多的公众了解制度中的问题,并说服公众和他一起施加压力以改变制度。尽管不是协商的,在有秩序地提出理由这一点上,大多数激进主义的政治活动是为了向广大的公众传达明确的思想。他们用幽默或讽刺的口号来进行沟通,是因为仅有一些散漫的观点不易引起关注或唤起行动。①

在现实的政治世界中,有一些无政府主义的或具有破坏性的人,他们因盲目的愤怒或为从破坏中得到快乐而示威或抗议。然而,这样的无政府主义姿态描述的是少数激进分子的情况;激进分子通常在为他们的行为提出理由和要求他们的同伴在集体行动中遵守纪律方面比其他的政治行为主体更加自觉。官方权力在描绘所有与"极端主义"有关联的抗议活动时普遍使用的这种修辞,将会受到任何一个致力于社会公平和理性沟通的人的反抗。

既然激进分子已经回答了协商民主论者关于不值得进行交谈的疑问,我们就该听一下他对协商民主所推荐的政治参与和公民美德的批评了。我将分四步提出激进分子对协商民主论者的批评,并在每一步给协商民主论者以回应的机会。

三、协商的程序是排他的

激进分子说,劝导公民与那些有不同意见的人一起在相互尊敬的基础上进行讨论,对于协商民主论者理论化了的理想世界来说,是一个很好的建议,在这个理想世界中,每个人都能参与并且在政治上是平等的。但这并非现实的政治世界,现实世界中处于结构性主导地位的权力精英对于政治过程和决定有重大影响力。

有时,这个真实的世界中也有协商。官员们和权贵们经常会面,仔细斟酌设计出协议。他们的会议通常在制定好的程序内很好地组织,那些了解规则的人们经常能够通过他们,通过提出建议和找出理由来推进自己的目标,其他人对这些建议和理由进行考虑和批判性的评价,也提出自己的理由。激进分子说,协商是一种会议室内的和国会委员会的活动,有时甚至是议会的活动。精英们部分是通过控制协商环境来行使权力。在他们中间,他们参与关于维持统治和推进集体利益的政策的辩论。这种协商环境

---

① 参见 I. M. Young, *Inclusion and Democracy* (Oxford: Oxford University Press, 2000), ch. 2.

的入口通常控制得很严，很多受他们的决定影响的人经常没有任何声音或代表。并且，这些会议的过程，经常是不公开的，不留下公开的记录。观察员和新闻人员只有受邀才可参加。协商在根本上说是一种政治精英的活动，他们之间真诚相待、相互尊重，并尽力消除之间的分歧。就协商的这种排他性而言，就在这样的协商群体所达成的决定支持不平等并将之永久化、或产生不公正的破坏性后果而言，激进分子指出，那么向那些致力于推进社会公平的好公民们建议进行协商就是错误的。在这种结构性不平等和排他权力的环境中，好公民应当在这些会议外面进行抗议，让公众注意到精英们做出的假设、实行的控制和其结果的最终局限和错误之处。人们应当运用羞耻感和揭蔽的力量给协商者施压，使他们扩展议程，关注更多的利益。只要会议过程运用排他性的权力保护精英们的利益并排斥大多数公民的利益，那么参与政治并关心公平和环境保护的公民，即使采取行动阻止或破坏协商，也会被证明是正当的。

1999年12月，在西雅图成千上万的人涌上街头，对我来说，正是这种协商与抗议之间关系的描述。来自世界各个国家的首脑和其他高官来参加一个世界贸易组织的会议，他们进行协商并尽力就新一轮的全球贸易规则达成一致。抗议者对这个会议提出批评，许多人认为这个会议应立即停止。他们抗议世界贸易组织的排他的方式，其委员会的活动是封闭的，西雅图会议本身也是不公开的。他们声称，世界贸易组织是跨国公司的工具，其协商很少关注自由贸易体制对一般公民、尤其是世界上最穷的人们的影响。世界贸易组织的协商不具合法性，其组织议程存在道德问题。在我写此文时，我的一些同伴准备对关于美洲的自由贸易协议的类似协商提出抗议。不仅会议是排他的，而且甚至他们将要讨论的文件也是不公开的。激进分子认为，当影响到这么多人的决定由这么几个人在几乎秘密的状态下做出时，根本没有其他选择可以去抗议或破坏。

协商民主的提倡者对政治过程和好公民行为的建议，很容易回答对协商的这种批评。对于激进分子提出的很多问题，协商主民论者都同意。就精英会议的过程是排他的和不公开的而言，它们即使是协商的，也是不民主的。协商民主的准则不仅要求讨论中的各方运用讨论的力量，平等相待，而且还要求有公开性、责任性和包容性。① 要想具有民主合法性，运用协商制定政策和行动时，应当包括所有利益受影响的人和持各种观点的人的代表。协商的各种代表团体应当在各方面都公开。最后，在这样的协商环境中发言、投票的人们在发表意见和做出决定时应当为他们的同伴负责。协商民主论者很可能会与激进分子一起在外面抗议那种排他的、秘密的协商。协商民主论者劝告激进分子加入她所号召的那种过程公开、负责、包容的协商，并且她将和激进分子一起将那些不满足这些条件的协商看作是非法的。她可能认为激进分子提出了一种深化民主、创造开放、包容的协商民主环境的好方法。

四、形式上的包容是不够的

在民主政治中，对只有有权力的内部人参加、并且是关起门来进行讨论和决策的政治过程的批评，是经常的、并且通常也是有效的。为了回应这样的批评，官方协商团体有时曾采取一些措施使他们的过程更公开和包容。他们敞开大门接受新闻界和公民的监察，公开报道他们的进程和对他们行为的评价。有些立法机构或其他机构已经讨论并实行了一些措施，想让更多样化的代表获得一席之地，包括选举财政管理、选举程序改革、甚至是缺少代表性的团体在政党列表中的限额。在美国，最近30年，对包容性和公开性准则比以前要重视得多。公共机构、甚至某些有权力的私人机构召开意见听取会来讨论政策建议，公众被邀请去进行见证。受到詹姆斯·菲什金的某些思想的影响，有些地方官员或非政府组织已经组织了"公民陪审团"，目的在于广泛地代表选民的概貌。② 这些专门小组的成员聆听候选人对议题的意见并进行提问，然后在他们之间进行协商，通常他们也会接听电话和接收电子邮件，这些电话和邮件来自通过广播收听会议的公

---

① 古特曼和汤普森在《民主与分歧》一书中坚持公开性和负责任的标准。尽管他们同意包容性是一个标准，他们并不将之作为一个独立的原则。这样做的原因，参见 I. M. Young, "Justice, Inclusion and Deliberative Democracy," *Deliberative Politics*, ed. Stephen Macedo.

② Fishkin, *The Voice of the People* (New Haven: Yale University Press, 1995).

民。很多研究民主制的人都曾称赞过20世纪90年代在俄勒冈州举行的一次广泛参与的公共协商，主要内容是重建低收入医疗保健项目。另一个通过英勇的努力使公共协商变得更具包容性的著名例子是南非政府关于1996年成为法律的新宪法的商议过程。不仅通过信件和电子邮件征求了宪法委员会委员关于宪法草案的意见，而且他们还为那些不能阅读草案的人举行公开会议，向参会者解释草案内容，并征求意见。

协商民主论者赞同诸如此类的措施。她认为，好公民应当提倡用创新的方法扩大关于问题和政策建议的协商的公开性，使协商更具包容性。如果他们有机会参加这样的商议协商，他们应当这么做，如果他们被邀请去帮助设计这样的协商他们应当接受。

对于声称在协商过程中给所有受未来政策影响的人们，或至少是这些人的代表以表达意见的机会，对于这一点激进分子更加怀疑。在一个社会和经济极度不平等的社会中，激进分子认为形式上包容的协商过程总会存在结构性的偏见，越有权力、社会地位越优越的行为主体就越能够接近协商过程，从而能够以他们的利益和视角主导协商过程。

在结构性不平等的条件下，政党的协商过程在实践中经常限制人们去接近那些有更大资源、更多知识的人或与那些更能控制论坛的人。我们熟悉许多有效地将人们排除于协商之外的形式。例如，在那些广播和电视是进一步协商的主要论坛的地方，公民们需要钱或相关的东西来得到广播时间。甚至在就某一议题召开一系列公共意见听取会时，那些希望在会上发言的人们需要知道这一消息，要能够安排好他们工作和照顾孩子的时间表以便能参加会议，要能够参与其中，并能充分理解听取会的内容。这每一项能力都不会平衡地分配给社会成员。

有些人曾认为，这些不同的机会和参与都显示了我上面提到的两个表面上包容的公共协商过程（俄勒冈的医疗补助方案的协商和南非宪法的协商）的特点。在第一个例子中，参加商议的人主要是白种人、中产阶级、体格健全的人，尽管这个项目是专门为低收入人群服务的。南非的许多公民对于宪法的含义所知甚少，或者他们为了维持生存占去了太多时间，以至没时间参与协商。

因此，激进分子主张，关心公平的人们应该继续在体制外批评公共协商的过程，即使协商有正式的规则扩大参与范围。只要这一社会中的结构性不平等能够有效地限制人们接近这些协商过程，他们的协商和结论就不具有合法性。负责的公民们至少应当部分留在体制外，抗议协商的过程、议程和结果，并对那些隐含的特权关系和限制他们的不利地位表示反对。他们应当代表一些人发言，这些人事实上被排除在协商之外，试图用罢工、联合抵制、破坏性示威等策略迫使这些团体的活动回应他们的需要和利益。激进分子说，如果我们参加了这些形式上包容的协商过程，我们将帮助赋予他们不应得的合法性，并且无法为那些留在体制外的人说话。

最近的世界贸易组织会议提供了另一个试图使协商过程更具包容性的例子，大多数激进分子认为这次会议不具有合法性。为了回应世界贸易组织是一个服务于北半球经济、由其共同利益主导的、排外的论坛的批评，某些官员在正式的世界贸易组织会议前紧急组织召开了一次会议，会议邀请了非政府组织的代表参加。许多激进分子认为，这一姿态表明了一种同化和压制反对世界贸易组织会议的行动的荒唐企图，这些反对行动甚至在他们开会之前就已经非常有效地把透明度问题和全球不平等问题在世界大众面前提了出来；激进分子在非政府组织会议外面进行示威。有些决定参加这一会议的非政府组织代表非常失望。他们发现会议的议程已经决定了，他们只是被动地听世界贸易组织的首脑、美国贸易部长和其他大人物的讲话，只有很少的时间用来提问或发言。当排他的主体试图改革政治过程使之更公开、更包容时，似乎他们还远远不能为那些在社会结构中权利较少的人提供发出真实声音的机会。假设这些都能实现，激进分子说，对于那些关心公平的公民来说，最负责的做法就是揭露这种被操纵的权力，并表达出那些遭受结构性不公平的人的合法要求，不论掌权的人是否会听取他们的意见。

协商民主论者同意激进分子对于结构性不平等有效地限制某些人接近形式上包容的协商环境的揭露和批评。然而与激进分子不同的是，她认为负责的公民应当与那些设计并执行这种协商环境的人辩论，说服他们去投入精力和资源使协商环境变得更包容，更能代表受到决策潜在影响的人的利益和观点。在一个宣称建设民主的政体中，应该能够说服一个形式上包容的协商大众，让他们认识到需要采取专门的措施以利于受社会的结构性劣势影响的那些社会成员有自己的声音和代表。从外面进行抗议和提出要求可能是引起对需要修改的不公平现象的关注的有效方法，协商民主论者说，对他们自己而言，他们并不推动将会产生更大公平的、积极的制度变革。那些认为这样的变革很必要的人必须与那些对变革不以为然或敌视变革的人一起进行协商，并努力说服民主的大众相信他们的正当性。①

　　激进分子的前两个挑战集中于协商大众的公开性和包容性，而不是协商的条件和内容。目前，协商民主论者和激进分子的观点在政治过程的道德合法性问题上是相当接近的，他们都批评了形式上的和事实上的协商的排他性。他们之间的不同可归结为，在政治代理人能否被说服相信存在结构性不公平、为补救这种不公平应形成一种包容的协商大众这一点上，其乐观程度不同。然而，一旦我们转而分析协商的条件和内容，就会看到协商民主论者和激进分子的更多分歧。

五、强制的选择

　　我们假设，在激进分子的鼓动和协商民主论者的劝说的综合作用下，基本上可以代表所有受某种决策影响的人的某种协商环境得以出现。假设世界存在结构性不平等，如我们所知，激进分子认为上述这种环境将会是很难出现的，但是为了进行这场讨论，他愿意去考虑这种可能性。激进分子对于协商民主论者的与不同意见者进行理性的、批判的讨论的劝告仍存有怀疑，即使假设他加入的这个公众真正包括了受决策影响的人的各种利益和观点。这是因为他认为现存的社会和经济结构在协商及其日程上已经设置了不可接受的限制。

　　激进分子说，在现实的民主政治世界里，问题和分歧出现并被提出来

---

① 这是我在 *Inclusion and Democracy*（Oxford：Oxford University Press，2000）的章节中所持的观点。

反对一段给定的历史背景和不公平的结构性不平等的沉积,这有助于制定日程优先表,并限定政治行为主体在他们的协商中将会考虑的选择。这时,协商的议程和它反映的制度强制都将取决于批评、抗议和抵制。① 在桌前与那些通常反映现存制度关系的利益的代表一起讨论如何最公正地解决那些以制度关系为前提的问题,这同时给了那些制度以及协商过程太多的合法性。它吸收了追求公平的公民的能量,只留下很少的时间动员人们从外面打破制度的强制和决策程序。因此,负责的公民应当通过拒绝与他们进行政策协商,不再含蓄地接受这些结构性的和制度性的强制。下面我举几个例子。

一个反贫困的地方倡导团体,持续几年参加了多种形式的鼓动和抗议活动,促成美国国会在 1996 年春天通过《个人责任和工作机会协调法案》。这一立法从根本上改变了美国福利政策的内容。在 60 年里,它第一次取消了公共救助的权利,当基金被用完时,允许国家取消救济。它要求贫困家庭的受助者在一定时间后去工作,并允许国家在项目中做出重大变化。自从立法通过以来,这一团体就组织受助者和其他关心福利公平的人去抗议和游说国会增加福利资金,并将在地方福利办公室进行福利倡导作为其"工作活动"。

为了通过福利委托人做到最好,县福利部门建议建立一个对该地方福利项目的执行和管理具有重大影响的顾问委员会。协商民主的倡导者已经使他们相信,这一委员会应当对公众负责,并组织起来为严肃地讨论和批评可选择的建议提供便利。他们认为,民主公平要求这个委员会广泛地接受县里的公民,并且他们认为如果福利委托人和维护者都包括在委员会中,合法的协商将会受到特别对待。因此,他们邀请这一团体为委员会选出代表,请他们从他们所在的福利权利组织中指定委托人代表。

经过几周的协商,福利激进分子拒绝参加这样的委员会。他们声称,在联邦和州法律对福利政策的强制下,不可能实行人道的福利政策。这样

---

① 这是伊安·夏皮罗在他的论文中对协商民主思想的主要回应之一,参见 "Enough of Deliberation: Politics is about Interests and Power," *Deliberative Politics*, ed. Stephen Macedo, pp. 28–38.

的委员会只会商议把地方福利办公室设在这里或那里是不是更合适，但决无权力扩大办公室的数量。他们将决定如何更好地管理儿童保护救助金，但他们没权力决定谁符合救助的条件，或这一项目的基金总额。在激进团体看来，一个县的福利施行委员会的协商还面临着很多其他的限制，这不可避免地决定了其结果的不公正性。这个县的所有认为政策框架不公正的公民，尤其是福利激进分子自己，都有责任置身于这样的协商之外，迫使州立法机关扩大福利的选择自由，例如，通过在州的社会服务部前静坐的方式。

协商民主论者发现这样的拒绝和抗议活动是不合作的和非建设性的。当然，制定出落实立法的最公平的形式，好过分散法律制定者的注意和阻挡超负荷工作的工人的日常工作，激进分子回答说，与那些意味着不公正的制度强制的政策和程序合作是错误的。问题不在于政策制定者和公民的协商不能形成什么观点，而在于其开始的前提是不能接受的。

有些协商民主的倡导者认为协商是引导政策的最好方式，即使在当前的民主制存在结构性不平等的条件下也是如此。在我看来，他们对于激进分子的批评无法做出令人满意的回答。许多协商程序的倡导者似乎觉得现实民主制中限制政策选择的结构和制度强制没有什么问题，建议用反思性的政治理性对抗非理性的倾向，从而减少政治家电视讲话的话题和聚集偏好的决定。例如，在《民主与分歧》一书中，古特曼和汤普森关于福利改革条件的详细讨论中，他们似乎认为，在存在结构性不平等的情况下，如果采取政策回应穷人的需要，应当采取支持穷人的形式，而不应改变税收政策、私人和公共投资的关系、公共工程行业，以及其他的隐含剥削和收入不平等的更为结构性的方式。[①] 再如，菲什金提出的公民论坛，它就1996年政治竞选的国家议题进行协商，推定在存在结构性不平等的情况下，美国国会和主流媒体所设想的政策选择存在财政的、权力的和制度上的强制。如果这些强制导致了现存的阶级不平等模式、居住隔离和劳动力

[①] Gutmann and Thompson, ch. 8；在这里他们代表了在美国关于这些问题进行的政策讨论，以及美国的民意。

的性别差异,激进分子的主张似乎是有道理的,其主张是,如果这些选择没有太大差别,负责的公民不应同意这些设想,而应当鼓励进行更深层的批判和改变。

正在进行的立法和贯彻政策的活动将会首先认定现存制度及其优先性,除非大众关注的行动发挥作用改变了优先次序和目标。那么,在大多数时候,政治将在强制的选择下运行,这些选择通过结构性的不平等产生并支持这种不平等。如果协商民主论者试图将协商实践插入现存的公共政策讨论,她就被迫要接受现存的结构强制所允许的选择范围。20年前,在美国,协商民主的理论家很少有机会试着影响公共讨论的设计和过程,今天情况发生了变化。某些公共官员和私人基金会开始相信包容的、理性的广泛协商对民主制是有利的,并希望在政策形成过程中贯彻这一思想。然而只要这种贯彻必须以强制性的选择为前提,而这种选择不能质疑现存制度的优先性和社会结构,协商必将隐含着不公平,并将加强这种不公平性。

我想,协商民主论者不能充分回应这个挑战,只能接受激进分子对于协商的怀疑,这种协商是在严重地限制了政策选择的制度内进行的,在这种制度下,那些处于结构性不利地位的人很难对那些可能改变他们结构位置的社会难题提出解决方案。只有在协商民主的理论和实践能够脱离与当前政策轨道的直接联系时,他们才能回应激进分子的这一挑战。协商民主论者应当帮助建立一个包容的协商环境,基本的社会经济结构能够从中得到检验;在极大程度上,这样的环境必须处于现行的官方政策讨论环境之外。

六、霸权话语

协商民主论者通过建议建立一个脱离与给定的经济规则和权力结构直接联系的协商论坛,回应了激进分子的这一挑战,在这样的论坛中,社会各部分的代表将会着眼于改革这种制度背景,批判地讨论那些规则和结构。然而,即使在这一点上,激进分子仍怀疑协商实践,因为仍有一个原因可以追溯到结构性不平等上。他担心在这样一种反思性的协商环境中，大多数参与者将会受到一种普遍话语的影响，而这种话语本身就是结构性不平等的综合产物。"话语"这个词，我用来指一种通过社会传播的叙述和专门知识的体系，它传达了得到广泛接受的关于社会如何运转的理论化的普遍性概括，以及大多数人们在讨论他们的社会、政治问题和解决办法时的社会准则和文化价值。在一个长期存在大量结构性不平等的社会中，这样的话语，用葛兰西的话讲，是"霸权的"：这个社会中的大多数人们不论他们处于结构性不平等的什么位置，都用这些条件来思考他们的社会关系。当这样的话语体系构建了一个协商过程，人们可能会达成一个协议，这个协议至少部分地是在不公正的权力关系条件下形成的，并因此不可能得到真正自由的赞同。在哈贝马斯的早期著作中，他将这种虚假的一致意见理论化地概括为"体制性扭曲的交往"[①]。当这样的霸权话语运行时，协商的各方可能同意这一前提，即他们可能接受他们处境下的理论，并为别人接受的建议提出理由，但是这种前提和条件仍然掩盖了权力和不公平的再生产。

协商民主论者将注意力集中于政策合法性对协议的需要，并且对达成协议的条件加以理论化，但是虚假的或扭曲的协议的思想却不包括在这一理论之内。面对可能出现的有些共识是虚假的以及有些传播受到权力的体制性扭曲的情况，我并不想说这些共识是通过排斥某些受影响的人或通过威胁和强迫这些人而达到的。霸权或体制性扭曲的传播现象比这更微妙。它指出了社会中成员的观念或准则框架是怎样受到话语的前提和条件的深刻影响的，这些前提和条件使人们很难批判地思考他们关系的内容以及制度化和行动的可能选择。协商民主的理论和实践无法提出这种可能性，这使协商被关闭或扭曲。它缺少一种我们可以称为意识形态的理论，以及对话语系谱和他们帮助个人建立认识自己和社会的方法的方式的考虑。对大

[①] 参见 Jürgen Habermas, "On Systematically Distorted Communication," *Inquiry*, vol. 13, 1970, pp. 205–18。由于哈贝马斯对于当前的意识形态和被扭曲的传播的理论贡献颇多，而在他的 *Between Facts and Norms* 一书所表达的协商民主理论，也没有对扭曲的传播和它对政治结果合法性的影响加以理论化，这是令人吃惊和失望的。

多数协商民主论者来说,话语似乎是更为"清白的"。

詹姆斯·博曼的协商理论是个例外。博曼所讲的公共协商准则的核心是,对确认结构性不平等有效地阻挡某些人的政治影响而扩大另一部分人的影响的方式的关注,即使在保证形式上的政治平等的情况下。博曼没有用我上述的方法区分这些形式,他分析了我已经讨论过的那些排斥公民和控制议程的形式在目前是如何阻止那种所有利益和观点都得到恰当考虑的公共协商的。他主张,对一个政治过程的协商合法性的重要检验,不仅在于团体就正在讨论的议题和建议听取意见的程度,还在于他们能够就某些议题和建议发起讨论的程度。

在分析现实的公共讨论如何会缺少合法的民主讨论的标准的必要条件时,博曼提出了被扭曲的传播或意识形态的概念。结构性不平等对公共讨论的影响程度因其对所有参与人的最小的透明性从而是最阴险的。它涉及到讨论的观念和意象的框架,其中经常包含着弄虚作假、偏见、误解,甚至是矛盾,这些情况的发生不会受到注意或批评,主要因为它们与霸权利益一致或反映了现在的社会现实,好像这些现实是不可更改的。例如,话语可能扭曲传播,如通过修辞手段,将来自特定的社会立场的经验或社会观点表达成一种普遍观点。①

举几个关于霸权话语可能产生虚假一致的例子。第一个例子来自关于贫困和通过政策消除贫困的方式的话语。尽管对于贫困的原因和消除贫困存在着广泛而强烈的争论,但是在美国以及逐渐地在世界的其他地方,关于辩论的许多内容达成了一个显著的新共识。人们似乎普遍地认为,贫困应当被看作一个人掌握进入现代劳动市场所必需的各种技术和能力的机能的失败。分歧在于,这种失败的责任在多大程度上应当由那些个人和他们的家人承担,或者是在于社会的教育制度、社会服务或经济发展。反贫困的政策最终必须使个人能更好地适应当前的雇佣结构,然而,大多数都是做而不说。只能将贫困政策理解为一种劳动市场政策。

---

① 参见 James Bohman, *Public Deliberation* (Cambridge: MIT Press, 1996), especially ch. 3; Bohman, "Distorted Communication: Formal Pragmatics as a Critical Theory," *Perspectives on Habermas*, ed. L. Hahn (Indianapolis: Open Court, 2000)。

再如,国际上关于温室气体排放的辩论在是否应该限制排放、怎样限制以及限制量应该如何在全球分配这些问题上存在着巨大的分歧。更富裕的、更发达的工业国家被要求的减少排放的比例就应该大于欠发达国家吗?政府应当为了工业生产和私人交通而资助发展"绿色"技术吗?这些限于讨论范畴的辩论只能将这些环境问题边缘化。这些讨论假定任何一个发达社会的经济必须严重依赖于燃烧石化燃料,高水准的生活包括安装空调的建筑和众多消费品,每家都有私人汽车。"发达"国家和"久发达"国家的这种社会想象对于提出不排放大量二氧化碳的替代生活模式没有太大帮助。

某些与特定地区的社会生活有关的激进分子要求明确这样的意识形态和霸权话语。他们这样做必然与社会问题和政策议题有关,因为这种性质的意识形态批判需要相当多的思考和研究,即使是为了一套议题。强调讨论是合法性的标准的民主理论需要更加发展的理论和意识形态机制,以及对特定政治讨论进行批判的方式。这样的意识形态批判不仅需要能够分析特定的交流和言论,而且要将媒体如何帮助采纳设想以及使参加讨论的人难以在一定的观念和意象设置之外发言,加以理论化。[①] 由于激进分子对某些掩盖不公正的权力关系的观点存在疑问,他认为继续对这些话语和以此为基础的协商过程提出挑战,是很重要的,他必须经常这样做,运用一些非话语的方式——图片、歌曲、意境营造、热闹且有趣的反讽和渴望的表达,其目的不是博得赞同,而是打破他们的自得。激进分子的目标之一是使我们去思考我们在做什么,去打破原来的思路,而不是编织一种观点。

我将协商民主论者和激进分子当作两个不同的角色,并已经介绍了他们对于参与政治的最佳形式的不同意见。当然,这两种看法间的截然对立是人为造成的。很多人和组织在他们的政治生活中会在这两种状态间移

[①] John Thompson 提供了一种当前的意识形态理论,其中包括对于媒体的思考。参见 *Ideology and Modern Culture* (Stanford: Stanford University Press, 1990)。John Dryzek 中对意识形态进行了有益的讨论,参见 *Democracy in Capitalist Times: Ideals, Limits and Struggles* (Oxford: Oxford University Press, 1996), ch. 6。

动,具体态度取决于面对的问题、他们互动或面对的对象,以及他们认为什么行动和成绩是可能的。我将这两种看法置于对话之中,是因为我认为它们对于民主理论和实践来说都很重要。

然而,我将这两种看法分成两种对立的角色,是为了与大多数当前的民主理论相比更加突出激进主义的看法,也是为了批判地看待协商民主理论和实践中的某些倾向。激进分子的指责是严肃的,这些指责提出了一些当前的协商理论还没有理论化的问题。从这场对话中,我得出了关于民主理论应当走向何方的两个结论。

第一,民主理论应当与现存结构中的民主实践保持一定距离。尽管理论家应当从正在进行的讨论和政策过程中学习,作为公民应当以看起来最公正、有效的方式参与讨论和决策的过程,而当公共官员或基金会在协商民主思想的影响下构建协商程序时,我们要抵制住诱惑,不要认为协商民主的理想真的得以实现了。民主理论,包括协商民主理论,应当从根本上将自己理解为一种批判的理论,在被假设为公平的现实决策过程中,它揭露了其中的排他性和强制性,这使得他们的结论的合法性受到怀疑。

第二,我们能够否认协商民主的建议,即公民总是愿意与所有的利益和社会集团交谈,理性地表达观点、批评他人。我们可以想到在一个有活力的民主制度中,用哈贝马斯的话说,交换思想和交流过程将更为混乱、无秩序和无中心。① 在这种可选择的观念化中,参与过程和负责的民主交流也包括街头示威和静坐,音乐作品和卡通,就像议会演讲和读者来信一样。在这里,非常典型的民主交流方式,从仅仅为自己的主张提出理由和聆听别人的主张转变成了一种对于民意的产生和影响更宽泛的理解。在这种更宽泛的理解中,参与者提出了对公平的要求,也揭露了法律中的结构性不平等的缘由和后果、话语霸权的条件以及日常实践的环境。

然而,即使我们遵从了这些建议,协商民主论者和激进分子在态度上的分歧也不会消除。追求减少不公正、推进公正的个人和组织,既要与他

---

① Jürgen Habermas, *Between Facts and Norms* (Cambridge, MA: MIT Press, 1996), ch. 7.

人进行讨论，使他们认识到存在应当加以纠正的不公正，又要进行抗议，参加直接行动。而这两种活动通常不能同时发生，因此，其中的一种就有可能遮蔽另一种。最好的民主理论和实践将会在证实这两者的同时又清楚地认识到它们之间的张力。

第六章 最理想的协商？

伊恩·夏皮罗

人们因不同的原因倡导协商。有些人认为它有其内在价值。更普遍的是认为协商的可贵在于其工具性的作用：达成共识、发现真相，提升意识则都属于被怀疑之列。至少有时，协商推动了以上几点以及与之相关的价值。但这也是要付出成本的。浪费时间、拖延耽搁和犹豫不决，停留于需要改变的问题的表面，以及对日程的不公平的控制，这些是会经常出现的问题。有时是故意地，有时不是，协商真可谓是大难临头仍然歌舞升平。

那么问题就出现了：多少协商算太多？与之相关的，哪种类型的协商是最好的？这种开放性问题本身不能给回答者以启发。通过缩小关注点，我们可以将这些问题分解成一个更具体的问题，这个问题应当为政治理论家所关心：在人们进行集体努力的过程中，政府应当培养、鼓励、在某些情况下甚至会试图要求人们参加的是什么样的协商？无疑，有许多类型的协商对于参加的人们来说是好的或明智的，然而我们也不应将之强加于人。也许，政府甚至应当鼓励其中的一些。但是基本问题是，政府试图推动什么；这是我所关心的。

一种可能的观点是，政府应当增加那些能够增进我们生活的其他部分协商形式，而减少那些不能增进我们生活的协商形式。我们将之称为正和协商论题。这听起来似乎是合理的，但我觉得应当反对这种观点，因为它在某些方面要求得过多，而在其他方面又要求得不够。它对于那些自称的将要成为的制度设计者的认知要求和对于公民权必要条件的设想过高。在第一部分提出在定义上应注意的事项之后,在第二到第四部分将对这一问题加以阐释。我指出仅仅有正和协商论题是不够的,因为即使协商有时会损害到其他活动,政府也应当尽力推动它的进行。这一主张在第五、六部分将进行解释和辩护。

一、前言

我们假设政治协商包含有迫切地寻找冲突条件下正确的解决办法的内容。我首先解释这种特性的元素和动机。

通过解释迫切(solicitous)这个词,我想使用一个合作事业的概念——但还要更进一步。协商不是一种单独的活动,它是一种包括两个或更多人的互动活动。我们可以单独地思考,但不能单独地协商。的确,个人的行为可以说或多或少的有故意的成分,但是,政治评论员在提及协商时,不会认为它是有某种意图的。[注意,罗尔斯指出,人们在无知之幕后面做出选择时,会在某种断言和某种推测之间来回摇摆,他在描述这种唯我论的行为时,用的是反思的平衡(reflective equilibrium),而不是协商的平衡(deliberative equilibrium)。协商与这种活动的不同,就在于协商要与别人一起进行。]①

说协商是一种合作的活动,除了其具有互动性之外,还是从它是一种共同事业的意义上说的。有些评论员试图通过提出理由这一点抓住协商的这一方面,因为当说法院是一种比立法机构更具协商性的制度时,是因为法院为它们的决定提供了公开的理由。② 但是,尽管提出理由对合法性是很重要的(尤其是在民主政体的不通过选举产生的制度中),但这并未抓

---

① John Rawls, *A Theory of Justice* (Cambridge, MA: Belknap Press, 1971), pp. 48 – 51, and Rawls, *Political Liberalism* (New York: Columbia University Press, 1993), pp. 8, 28.

② 参见 John Ferejohn and Pasquale Pasquino, "Deliberative Institutions," December 1999 paper at the Institute of Governmental Studies at U. C. Berkeley, http://www.igs.berkeley.edu:8880/research_programs/ppt_papers/deliberative_institutions.pdf。

住协商的本质。在这一关系中,法官首先要做的是审判,而不是协商(除非在考验法官时,他们扮演陪审员的情况下)。在这里,他们与运动会或选美比赛中的裁判没什么区别。即使在受理上诉的法院里,有不同意见的诉讼者也不会与其对象进行协商交换意见。经常地,他们甚至不与对同一案件有不同意见的其他诉讼者协商交换意见。事实上,他们努力显示出自己具有理由充足的观点,最好的观点。这是一种争夺正当性的事务,而不是合作。辩论是为了说服别人,这是律师被训练去做的事。协商则是要找到正确的答案。

　　理由的公开也不是协商的特性。这并非抹杀公开性的重要性。在民主政体中,合法性的一个要求是权力行使者对大众负责。① 对立政治注重的一个理由是:反对者要求向公众证明正当性。向公众进行说明,这样的要求将权力行使者置于了投票箱的约束之下。② 但是,公开性不同于协商,就像政治反对者所举的例子一样。反对者通过要求政府进行公开说明,与政府进行辩论,当众给政府难堪,并对政府进行揭露。确实,作为真正协商的特点,原则上的合作和对共同基础的寻找,经常因为这些原因而受到公开性的破坏。因此,陪审团的协商是秘密进行的,当秘密的陪审团所在地受到审判前的宣传的影响时,法院会批准他们改变审判地点的请求。公开性对政治是有利的,尽管不是绝对有利。它可以促进吸引别人注意的哗众取宠行为,并且经常是那些有资源的人的声音最高最久。然而,在这里,我们不需要关注公开性的优势和局限之间的平衡。无论有什么优势,都与协商无关。

　　协商的与众不同的关注点不是为每个人自己的观点提出理由,更多地在于征求别人的理由。为什么呢?原因之一在于这可以使集体行动具有合法性。任何一个曾经试图让他的同伴做什么事的人都将了解与他们进行商议、并征得他们同意的重要性。因此,"掌握过程,掌握结果"的口号和(有时是冷嘲热讽的)"我了解你的痛苦"的作用被应用于政治竞选运动。

---

① 参见 Amy Gutmann and Dennis Thompson, *Democracy and Disagreement* (Cambridge, MA: Belknap Press, 1996), pp. 105 – 27。

② Ian Shapiro, *Democracy's Place* (Ithaca: Cornell University Press, 1996), pp. 175 – 261。

当人们认为他们的理由得到了考虑、他们的声音得到了倾听时，有时他们会接受在其他情况下不会接受的结果，即使协商没有改变他们的偏好。这并不是总能成功，但当真的成功时，协商中寻找理由的内容对这一成功是有帮助的。

这一主张不应与那些更多的、不太可能的主张混淆，那些主张有时是为了改变协商的偏好而提出来的，特别是认为协商是产生社会认同的宝贵的发动机的主张。[①] 一般而言，这种动机在于，人们并不总是具有不改变或定形的愿望，因此，了解别人的需求和原因，就可以通过相互认同的方式来引导调整偏好。这一假设是指，如果人们在适当的环境中进行了足够长时间的交谈，他们将最终达成一致，而这是一件好事。

这两种建议都是值得怀疑的。协商能够将差异带到表面上来，加大而不是缩小分歧。[②] 这是马克思主义者所希望的，它源自"意识的提升"：它将使工人发现他们的利益与雇主的利益是不可调和的，帮助无产阶级从自在的阶级变成革命的、自为的阶级。在这里，这些希望被证明是天真的。然而，一般认为，没有特殊的理由可以认为协商能使人们走到一起，即使人们希望这样并需要这样。一对疏远但还未至婚姻破裂的夫妇，在开始挽救婚姻时，可能会努力共同解决某些长期存在的分歧，学着对于不能解决的事更加相互包容。然而，一旦开始进行诚实的对话，他们可能会发现新的不可调和的差异，其结果将使关系更加恶化，甚至会在刻毒的语言、态度中走向分离。我们当然可以借助协商来阐释人们的互动，但这可能会像

[①] 参见 Jürgen Habermas, *Between Facts and Norms* (Cambridge: Plity, 1996), pp. 287 – 328; Michael Neblo, "Deliberate Actions: Identifying Communicative Rationality Empirically," (1998) http://www.spc/uchicago.edu/politicaltheory/neblo98.pdf, and Neblo, "Counting Voices in an Echo Chamber: Cognition, Complexity, and the Prospects for Deliberative Democracy," (2000) http://www.spc.uchicago.edu/politicaltheory/neblo00.pdf at the University of Chicago Political Theory Workshop Paper Archive; James Fishkin *Democracy and Deliberation: New Directions for Democratic Reform* (New Haven: Yale University Press, 1991)。

[②] 参见 Adam Simon, "Assessing deliberation in small groups," paper presented at the Midwest Political Science Association Annual Meeting, Chicago, April, 2000. 同时参见 Cass Sunstein, "The law of group polarization," pp. 80 – 101 of this volume。这些文章讨论了经验证明的条件，在这些条件下，协商将导致观点的分歧而不是集中。

揭露出隐藏的结合的可能一样，也揭露出隐藏的分歧，这都取决于其中最根本的利益到底是什么。

即使可以通过协商达成一致，这也不总是值得期望的。曾提及的与公开性有关的对立政治，其优势依靠的是辩论和继续的意见冲突。这与达成共识的政治模式形成对比，就像那些使我们"超越敌对民主"（beyond adversary democracy）的那些人曾强调过的。① 无论在什么情况下，人们不会希望解决所有的分歧。他们可能将共识看作是强迫达成的，他们可能乐于将自己与其他人区别开。密尔和托克维尔担心前者的腐蚀作用②；现代支持分歧的理论家将后者看作解决问题的办法。③ 我们在这里不需要对他们的观点进行评价。只要断定协商不一定需要达成一致就够了，即使达成了一致，也不一定就是有益的。

协商的另一个角度在于强调寻找正确的解决办法。它所依据的假设是，有时解决冲突的办法单靠任何一方不能找到，但是在寻找理由的过程形成了共同意愿的情况下，集体智慧有可能找到办法。两人智慧胜一人，三人智慧胜两人，等等。在某种程度上讲，这种观点有可能会造成意见太多而莫衷一是的状况，但是在达到那一程度之前（这显然是难以捉摸的），协商可能是制度创新之母。尽管协商可能对偏好产生改变或疏导作用，但是协商能够提出解决冲突的办法，不然可能就找不到办法。

强调正确的解决办法，在这里意味着某种比经济学家强调的互利更重要的东西。协商可能揭露出比之前某一方认识到的更强的可能性，如上所述，但是认为存在正确解决办法的思想在更强的意义上推动着协商的发

---

① 参见 Jane J. Mansbridge, *Beyond Adversary Democracy* (New York: Basic Books, 1980)。

② 参见 John Stuart Mill, *On Liberty* (Indianapolis: Hackett, 1978 [1859]), pp. 4, 38–9, 70 and Alexis de Tocqueville, *Democracy in America* (New York: Anchor Doubleday, 1966 [1835]), pp. 250–76。对密尔以及托克维尔来说，一项政策得到广泛接受，决不是这项政策所追求的结果。确实，密尔最为人所知的也许是他对托克维尔的赞同，即多数人的暴政是"社会为保护自己必须要反对的恶魔之一"。他和托克维尔坚决认为，由普遍接受的观点产生的压迫，是多数人的暴政能够采取的一种更为阴险的形式。

③ 参见 Iris M. Young, *Justice and the Politics of Difference* (Princeton, NJ: Princeton University Press, 1990); Chantal Mouffe, *Dimensions of Radical Democracy* (New York: Verso, 1992); Martha Minow, *Making All the Difference* (Ithaca: Cornell University Press, 1990)。

展。我们可以想象他们在帕雷托可能性边界的选项中进行选择，或者是在那些某一方付出代价的选择中进行选择。换种说法，即支持协商的观点得以继续，经常以存在正确的答案为前提，至少在某些时候，迫切的讨论能够集中到正确的答案上，尤其是各方决心找到它的时候。在很多情况下，不存在这样的解决办法，那么，协商就是在浪费时间。但是，因为人难免会犯错误，如果没有其他原因，人们总是期望能够通过自己的努力用真理和正确的方法作为规制理念来解决他们的冲突。也许这就是为什么陪审团协商经常被引用作为协商民主讨论中的一个模式：陪审员被假定为能找到正确答案，而不仅仅是调整他们自己以适应其他人的偏好。①

协商所要求的解决办法的类型，一般是在可选择的行动中进行选择。就是说，一般地，当必须做什么事时，而不仅仅是要得出一个结论时，需要进行协商。关于判决一名犯罪被告人是否有罪，关于选择哪种政策选项，关于是否提升一位下级，人们进行协商，但是对于一道数学题的正确答案是什么，人们不会进行协商。人们可能对数学题进行争论，直到某人得到正确答案，但这不是一个恰当的协商主题，因为对于应当做什么，没必要进行选择。

对冲突条件的参考，是为了将我们的主题限定于政治协商之内。这并不是否认人们能够就许多不包含冲突的主题进行协商，经常——尽管不可能总是——取得好的效果。但是，正如我在下面阐释的，这些与人们的那种包含冲突因而包含着控制可能性的互动应当属于不同的范畴。政治天生存在冲突，并且是人类事务中所特有的，而政治协商应当被看作是对这一现实的回应。

---

① 参见 Ned Crosby, Janet Kelly, and Paul Schzefer, "Citizen Panels: A New Approch to Citizen Participation," *Public Administration Review*, vol. 46, No. 2 (March/April 1986), pp. 170 – 8; Crosby, "Citizen Juries: One Solution for Difficult Environmental Questions," *Fairness and Competence in Citizen Participation: Evaluating Models For Environmental Discourse*, ed. Ortwin Renn, Thomas Webler and Peter Wiedemann (Boston: Kluwer Academic Publishers, 1995)。

二、认知需求

记住了对政治协商的这一理解,即在冲突条件下,对正确的解决办法的迫切寻找,现在我们可以转到正和协商论题上来。扼要重述一下,这一思想是,政府应当增加能够增进我们的其他活动的协商形式,减少那些损害我们生活的形式。

如我们所见,协商的好处是不明确的。那取决于环境中的许多偶然性,有时协商会造成某种代价,而没有相应的好处。这一现实为那些自称的第三方制度设计者带来了困难:他们通常不知道多少协商和什么类型的协商将增进其他活动。例如,即使在公司内增加某种类型的协商将使他们更加高效,为什么能假设一个政府的设计者知道这些呢?也许假设那些参与公司运营的人知道这些或者有动力去寻找这些更好一些。假使他们失败了,而他们的对手成功了,他们将屈从于市场的规则。在运动队里也是这样。如果某些协商能提高成绩,参与这些协商的队伍将会得胜,而那些失败的队伍将付出代价。这些例子表明我们应当如何选择假设来证明知情人的智慧:我们应该假定,那些精通某一特殊活动的人将会比其他人更懂得怎样将这一活动做好,不容置疑的,知道多少协商以及什么类型的协商最可能增进这一活动。我们可以说,知情人(insider)的智慧适合于追求更高利益(superordinate goods):人们努力的目标,即从中获得意义和价值的目标。①

赞同知情人知识的假设并不反对集体活动的追求必然伴随着协商制度这一坚决的主张。它只要求主张进行协商,其目的和正当性证明不是为了加强这一活动追求的目标。需要协商另有原因,这些原因与我们在追求更高利益时相互间行使权力这一事实有关。管理好我们活动的权力范围需要另一种截然不同的知情人智慧,它与我所说的民主控制的更高利益有关。

---

① 关于详尽阐述,参见 Ian Shapiro, *Democratic Justice* (New Haven: Yale University Press, 1999) pp. 12, 80–1, 92, 116, 132。

政府应当渴望了解这个，有时协商与之有关；我将在第五部分讲到。但那一要求与我这里的主题不同，我的主题是：人们追求的更高利益在某种程度上可以与他们被绊缠住的权力关系分离，在这种情况下，他们应当不受政府目的的影响。

现在，可以提出反对意见，说我的讨论到目前为止都依靠一些关于经济效益和运动获胜的误导性的例子。它们的底线相对地没有争议，可以判断胜负。但是，许多集体活动的目标更具争议性，并且总是更为模糊的。在这一点上，大学中升职时的学术评价可谓臭名昭著，至少在社会科学和人文学科方面如此。一个人卓越的见识对后来人而言就是平庸的老生常谈，而其底线是由含糊的声誉等级测量的，这一等级还承担着表述的任务：最好的之所以是最好的，是因为那些被认为最好的人们声称他们是最好的，有时除此之外没有其他原因。明显的客观标准，如引用率，很容易被知情人的小集团所操控，控制着对成功的定义。一个外在的底线在某种意义上可能将证实或减弱他们的判断，但这可能在几十年后或几代人后才发生，或者根本就不会发生。

这是一个严重的问题，更重要的原因是，人们很多集体活动与学术评价有更多的共同之处，而不是与在运动中获胜或使公司获利相似。但这与我目前的观点无关。没有理由相信，政府官员懂得怎样最好地经营公司或运动队，同样也没有理由相信他们能够看透对伊丽莎白一世女王时代诗歌的评价或者是不同门类的社会科学，无论这有多么难。但政府可以发挥合法的作用，确保这些评价不会假冒别的东西；这一问题后面再讲。即使知情人对于什么是最好的文学或社会科学可能存在争论，但决不能因此就可以假设某个缺乏内行知识的人会做得更好。墨守成规者与语境主义者（textualists and contextualists）对于如何看书有分歧；后现代主义者与统计学家对如何进行社会研究有分歧。即使这些分歧很严重，也不能通过假设杰西·赫尔姆斯（Jesse Helms）知道哪一方正确，从而消除分歧。

对我的观点的另一个可能的反驳在于，即使那些控制公司的人对于如何经营公司普遍达成了一致，他们也可能是错误的。有些观点，比如，整体经济投资（economy-wide investment）决定非常不适合于短期，经营者有系统地暗中破坏了股东的利益，买者通过某种共同买下全部产权的方式掠夺、破坏有利可图的公司等，其依据是相信这些可能发生。这样的可能性不应被忽视。然而，重要的是，将用来保护脆弱雇工利益的观点与那些认为局外人知道如何最有效地经营公司的观点区别开——更不用说外行人知道公司内增长的协商何时有助于经营公司的观点了。问协商是不是个好东西，有点像问锯子是不是个好工具。如果你在做隔板，它就是个好工具，但是如果你在修手表，那它就不是。

三、内在利益

由于协商具有内在的而不是工具性的价值，对于那些增强协商的主张，政府应当采取同样的不干涉方式。更多协商可能比更少协商对人们更好，在某种程度上，这依赖于他们还想做什么。我们应当知道这是因人而异的。认为更多的协商总是好事的观点，使人们想起一群政治狂热者坐在一起讨论他们上次会议的情况，或者是临床医学家，他们声称，在所有可能中最好的是每个人都总能处于治疗中。

那些认为协商具有内在利益的人想当然地认为新黑格尔派的哲学心理学是正确的，它认为主体间的认识是最高阶段的存在。[1] 根据这一观点，我们只有在相互证明中才能成为真正的人。那么协商就被看作是在构建这个过程，而不是通过看它是否有助于其他活动或者损害了其他活动来对它进行评价。这是关于人类状态的一种可能的观点，但是还有其他的观点，很难看出为什么这一观点就应优于其他的观点。怀疑论者可能不想采纳这种观点所表明的对公民权的坚定要求，并且没有理由强迫他们这样做。这不是要阻止真正的信仰者与志趣相投的其他人进行商议，对他们而言，这是一个重要的、也许是最重要的更高利益。

政府把保护内在利益的协商看作一种消费品；人们应当自由地——而

---

[1] G. W. F. Hegel, *The Phenomenology of Mind* 2nd edition revised (London: G. Allen & Unwin, 1949 [1807]), pp. 229, 645, 650, 660.

不是被迫地参与其中。这不是说政府不应该在其中抱有什么利益。对协商有强烈偏好的人们可能通过垄断议程、或仅仅凭借他们投入政治中的相对更多的时间，就能够对协商结果产生不成比例的影响。① 当越过这一限度时，我们的协商就过多了，但是我们怎么能够得知这种情况何时发生呢？这一问题将在第六部分进行分析。

四、定位于政治

首先，我必须面对另一个挑战：即使我的观点能够成立，它也不能解决政治领域的问题。在政治领域中，更高利益是与政府相关的，至少民主政体中，就政府而言，反对听从知情人的智慧。人们被假定在一种民主政体中管理自己。也许政府在要求我们进行协商时，它将受到严重制约，但这并不能推出我们在要求政府进行协商时，也受到同样的制约。

这一观点所依靠的假设真是太过浪漫和盲目崇拜。他们的浪漫在于他们返回到了古希腊对于民主的理解，并将之作为自己的规则。古希腊的民主概念在一个有数千万或数亿人口、存在发达分工的、较大的民族国家中是行不通的，因此，代议制政府学说才发展起来。这也反映了对统治管理是一种存在分工、具有不同权限的活动，这种思想的部分让步。现代的民主控制意味着一种从属于民主制约的独立活动。在这一点上，政府的民主控制与公司的民主控制没有质的区别：存在知情人，他们通常是但也不完全是职业的专业人员，他们被期望既具有专家的能力，又受到民主制度的制约。就像局外人不能要求管理者在投资一条新的生产线之前进行协商一样，局外人也不再被认为有能力要求最高法院在批准一项向下级法院调取案卷的令状之前进行协商，同时，被严加保护的参议院、众议院的规则、内阁会议的频率或会期，或参议院中阻挠议案通过的秘密行动，都是如

---

① 参见 Carmen Sirianni, *Civic Innovation in America* (Berkeley: University of California Press, 2001) and Sirianni, "Learning Pluralism: Democracy and Diversity in Feminist Organizations," *Democratic Community: NOMOS XXXV*, ed. Ian Shapiro and John Chapman (New York: New York University Press, 1993), pp. 283–312。

此。通过使他们更为审慎,这些实践可以一遍遍地进行改革,但是这决不是对外界要求更多协商的回应。执行政府事务的规则被广泛地看作更高利益的一部分,对此,其参与者具有相关的知识。由于他们的行为与行使权力有关,所以要求他们以一定的方式而不是其他方式行事,也就变得与行使权力相关了;在这一点上,政府也不例外。

认为政治与众不同是一种盲目崇拜的思想,因为它试图将政治领域从我们的生活中抽离出来,然后将它放在另一个舞台上。这样做需要划分舞台的边界,但是想要做到这一点的两种主要方法都已经失败了。第一种是否定法;其支持者试图通过确定什么不是政治来明确是什么政治。他们的核心问题是:人类生活的哪个领域是超出政治的?至少自约翰·斯图亚特·密尔写了《论自由》以来,一流的理论思想家通过令人印象深刻的努力试图划一条线,以此为基础,为这个问题提供一个答案。除此之外,还没人能占领这一哲学高地。经过检验发现,大多数人是依靠对私人生活、传统共同体或尚未实现的公有社会乌托邦的理想化场景的呼吁,来回答这个问题。几十年的女权主义研究现在已无可辩驳地指出,即使在家里,一旦被当作私人共同体的范式,权力关系也发挥着不可或缺的作用。[1]

建立非政治共同体的呼吁在过去和在将来面临相似的困难。社会学家和历史人类学家对于"传统社会"的理想化问题已经进行了几十年的争论;现在,无可争议的是,寻找历史上不存在政治冲突的共同体是徒劳无益的。[2] 在将来,建立这样的共同体也是没什么希望的,正如马克思主义所提出的,在真正的共产主义社会中政治将被管理所代替。[3] 许多人所认为的政治的局限确实是对社会生活政治化的限制。通过宣布部分私人领域超越于政治之外,我们使它免受政治批评。然而,已接受的政治世界作为

---

[1] 参见 Susan Moller Okin, *Justice, Gender, and the Family* (New York: Basic Books, 1989) and Carole Paateman, *The Sexual Contract* (Cambridge: Polity, 1988).

[2] 参见 Ian Shapiro, *Political Criticism* (Berkeley, CA: University of California Press, 1990) pp. 91 – 165, for a critical analysis of the theories of Allan Bloom and Alasdair MacIntyre.

[3] 也就是恩格斯对于真正社会主义下的作用的评议,"对人的统治将由对物的管理所代替"。参见 Frederick Engels, *Anti-Duhring* (Moscow: Foreign Language Publishing House, 1959 [1878]), p. 387.

政治斗争的结果是不断变化的。如果法律从依据确定的推断来否认婚内强奸的可能性,变为依据法令确立这样的犯罪,一种意义重大的运动就开始了。① 这样那样的流行表述中关于公共和私人的二分法没有提到这么尖锐的复杂问题。一般的规律是(当然也有例外),被统治者试图通过政治手段实现去合法性,而统治者试图通过去政治化来实现合法化。

许多人意识到了限定政治边界的战略在概念上的脆弱性,他们一想到政治无处不在就会感到不舒服。生活的某些方面,大多都不太具有政治意义的,还有一些则是具有重大政治意义的;每件事都与政治有关的说法,可能会以概念清晰的名义混淆这种区别,以至于自拆台脚。部分地由于这一原因,有人追求另一个目标,试图确立一个人们互动的领域,这一领域对政治而言是基础性的,在这一领域中,基本的冲突得以分辨明白,社会可能性得到确定。有时,以这种方式,宗教理论家思考精神生活,马克思主义者思考工作,女权主义者思考家庭关系,自由主义者和法西斯主义者——从不同的观点出发——思考国家。一旦这一真正基础的领域被充分地确定下来并得以理解,那么其他的所有事物都附带着可以加以思考。这种缩减战略抓住了关键,使我们可以将精力集中于真正重要的事物上——精神生活、物质生活、家庭生活、市民生活——也使我们可以限制那种使我们处于全部政治化的世界中的要求。

但是这种缩减观点还没有确立,他们未知的计划性后果(programmatic consequences)以及解释力的缺乏,常常使他们的主张落空。马克思主义在20世纪动荡不安的历史就是这一事物这种状态的生动写照,但在这一点上,它决不是唯一的证明。霍布斯的、弗洛伊德学派的、社会生态学的以及其他的简化论都曾经遭受过相似的命运;在20世纪初,有很充分的理由去怀疑所有简化的和唯心主义实在论的这种冒险行动。与徒劳无益地寻找政治的本质或所在不同,此处提出的观点所依据的论点是,政治既不在任何地方又无处不在。政治不在任何地方,是因为政治没有一个可以指定的领域;政治不是华盛顿的高楼大厦,不是生产方式,不是宗教活动,不是

---

① Shapiro, *Democratic Justice*, pp. 57, 113, 116.

性别关系,不是任何确定的社会生活领域。然而,政治又无处不在,因为没有一个社会生活领域可以脱离冲突和权力关系。

当然,这一事实的重要性随着时间、环境甚至人的不同而不同。然而,任何行动的恰当构建总是可以争论的。人们通过实践,以不同的方式受益或者受害,而行动总有可能以不同于现在的方式进行。政治渗透进了我们做的每一件事中,但是它从来也不是我们所做的事的全部。无论怎样,政府没什么特别的。在我们描述为进行管理的不同制度中,所做的事情与追求不同等级的更高利益有关。解决集体行动问题、调控垄断、抵御外敌、裁定争端、代表利益、起草前后一致连贯的法规以及通过管理机构实施法律,都是一些较明显的事情。这些活动都包含着知情人的知识。由于在第二部分中讲到的一些原因,局外人不太了解这些活动是否以及在多大程度上将通过增长了的协商得到提高。

五、次级协商和退出成本

关于如何追求更高利益的决定,最好留给那些了解相关知识的知情人去做,但是他们做这一项工作的自由不应当总是不受限制的。对这一要求的保证刚才已指出:更高利益受到权力关系的约束。这暗示着政府在管理对更高利益的追求时还有一个附加的作用。这是一种调节作用,但不是为了政府自己。更准确地说,是通过民主控制的次级(subordinate)利益来实现这一作用。

民主在为我们形成了互动的条件而又没有因此设定互动过程时,会发挥最大的作用。大多数更高利益的实现有许多不同的方式,其挑战在于发动起人们,以更为民主而不是更不民主的方式,去追求——或者是想去追求——这种利益。民主应当被认为是潜在地无所不在的,因为它恰当地提出了对所有与权力关系有关的目标的追求,其中权力关系牵连其中但并不是万能的。民主行事是重要的,但是它绝不应成为行事的关键。应当劝导人们民主地追求他们的目标,但不是牺牲他们的目标去追求民主。任务是发动他们去面对其中所包含着的创造性的挑战。

思考协商在权力关系中所处的恰当位置的一个有益的方法是 Hirschmanesque 路径：随着成本的增长，意见的重要性也增长。[1] 从这一点看，我们可以说，参与协商的权利应当随着人们参与程度的不同而不同。如果一个股票持有人受到了一家公司管理的不利影响，他/她可以卖掉他/她的股份，买他/她认为更合意的公司的股票。受到不利影响的雇工很少拥有同样的行动自由；因此他更强烈地要求参与协商。即使受影响的一方不能参与决策，也会有一定的条件使他们可以试着参加意义重大的协商，这也是一种聪明的做法。因此，在犯罪案件中要求陪审团取得一致意见，这是为了在宣判某人触犯法律前，鼓励进行非常彻底的协商。对病入膏肓的病人做出停用呼吸机的决定也属此类：坚决主张在做出决定前进行协商，万一在做出判断时有所疏忽，也可以通过协商保护受到决定影响的人的重要利益。

当退出成本对所有人来说都很低的话，就没有理由要求协商了；因为根据定义，他们的利益不受决策影响。当退出成本对所有人都很高而受损害的利益相同时，也同样如此。如果决定对每个人的影响是一样的，那么如果需要的话，听取知情人采用什么样的决策规则、使用多少协商的知识，是合乎情理的。只要每个人受损利益同样多（像以前由健康人群在无知之幕后面做出的关于如何分配将来移植的橘子树），那么没人能凭借决策程序获得控制别人的权力，也没有理由让局外人对之进行预测。

当退出成本变化时，受损利益就变得重要了。在没有认识到这一点时，会发生什么情况，美国公共学校中的种族隔离事例是一个有说服力的证据。城市公共学校是中产阶级白人极为需要的资源，他们或者因为财政原因放弃了私立学校，或者因为身体原因放弃了郊区的学校。[2]（需要补充的是，后者可能生活在作为协商民主典型的城镇里。例如，1995 年，在康涅狄格州全州范围内按期举行的关于减少学校隔离计划的协商，在新英格

---

[1] 参见 Albert O. Hirschman, *Exit, Voice, and Loyalty* (Cambridge, MA: Harvard University Press, 1970)。

[2] 参见 Jennifer Hochschild, *The New American Dilemma: Liberal Democracy and School Desegregation* (New Haven: Yale University Press, 1984)。

兰镇多次召开会议，并进行了详细协商，在会议中，哈特福德和纽黑文这些市中心区的居民几乎完全没有有效的声音。结果，他们的利益就这样被忽略了，这一计划很容易地失败了。①）

在思考什么时候要求进行协商恰当时，我们应当关注受损利益的种类，而不仅仅是退出成本的差别。通过考虑坚决要求协商的权利与成本单独联系起来这一规则的局限性，通过赋予承担最大成本的人以推迟、呼吁甚至否决决策的权利，关注利益的种类这一点就变得明显了，如果退出成本的差别足够大。凭直觉想想民主改革前南非的白人群体，他们在当地占少数。他们在计划进行的改革中与非白种人相比一定会失去更多的东西（事实上非白种人将从中获利），因为他们比非白种人拥有更多的资源、地位和权力。对白种人来说，在这一意义上，他们离开的成本将更大，但是并不能因之而得出他们应当被赋予推迟、呼吁或否决这一决策的权利。其部分原因也许是在种族隔离时期，他们获得的财富是不义之财，但是那不是决定性的。毕竟，如果我们向前追溯得足够远，大部分财富都是不义之财。我的建议是，在基本权利受到威胁时，就应该让这样的保护措施发挥作用。

六、基本权利、协商和讨价还价

人们拥有基本的生存和发展的权利，这是作为这个世界中的独立个体得以生存所必需的，这是终生都拥有的，并且通过影响这些权利的决策过程来保护它们。这一观念属于资源主义的公平观。它的内容很多，也会随着环境不同而部分发生变化。对它进行全面论述超出了我现在的主题②，我现在讲的限于与权力关系有关的基本权利。为了这一目的，考虑那些基本权利就足够了，为基本权利列出详细清单的任务留待以后进行。

任何一个人若处于威胁别人基本权利的位置，显然对别人有强大的控

---

① 参见 Kathryn McDermott, *Controlling Public Education: Localism versus Equity* (University Press of Kansas, 1999), pp. 31–53.

② 参见 Shapiro, *Democratic Justice*, pp. 85–90 for elaboration.

制权。一个雇主在一个没有失业救济制度的世界中可以解雇雇工,他就拥有这种权力。雇主在掌管一项特定事务时,有巨大利益处于利害关系中,因此,如果雇佣双方都决定(或被迫)离开时,他的退出成本用金钱计算的话可能会比雇工高得多。但是,在这个例子中,雇工的基本权利处于危险之中,而雇主则不会。这体现于1935年的《国家劳工关系法》中,这一法案依靠对"没有结社的充分自由或签订契约的真正自由的雇工和以所有权的法人形式或其他形式组织起来的雇主之间的讨价还价力量不平衡"的明确承认得以确立。这一法案通过"鼓励集体讨价还价的实践和程序,通过保护雇工行使结社、自组织、指定代表就雇用条件和状况进行谈判的充分自由",来回应这种状况。它还包含着对雇主义务的明确规定,要求他们与选举出来的工会代表进行谈判,保护关闭的商店和其他的集体权利。①

注意,不仅讨价还价的力量悬殊,而且雇工缺乏"结社的充分自由"和"签订契约的真正自由"这些事实,对于作出通过这些方式提高雇工的声音的决定,都是决定性的。雇工面对着马克思主义者所讲的结构性压迫。在我看来,他们的基本权利处于危急之中。如果我们看到在其他领域法律限制了契约性的自由,也是出于类似的考虑。法院不会执行将使夫妻陷于贫困的婚前协议(尽管法院经常执行那些不会产生这种作用的不公平协议)。它们也不会执行将使对承租人的法定保护无效的租约、出卖人体器官的协议或将自己出卖以契约约束服苦役或做奴隶的协议。

这些管理措施能产生多大的"声音"是不同的。有些协议(如将自己卖做奴隶)明显地危及基本权利,那么这种协议将被取消,从头开始,不论各方的观点怎样。其他的一些协议,如某种租约会受到质疑,并在法庭上遭到反对。如果承租人觉得受到了侵害,就有可能进行强制协商。还有一些,如《国家劳工关系法》试图赋予协商一种赞成讨价还价的义务。通常,我们可以认为制度设置是试图将协商当作一种管理的调解形式,在剥

---

① Quotations from the Wagner Act taken from the *Legislative History of the National Labor Relations Act*, 1935; vol. 2 (Washington, DC: National Labor Relations Board, 1959), §§. 1, 7, 8 arts. 1–5, pp. 3270–4.

夺公权的干涉行为和完全听从知情人的知识之间进行协调。一般而言，我们可以说，一个人的基本权利受到的威胁越大，他对协商的要求就越坚决，但是越过了某些威胁的限度，只有要求的声音是不够的。

准确说出威胁的限度在哪里更加困难，像卖为奴隶这样的事例在概念上是很容易把握的，因为它明显地冒犯了禁止侵害的基本权利。然而，在大多数情况下，保护人们的基本权利与追求更高利益之间的紧张关系是模糊不清的。确实，即使当基本权利受到了威胁，也不能证明政府这样做就是恰当的。这是迫切地要求协商的解决办法的原因之一。我在前面的讨论中提出的对认知局限的讨论中可以看到，在现实中，经常从对更高利益的追求延伸到对基本权利的保护。在许多情况下，那些具有相关知识的人对于寻找最好地调节这两者关系的方法可能比外部的管理者做得更好。当在这一问题上出现利益冲突，同时那些有权力的人却缺乏参与协商以便做出相关调整的动机时，问题就出现了。通过加强那些基本权利受到威胁的人的力量，政府可以不提出解决办法而间接地转变这种动机的平衡关系。

凭借这种精神，我们可以恢复教育中担保人方案的禁止规定，规定那些没有放弃公共学校的父母拥有推迟、呼吁甚至否决决策的权利，使他们可以坚决要求保证他们孩子应有的教育权利能够实现。那些有希望的担保人方案必须与他们进行协商，考虑他们关心的问题，使他们相信这些问题能够解决。他们进行协商的权利应当有多强，仍然需要对孩子们基本权利受到的真正威胁有多严重做出独立的判断，但不是对担保人方案的价值外在地做出裁定。[①] 其目的是使那些将孩子留在公共学校的人的力量足够强大（但只是足够——那是制度设计面临的挑战），以保证他们能够从那些提倡这种改变的人中选出相关的保证人，或保证有补偿制度，同时又尽可能小地影响到别人在这方面的利益。这反过来又会为那些希望改变的人提供动机，使他们进行设计，设计的方式将会对所有人都有利，如果做不到这一点，则提供失效保护措施，并让那些基本权利处于危险中的人们相信

[①] 为了当前论述的需要，我还假设在这一问题上父母与他们的孩子之间没有重大的利益冲突。这种冲突的可能性在 *Democratic Justice* 一书的第 64—109 页进行了论述。

他们这么做了。做到这一步对于次级协商来说，就是一种胜利。

这种方式承认政府的认知局限，但没有否认他们用民主的方式规范社会生活的权力尺度的责任。在这个例子中，没有要求政府去评价革新资金方案的价值，而是运用它的权力让那些提倡这些方案的人去说服那些基本权利很可能受到伤害的人。构建这样的条件以引导进行这种协商是有用的，因为当这些条件具备时，协商给那些具有相关知识的人们以激励，使他们运用创造性的能量以不支配他人的方式去追求更高利益，当不具备这些条件时，就要强制牺牲易受伤害的人的利益从而有效地追求更高利益。这表明正和协商议题不能满足需要。通过这种方式加强易受伤害的人的力量，就意味着要在出现利益冲突时鼓励寻找合作的解决办法，从而减少通过强制手段达成一致来解决问题的机会。在这个意义上，它是最理想的协商。

可能有人会提出反对意见，说这里提出的办法不能完全达到目的。我在文章开篇提出要确定政府应当寻求的协商类型，这种协商被确定为对冲突条件下正确解决办法的迫切寻找。而在这里提供的回答是对于在一定环境中基本权利受到威胁的较弱一方，加强其力量，这一回答对于保证更公平的讨价还价也许是足够的，但对协商来说还不充分。这是事实，但有两点应当指出。第一，政府是否能够真正主张人们进行协商，这一点值得怀疑。政府可以尽量创造一些条件，或多或少地增加进行协商的可能性，但协商最终要依靠个人的行为进行。因此，协商要求有迫切的愿望、充沛的创造力以及找到正确答案的期望。这些不能靠政府给予。即使是陪审团，当他们想要回家时，也会选择讨价还价而不是协商，并且当他们这样做时，几乎没人可以对此做什么。第二，我的建议是通过加强上述处境中较弱一方的力量，政府更有可能让知情人运用他们的知识寻找可能找到的协商的解决办法。在特定的情况下，通常很难做到这一点，因此，增加较弱一方的声音只不过是增加他们讨价还价的能力。如果可以做到这一点，失败的成本不必全部由那些基本权利受到威胁的人来承担，我们将从这一事实中得到一点安慰。讨价还价有时可能要次于协商，但是这两者都优于统治。

第七章　协商民主、话语困境和共和理论[*]

菲利普·佩迪特

　　协商民主思想主张，投票者在对与共同利益相关的事务进行投票时应当反映出他们审慎的、基于可靠信息做出的判断，但是他没讲这些选票应当如何聚合成集体判断。由于聚合这些判断有两种方式，如话语困境（discursive dilemma）所显示的，这就产生了一个问题。一种方式可以保证集体判断最大程度地响应个人的判断，但这种判断的合理性可能会有问题。另一种方式可以保证集体判断的合理性，但会减少这些判断对个人观点的响应程度。一种方式将会维护这一思想中民主的一面而放弃协商的一面；另一种方式将会维护协商的一面而放弃民主的一面。

　　这一思想应当扩展哪种方式来解决这一两难的选择呢？协商民主的共和主义者建议这一思想的扩展应当使对集体理性的重视高于对个人观点的响应：协商的一面应当优先于民主的一面。

　　本文共五部分。第一部分，对协商民主思想作大概描述。第二部分，介绍话语困境，然后在第三部分解释为什么由推论困境引出的问题与协商—民主的思想有关。协商民主论者应当怎样解决这一问题，在第四部

---

[*] 本文是对2001年《协商民主与推论困境》一文的彻底改写。由于本文保留了那篇文章的主题，所以本文在对推论困境的阐述稍做改动的基础上，论证了这一主题：更加强调了推论困境和原则悖论之间的对比，如在文章第二部分所解释的，原则悖论是这一困境的源起。更为详细的背景材料请参见2001年的文章。

分，提出了共和理论的协商民主观点对这一问题的解决，即集体理性的重要性要高于对个人观点的响应。在最后一部分，其他人在维护这一思想时所提出的主要观点，表明了这一立场的一致性。

一、协商民主思想

协商民主论者在三个问题上出现了分歧。第一，有多少环境——选举的、议会的、官僚政治的、工业的、教育的等等——应当民主化。第二，在任何一个民主化的环境中，有多少问题应当受到民主控制：仅仅是官员的选拔，或者还包括总体规划的选择，也许还有具体政策的选择。第三，民主性在多大程度上可以对一个政体和决策模式进行证明或使其具有合法性，或至少给其一个假设的权力：让那些不同意这些模式的人承担辩论的责任。

但是，不论他们在这些问题上有何不同意见，协商民主论者对于在给定的条件下民主制应当怎样组织这一问题却显示出了惊人的一致。他们都认为，任何民主的做事方式，都应该具有包容、理性判断和对话的性质。这三个条件表明了协商民主论者共有的理念。①

- 包容：所有成员都应当被赋予平等的权力，对如何解决相关的集体问题或大量问题而投票，少于全体同意的投票结果就可以做出决定。
- 理性判断：投票之前，成员们应当就共同关心的问题更倾向于哪一决定进行协商。
- 对话：成员们在进行协商时，应在一个集中的论坛中或者在各种分散的环境中进行开放的、非强制的对话。

包容性意味着协商民主与精英或独裁主义的体制形成了对比，即使在这两种体制中协商和对话具有重要的地位，也与协商民主不同。如果民主

---

① 参见以下内容：Bohman, J. and W. Rehg, eds, *Deliberative Democracy: Essays on Reason and Politics* (Cambridge, Mass.: MIT Press, 1997); Elster, J., ed., *Deliberative Democracy* (Cambridge: Cambridge University Press, 1998).

控制只用于官员的选拔,代议制民主总是令人满意的,但是,一般的假设是,在其他条件相同的情况下,所有成员直接参与将优于间接代表。这一条件包括一项规定,在做出决定时,不需要达成完全一致,因为包容性和一致同意的结合将会导致一个团体无法在很重要的问题上形成共同的观点;一致同意至多能在非常抽象的宪法问题上实现。

理性判断有两个方面。第一,它要求投票者就他们应当怎样投票进行协商或提出理由,不仅仅以未经思索、自发的或反射的方式投票。第二,它要求投票者去思考什么对整个社会和整个团体是最有利的:怎样才会发展那些成员们所承认的共同利益,在此基础上,协商应当怎样投票。这一条件本身不需要对这些共同的、可明言的利益规定特别的含义:假定它本身就是协商所推荐的那种。它所反对的投票类型是,每个投票者都只为他或她的特殊区域和圈子的利益考虑。这一条件所推荐的投票的模式,可以描述为一种判断基础上的投票而不是偏好基础上的投票。其思想是,每个投票者都应当自己决定什么是对这一团体有利的,并以这一判断为基础投票,而不应在非理性偏好或讨价还价的妥协的基础上投票。

民主的第三个条件,协商民主思想中的对话,标志着一个更深入的重要差别。它排除了那种国民投票的制度,在这种制度中,每个参与者各自形成关于可明言的共同利益的判断,而不是通过与别人对话来形成判断,并在这一基础上投票。有时,在卢梭关于派别危险的论述的基础上,有人认为卢梭接受这种国民投票的思想,依据卢梭的观点,有人说,"每个投票者都根据各自要达到的目的投票,没有任何团体的协商。"[1] 但是,如果只是因为没有弄懂卢梭要求人们一起召开会议的意义,而做出这种解读的话,是错误的。他急于反对的,不是伴随着个人判断的形成进行的对话和辩论,而是某些人会受到别人的威吓和影响——如此尊敬他们——以至于根据别人的判断而不是自己的判断投票。[2]

---

[1] Grofman, B. N. and S. Feld, "Rousseau's General Will: A Condorcetian Perspective," *American Political Science Review*, 82 (1988), pp. 567–76.

[2] Estlund, D. and J. Waldron, "Democratic Theory and the Public Interest: Condorcet and Rousseau Revisited," *American Political Science Review*, 83 (1989), pp. 1317–28.

民主的第三个条件要求，设想的对话应当是开放的和非强制的，可以是集中的，也可以是分散的。它必须是开放的，是指每个人都可以听到，必须是非强制的，是指人们不必担心说出自己的想法；它必须接近于根·哈贝马斯所强调的理想的讲话条件。① 有些人可能会坚持主张，如果说协商民主将被证明的话，对话必须集中在一个单一的论坛中。但是我认为，更好的选择是，不对这一问题做出决断，而将协商民主集中的或集体的模式作为一个更为开阔的思想中的一种特定版本。

二、话语困境

1. 原则悖论

对于协商民主的不同要素先介绍到这里。现在，开始讨论话语困境。这一困境是对法理学的学者最近所讲的原则悖论的概括。② 当一个多成员法庭在对某事做出决定时，必须以某些必须加以考虑的原则为基础时，这一悖论就出现了。

假设一个三人组成的法庭，对一件事是否影响到他人而构成侵权进行投票。法律原则要求法官在做出判断时，不仅依靠倾向（liability），也要依靠相关的问题，如是否存在伤害，是否有注意义务（a duty of care）。并且，法律原则要求他们用这些问题的结果来决定最后的结果。想象法庭成员按这一模式对这一问题做出了如下投票。

---

① Habermas, J. (1984, 1989). *A Theory of Communicative Action*, vols 1 and 2. Cambridge: Polity Press.

② Chapman, B., "Law, Incommensurability, and Conceptually Sequenced Argument," *University of Pennsylvania Law Review*, 146 (1998), pp. 1487 – 1582; Chapman, B., "More Easily Done than Said: Rules, Reason and Rational Social Choice," *Oxford Journal of Legal Studies*, 18 (1998), pp. 293 – 392; Kornhauser, L. A., "Modelling Collegial Courts, I. Path-Dependence," *International Review of Law and Economics*, 12 (1992), pp. 169 – 85; Kornhauser, L. A., "Modelling Collegial Courts. II. Legal Doctrine," *Journal of Law, Economics and Organization*, 8 (1992), pp. 441 – 70; Kornhauser, L. A. and L. G. Sager, "The One and the Many: Adjudication in Collegial Courts," *California Law Review*, 81 (1993), pp. 1 – 59.

矩阵 1

	是否存在伤害？	是否有注意义务？	是否承担责任？
法官 A	是	否	否
法官 B	否	是	否
法官 C	是	是	是

在这个例子中，每个法官的投票方式是一致的。我们也可以假定他们也都是依据法律原则进行投票的。这就是说，他们首先决定是否存在伤害和注意义务，然后他们根据这些回答做出与之相一致的决定。我们看每一个问题的票数可以发现，整体来说这个法庭的结果是不一致的。在前两个问题支持肯定的判断——每个问题都有两个"是"——而第三个问题支持否定的判断：在最后一栏里有两个"否"。那么这个法庭作为一个集体违背了法律原则，因为它没有依照在其他问题上做出的回答来得出结论。

原则悖论存在于这样的事实中，即在这样的案例中，尽管每个法官都符合法律原则，但是他们提出的集体判断与一致性相悖，从而与法律原则相冲突。无论在哪里，只要团体中各个前提都有一个多数支持，不同的多数支持不同的前提，且这些多数的交集或重叠在团体中却不是多数，这一悖论就会出现。多数的重叠却不能形成多数，这一事实——在所考察的案例中，只有法官 C，在交集中——解释了为什么只有一个少数支持了结论。①

原则悖论并不局限于法庭上通过参考前提的关联关系来做出决定的案例中。在法庭必须通过独立、不关联的思考做出决定的案例中，也会出现原则悖论；也就是，在案例中，一个肯定性结论所需要的只是一个或多个

---

① 其有关结构是这样的：
　a. 根据独立的或可分的前提的关联，这些法官将要决定一个结论——如果相关的前提被认可了，这一结论也将被认可，否则，这一结论将受到反对；
　b. 每一个法官都根据每一个前提形成一个判断，并相应地形成对结论的判断；
　c. 每一个前提都有一个多数支持，但是那些多数相互之间并不相符；
　d. 根据 a，那些多数的交集都将支持结论，而其他的将反对结论；
　e. 那些多数的交集本身并不是多数；在我们的例子中，三个法官只有一个在那个交集之中。

支持的前提。这当然并不奇怪,假设不关联的前提,p 或 q,等于一个关联的前提的否定:非(非 p 和非 q)。有必要说明一下这种可能性。

想象三个法官要就一个人是否需要重审做出决定;如果之前采用了不能采纳的证据或者上诉人曾遭到逼供,就需要进行重审,法官的投票见下面的矩阵。

矩阵 2

	不能采纳的证据?	逼供?	重审?
法官 A	是	否	是
法官 B	否	是	是
法官 C	否	否	否

这一案例也显示出了原则悖论,因为一般的程序是,看最后一列中的多数,将会给被告人做出重审的判断,但是集体判断与前两个问题中多数所支持的判断是不一致的。

原则悖论为合议庭提出了一个严重的问题。事情应当像在大多数司法裁判中那样组织呢,即对一个问题的判决——其结论——通过是否得到多数支持来决定,还是先对原则上优先的问题做出判断,然后用其中的多数来决定对问题的判断:如果你喜欢,用原则上的前提作判断如何?

应当清楚,原则悖论在很多领域都将普遍化,它代表着一种可能性,即将两个以上的决策者具体化和将一个以上的前提具体化的可能性,不论这些前提是相关联地还是无关联地组织起来的。但是,还有一些其他的、也许不太明显的、也可以普遍化的方式,现在我将研究其中的三种。我分别之将描述为社会的普遍化、历时性的普遍化和否定后论(the modus tollens)的普遍化。①

2. 社会的普遍化

这种类型的悖论,不需要法律原则对哪些问题具有优先性作出规

---

① 下面的讨论基于 Pettit, P., *A Theory of Freedom: From the Psychology to the Politics of Agency* (Cambridge and New York: Polity and Oxford University Press, 2001), ch. 5; Pettit, P., "Groups with Minds of their Own", *Socializing Metaphysics*, ed. F. Schmitt. (New York: Rowan and Littlefield, 2002)。

定——依据这样的问题做出结论——从而对那些优先的问题所做的判断应当与对结论所做的判断相一致。当一群人一起谈论一个意见并形成关于某一特定事务的观点时,若他们同意这一事务由其他方法,即优先问题来决定时,也会出现悖论。

考虑一个可能会在车间发生的问题,这个问题出现在一个公司的雇工之间:简便起见,我们可以假设,这家公司为雇工所有。这一问题是,是否应当拒绝提高工人工资,而用省下来的钱引进一套车间的安全设备:比如防止触电的设备。为了方便,我们假设雇工们将做出决定——也许因为优先解决方案——做出决定的基础是对三个可区分的问题进行考虑:第一,危险有多严重;第二,通过牺牲工资来购买的安全设备有多大效果;第三,是否每个成员都能承受得了牺牲工资。如果一个雇工认为,危险足够严重,案全设备足够有效,牺牲工资也完全可以接受,他或她将会投票支持这种牺牲;否则,他们将投票反对。因此,每个人必须考虑那三个认识上的优先问题——那些前提——然后看看对于牺牲工资将会得出什么结论。

现在想象一下,经过适当的对话和协商,安排雇工们按照下面的矩阵就相关的前提和结论进行投票。字母A、B、C代表三个雇工,各排中的"是"或"否"代表相关雇工接受或反对相应的前提或结论的安排。

矩阵3

	危险严重吗?	设备有效吗?	损失可承受吗?	牺牲工资吗?
A	是	否	是	否
B	否	是	是	否
C	是	是	否	否

如果雇工就这一模式进行投票,那么根据前提做出的判断,与最后的结论相比,是不一样的。看一下这个矩阵,我们可以发现,尽管每个人都反对牺牲工资,但是每一个前提都是有多数支持的。如果我们认为应当由雇工对结论的意见来决定团体的决定,那么我们将会说团体的结论应当是反对牺牲工资:因为在最后一栏中只有"否"。但是,如果我们认为应当

由雇工对前提的意见来决定团体的决定,那么我们将会说,团体的结论应当是接受牺牲工资:在前提的每一栏中,"是"都多于"否"。

对应于这两种选择,我们可以进行熟悉的团体协商和决策。那么,如果成员们参加了协商和对话,然后每个人对于是否牺牲工资投出自己的一票,这一团体将走向一个方向;在那样的情况下,决定可能是反对牺牲工资。如果有一个主席对每个前提投出一票——如,做一个手势——然后通过逻辑来决定结果,这一团体将走向另一个方向;在这种情况下,决定可能是支持牺牲工资。

这个例子是类型化的,但它将有助于表明这一悖论并不局限于法律原则的领域,即那些法律原则规定应根据某些考虑来作出某些判断的领域。还有许多社会团体必须对各种各样的问题做出判断,他们作判断时,一般是根据团体内优先考虑哪些因素。任何一个受外在权力控制的团体,在做决定时要以指定的考虑作为基础,他们都将这么做。任何团体若渴望为自己确定这样的考虑,渴望通过承认共同的、由决定推动的信条将成员间的关系宪法化,他们也将这么做。

3. 历时性的普遍化

在普遍化的第一个阶段中,这一悖论似乎在社会和政治生活中出现不多。原因在于,法庭上的法官一般要依据共同的考虑来作出判决,其他社会团体中的人们通常在一个不完全理论化的基础上形成集体决策。[①] 对于一个问题,也许大多数人会同意、甚至是一致同意某一路线,但是各方不会因为支持这一路线而达成一致意见。各方之所以投票支持这一路线是出于与他们自身利益相关的原因或出于他们自己对于共同利益的判断,从而他们各自的不同考虑只会有部分的重合。因此,不可能出现通过共同的前提来决定他们应当采取哪条路线的情况。

但是,尽管这种考虑很合理,社会团体仍将经常面对一个类似于原则悖论的问题。上面所讲的司法生活和社会生活中的例子表明,所涉及的问题——前提问题和结论问题——由个人或团体所做的决定,都是同时做出

---

① Sunstein, C., *One Case At A Time* (Cambridge, Mass.: Harvard University Press, 1999).

的。但是，所涉及的问题可能是同时的，也可能是在一段时间内出现的；它在具有共时性的同时，也可以具有历时性。这一事实表明，未完全理论化的判断也易出现悖论。

我们假设，经过一段时间，一个团体对一套问题都分别做出了判断，假设他们都是在未完全理论化的基础上通过多数投票做出的：团体中的不同成员出于不同的考虑而出现改变。这样的一个团体迟早要面对一个问题，而对这个问题的判断要取决于之前他们对于其他问题的判断。在这种情况下，这个团体可能产生一种集体的投票模式，这种模式在性质上是前后不一致的——如在这一案例中，随时间的变化而出现不一致。

法庭上经常遇到我们已经讨论过的共时性的悖论，同时也经常遇到这种历时性的问题；当先前的法庭通常要以更早的判断为基础做出判断时，这种情况就会发生。但是，对于我们的目的而言，更重要的是，即使是那些不同于法庭的社会团体，它们一般只是保护一些未完全理论化的协议，也会遇到这种历时性的问题。他们由于不能对共同的考虑（通过这些考虑对不同问题做出判断）达成一致，可以逃脱共时性的问题。但是，当问题以历时性的形式出现时，却不能保证他们能够逃脱。

历时性问题将会影响到很多团体。举一个说明性的例子，假设一个政党，在3月根据其成员的多数投票作出声明，如果它执政的话，将不会增税。而到6月的时候，根据其多数投票，它又声明要增加国防支出。那么，现在想象一下，它在9月又面临着是否应当在其他的政策或组织领域增加政府支出的问题。它应当允许对这个问题也进行多数投票吗？

如果这个政党真的允许进行多数投票，那么我们可以得知，即使每个成员的意见不会随着时间发生改变，投票也可能支持政府增加其他领域的开支。成员们可能会从A到C按以下模式进行投票。

矩阵4

	增税？	增加国防支出？	增加其他支出？
A	否	是	否（减少）
B	否	否（减少）	是
C	是	是	是

那么，是响应各个成员的意见，还是确保它采纳的意见具有集体理性，这个政党将面临艰难的选择。

4. 否定后论的普遍化

在法律案例中，应当重视的事情，不仅是法官应当始终如一，而且他们对原则上优先的问题的判断也要与他们在审理案件中的投票一致。同样的，在商业领域，应当重视的不仅是工人们应当前后一致，而且他们对于危险、效率和承受损失的能力这些问题的重要性的认识顺序，也决定了他们在牺牲工资这一问题上的投票。但是，认为任何问题都有明显的原则上或认识上的优先因素，这种设想是不必要的。如果我们假设无论对什么问题做出判断，都要实现前后一致，那么这种问题就产生了。当我们认识到这一点时，我们将发现原则悖论普遍存在的第三种并且是更为重要的一种方式。为简洁起见，我将之称为否定后论的普遍化。

当个人或团体依靠原则上或认识上的优先权和前面讲到的矩阵中的方式来决定怎样对最终的问题做判断时，我们可以运用古老的经院哲学的术语，大概地将之描述为肯定前提的逻辑推理方法：他们从对较早问题的某种意见出发，来决定对最终问题的意见。但是，如果对这些问题没有设定优先权，那么运用肯定前提或传统上将之作为其替代的否定后论的方法，都可以实现前后一致。在否定后论的方法中，个人或团体将坚持他们对最后一个问题的意见，然后提出对前面问题判断的否定。

考虑一下，在工人的那个例子中，如果关于认识上优先权的设想被取消了，这一团体将如何达到前后一致。对于肯定前提的逻辑来说，它所需要做的可能是，仍然忽略对增加工资问题的多数投票，而由在其他问题上的多数投票决定对于结论的集体意见。还有一种显著的可能性会是，忽略对前面几个问题的多数投票中的一个，由其他几个问题的多数投票和关于结论的多数投票一起决定对于某一特定问题的集体意见。或者，考虑一下关于政党的那个例子。这个政党的成员可能允许用前面的判断来决定对后面问题的判断，从而实现前后一致。或者他们将会决定坚持对后面问题的多数意见，从而取消前面的某一个判断。

现在可以清楚我为什么用推论困境这个词而不用原则悖论了。当某一需要做出判决的司法问题必须在当时做出，并且这些问题在法律原则下有优先顺序时，会出现原则悖论。推论困境有可能出现在司法领域之外；即使相关的问题不是同时出现而是随时间先后出现时，也会出现这种困境；并且它的出现可能就是因为前后一致这一必要条件，而不是因为这些问题中设定了优先顺序。就这些方面来说，这是一个与推论有关的问题，而不是一个与法律原则有关的问题。

这一问题代表了一种艰难的选择或困境，并不是所有事物在严格意义上都能被称为悖论。处于这种困境中的团体所面临的艰难选择在于，对于任何问题的集体意见是否都应当充分响应成员们的个人意见——他们形成的观点优先反馈到集体模式之中——从而甘冒集体不一致的风险；或者是确保团体意见的集体一致，甚至为此而放弃在某些问题上对成员们个人的意见的回应。你可以实现对个人意见的响应或集体理性，但你不能同时拥有两者——或至少你不能保证同时实现两者。

三、协商民主中的相关困境

1. 由之引出的参与问题与监管问题

在协商民主制度中，对于讨论领域内任何具有逻辑关系的主张（propositions）——它们可以作为或不作为前提和结论——人们在对此做出决定时要满足理性的要求。他们不赞成不一致或不连贯的主张；他们总是能够通过他们赞成的主张推导出所支持的甚至是大力支持的结论；并且他们不遵循诸如一致通过之类的程序，这些程序使他们对大多数问题无法形成意见。这意味着他们将因此面临推论困境；事实上有一种普遍的不可能定理，可以用来证明这一点。①

协商民主中的推论困境主要有两个显著的问题。第一个问题是，如果对于一定问题的多数投票，不论经过多少协商，有可能产生集体的不一致，并且成员们不能相应地回应这种不一致；如果对情况无法进行改正，那么这个团体应当怎样组织。事实上，这是一个古老的参与问题，即这样的团体是否应当被允许提出有可能会引起不一致的问题，或者其决策的范围是否应当被限制在代表的选择之内。如果对决策的范围进行了这样的限制，那么这个团体的成果所具有的发言权只存在于那些代表他们的人们身上，只有通过他们喜欢的那些人们提出的纲领来实现他们的发言权，然后，集体不一致的幽灵就会消失了。

当这一团体真的能够在保证响应个人意见却可能失去集体理性的程序和保证集体理性但牺牲对个人最初意见的响应这样的程序之间找到一个可行的选择时，协商民主中由推论困境引起的第二个问题就出现了。前一种程序必然要求成员对每个问题进行多数投票，至少是非一致通过的投票，然后由投票结果决定集体的意见。那么后一种程序将有什么内容呢？由于一贯实行协商民主的方式，这一团体可能会通过成员对每个问题的投票来决定假定的集体意见，如果通过反馈认为这些集体意见是不理性的，只考虑对这些意见进行协调，即对之进行修正。所进行的修正有可能是通过对前提判断做出的假定意见来决定对结论的意见——如果能够达成认同的话。也有可能是坚持那个结论，然后对某一个其他问题的集体意见进行修改。这有可能会用到肯定前提或否定后论。

---

① See List, C. and P. Pettit, "Aggregating Sets of Judgments: Two Impossibility Results Compared" Synthese (forthcoming); List, C. and P. Pettit, "The Aggregation of Sets of Judgments: An Impossibility Result", *Economics and Philosophy* 18 (2002), 89–110. 对于某些个人对于一系列具有理性联系的问题的观点，假设在保持一致、完整和推论上的封闭性的意义上是令人满意的。不可能定理则表明，对于任何一种程序，通过这种程序可以从个人意见中得出一套令人同样满意的意见，以下的任何一种情况都会使这种程序失败。它必定不能对某些个人观点起作用。或者它必定不能公平地对待某些个人或某些观点。也就是说，它必定会给予某个人或某些个人更少的重视——达到极限，给予别人以独裁者的地位；或者为了在一个问题上达成集体的决定，它必定会降低某一问题的重要性，而这种集体决定不是通过多数投票达成的，而是通过在其他问题上的集体意见达成的。

我认为，推论困境所引出的第二个问题，在性质上是监管问题而不是参与问题，因为这一问题与团体如何控制它们的决策有关。遇到这一问题的团体所面对的艰难选择具有推论困境的特点。如果团体所采用的程序有助于响应个人观点却可能失去集体理性，那么这种程序将会减少协商民主思想中的协商成分，反之，则会减少这一思想中的民主成分。

对于协商民主思想来说，参与问题和监管问题将在不同的场合出现，我们主要应当了解这两个问题各自会在什么情况下成为主要问题。我们已经知道，监管问题会在司法情境中出现，因为司法情境是原则悖论产生的地方。但我们还应当对国家运行中尤其明显的另外三个情境即选举、管理和议会作些论述。

2. 选举背景

在任何社会中，无论其选民的规模有多大，他们每个人都能够通过协商和谈话的方式做出判断，并在投票中反映出那些判断。但是，如果在一系列的公民投票中，某一地区的选民被证明其立场前后不一致，那么对于这种不一致，人们几乎无能为力。在任何大规模社会中，团体将会过于松散，缺乏组织，从而无法在团体层次上显示出这种不一致性，无法就能够恢复前后一致的不同方式进行辩论——这些方式与肯定前提或否定后论有关，也无法组织投票决定将采用的路径。几乎我们所能想到的所有能够控制选民、确保集体不一致的程序，都无比麻烦或是要将权力交给代表。

这意味着，如果选民作为一个整体被允许对政策问题进行判断，那么就有出现不一致的危险；推论困境表明，前后不一致的可能性永远存在。即使每个选民就个人而言是理性的，所做出的判断是前后一致的，但是选民整体仍有可能支持不一致、不理性的集体判断。对于选民整体而言，确保避免这样的前后不一致的方法就是，将做出判断的范围限定在选出的代表之内，并确定更好的政策制定方案。

推论困境对于大规模选民提出的问题，是一个古老的参与问题，即大规模的选举民主是否应当扩展到政策问题上：不论其规模怎样，是否应当实行直接民主而不是代议制民主。选民选出代表——间接地确定更好的方案——那么将避免前后不一致。让选民参与政策的选择，那么前后不一致将无法避免。

3. 管理背景

那些更小的、任何形式的民主管理对其都很重要的机构，如委员会和各会处，很多公共决策都是在这样的机构内做出的，这样的机构与推论困境有什么关系呢？尤其是，假设这些机构要民主地组织起来，其困境是什么？

其中某些机构的运行首先要确定它们将面对的一些问题的先后顺序，有些问题优先于其他问题；这些机构要求人们通过一些参照对其次的问题进行判断——这可能是关于裁定的、建议的或解释的问题——参考那些被指定为优先的问题做出判断。在这样的情况下，推论困境将会清楚地提出一个问题，即这些团体是否应当保证自己实现集体的前后一致，或者应当与每个问题的投票相一致，即使这将导致集体的前后不一致。这时产生的这个问题与司法情境中由最初的原则悖论所产生的问题几乎完全相同。这些机构应当使他们自己的观点展示出集体理性呢，还是应当乐于承认它们就是个人意见的聚合，从而支持那些即使是前后不一致的但是忠实反映它们成员意见的判断。

那些公共生活中的管理机构又怎样呢？在公共生活中，成员们也对理性地联系起来的问题投票，但是这是在个人理性的基础上进行的自由投票。换句话说，这些机构的成员面对问题时，对于这些问题的相关重要性没有预定的意见，这样的机构会怎样呢？推论困境在这里还能提出同样的监管问题吗？

是的，还是存在同样的问题。所设想的每一个机构都会有某种目的，使其成员愿意促进它们的发展。在这些机构随时间变化做出决定时，每一个机构都要对与那些与目的相关的问题做出判断，如机会问题、成本问题或手段—目的的关系问题。总会存在与团体已经做出判断的问题存在理性联系的问题，这是不可避免的。当出现这种情况时，这个团体将面临由推论困境引出的监管问题。是在多数主义者基础上对新出现的问题做出集体判断，从而面对随着时间而出现的集体不一致呢？还是对多数投票将会产生的任何前后不一致进行分析，并求助于可以修正这种不一致的程序呢？

在矩阵 4 的例子中，政党所面临的挑战很好地说明了这个问题。

4. 议会背景

我们已经确认了由推论困境引发的协商民主中大规模选民的参与问题，以及希望以协商民主的方式运作的管理委员会和各会处中的监管问题。那么，议会或国会又会怎样呢？推论困境将会引发什么问题呢？

议会的议院大致上以威斯敏斯特模式或华盛顿模式运行。在威斯敏斯特体系下，议会以大规模的、完全代议制民主的选民方式工作。它在一个政党或政党联盟控制了多数支持的基础上选择政府成员，并提供一个论坛，在这个论坛中，议员们对执政党或政党联盟政策的一致性和他们更普遍的价值进行质疑。这就是威斯敏斯特式议会所要做的，或至少是主要要做的。私人成员的议案使情况更为复杂，由于执政党或政党联盟的决定必须得到议会投票的批准，因此这些决定有时会被修改，甚至偶尔还会被翻转过来。

在华盛顿体系下，即使议会在许多问题上依据政党路线存在不同意见，它仍有一种独特的作用。即使议会的决定可能会被总统推翻，但这仍然是决定。如果说威斯敏斯特式的议会类似于代议制民主中的选民，华盛顿式的国会就类似于以公民投票——当然，是咨询式的公民投票——作为当下秩序的民主制中的选民。并且，由于公民投票可能会随时间产生前后不一致，那么国会支持的投票也会产生不一致。当然，在国会中，很少有成员能够预见到不一致的前景，并尽力为之做些什么；如果他们没有做到前后一致，他们应当依靠最高法院为他们的决定提供解释，从而使这些决定恢复前后一致。

假设这两个体系都能实行，推论困境将会在议会阵线中引发和选举中一样的参与问题。问题在于是给予议会与代议制民主中的选民相关的那种角色，还是给予议会由公民投票进行统治的那种选民中的更丰富的参与角色：即是否大致按威斯敏斯特式或华盛顿式的模式来组织议会。并且，如果决定支持给予议会在政府决策中的参与角色——由于议会不同于执政党或政党联盟——那么推论困境就引起了更深入的监管问题，其内容是，议会在集体和个人层面是否必须坚持理性原则。

结果就是这样。推论困境引出了关于团体作为一个整体是否有权决定政策以及全体人员和项目的事务这样的参与问题。就此而言,推论困境与大规模的选举和议会民主有关联。推论困境还引出了一个监管问题,即一个机构应当努力实现联合集体的前后一致还是即使付出前后不一致的代价也要使其判断反映成员的观点,就此而言,这一困境与公共生活中的管理机构有关联——因为这一困境与司法机构、也许还有议会是相关的。在这两种情况下,都将产生一个问题,即这些管理机构的成员在集体和个人层面是否必须坚持理性原则。

四、共和理论的解决

1. 协商民主的共和主义观点

如同我在其他地方曾指出的,共和理论为人们享有的自由设置了一个前提——无支配:即人们将处于这样一种状态,没人能够任意地干涉他们的生活。① 如果任何其他人或机构能够干涉他们的生活,那么他们必须被迫在他们实施的干涉中遵循人们公开承认的或准备公开承认的利益。在这一部分,我的第一个目标是论述协商民主的共和理论的性质,第二个目标是表明,对于由推论困境引起的协商民主中的问题,共和理论能提供一种截然不同的解决方法。

共和主义的自由观念提出了一个问题,即如何阻止国家享有一种任意干涉公民生活的权力。国家是一种必要的制度,它必定拥有干涉人民的权力:如果它不能对被统治者进行征税、立法、惩治,它就无法运行。那么如何使它不能任意干涉人民呢?强制的国家将如何被迫遵循人民公开承认或能够公开承认的共同利益呢?共和宪政理论就是围绕这一问题而建立的,并已经不断地探寻出能够推进非任意性的各种设置(device)。其中包括一些熟悉的机制,如民主选举、法治、分权制度、任期制度、职位轮

---

① Pettit, P., *Republicanism: A Theory of Freedom and Government* (Oxford: Oxford University Press, 1997); Skinner, Q., *Liberty Before Liberalism* (Cambridge: Cambridge University Press, 1997).

换，等等。

在这种宪政讨论的共和传统中曾有一个重要的组成部分，即如果国家的干涉权力不是任意的，那么不论还有什么其他设置，人们必然能够就政府的各种分支做出的决定进行论辩。他们必然以接触到支持那些决定的理由，并必定能够对那些理由的合理性和他们对所做决定的支持程度进行论辩。并且，在理想的状态下，他们必然处于这样一种立场，即希望这样的论辩能够被听到，将得以公正地裁判，并且如果必要，将用来反对政府做出的决定。其一般要旨在于，只要一个政府可以进行有效的论辩，在这一限度内，它就不太可能享有任意的权力。

在政治领域，对可论辩性的有效提升需要各种各样的制度，尤其是如果要防止广泛层面的抱怨的话。① 然而，在我们看来，只有两种观察（observations）是相关的。第一，设置一种选举民主政体对于防止不可论辩性和支配的出现是根本的：如殖民地的和独裁主义的体制，等等。第二，任何一个这样的政体仍然具有出现不可论辩性和支配的显著可能性：这种可能性与民主多数的暴政有关，尤其是与我们可将之描述为民主精英的那种暴政有关：这些人处于权力的长廊之中——如，在官僚机构、内阁、法院、监狱或警察力量——他们能够将自己的意志强加于民主政策的解读和执行之中。

相对于民主多数和民主精英，人们是怎样被授权的呢？怎样给他们一种论辩的权力，使他们可以反对民主多数和精英的观点？无论其他还需要什么，有一点很清楚，他们必须能够询问支持这些决定的理由，他们必须能够对与理由相关的内容提出质疑，并且他们必然要求能够得到公正的倾听。当然在整个共同体内，以及在作为社会缩影的议会内实行协商，这将形成一种共同的考虑，这种考虑将为与可言明的共同利益相联系的各方以及与政府行为相关的各方所接受。政府的各个部门必须承担一项责任，即对于根据相关的思考、通过一致同意做出的决定，要证明其正当性。如果

---

① 对此的一些评论，参见 Pettit, P., *Democracy, Electoral and Contestatory*, *Nomos*, 42 (2000), 105-44。

所引用的理由不够充分或不能为采取的决定提供必要的支持，必须可以让个人或指定的代表对这样的决定提出质疑。民主制度只有具备了这种协商的性质，才能够进一步推进可论辩性和最终的非任意性。

当然，协商民主的这种共和观点也可以适用于政府之外的其他论坛。如工厂组织和社团组织，或者是家庭。在这样的机构内，即使决定是民主地做出的，也很难防止任意性的发生——缺乏出口（short of exit）——除非所讲的民主以协商的模式运行，使个人有机会对所作的决定进行论辩。如果决定是在利益集团政治的基础上或不同层次的力量之间通过讨价还价做出的，那么就可能对之进行任何形式的论辩。蛮力和赤裸裸的偏好将占据统治地位。

卡斯·桑斯坦（Cass Sunstein）在将协商民主描述成"理性的共和国"时，可能想到了共和国中的协商民主程序。① 就像一个法官只要对他或她做出决定的理由加以说明，人们就会知道对于这个法官应采取的立场一样，更为普遍地，只要人们了解支持那些决定的理由，他们就能知道，对于公共政策，他们应采取什么立场。如果那些决定是利益集团讨价还价的结果，或者在赤裸裸的、无可争辩的偏好基础上投票的结果，对于公共决策，人们就无法选择一个立场。这种没有经过协商产生的决策，将具有来自上层的命令或法令的意味，在那里，协商民主程序的产物会将自己描述为理性的判断（真正理性的或不太理性的），人们可以对之进行检验、评价，如果需要，还可以提出挑战。

协商民主中的可论辩的观点除了与共和理论的关系外，它还应当具有说服力。它在此处尤其应当引起注意——在有些观点中，通常不会如此，我们在下一部分将会看到——这是因为，至少在大多数情况下，它为由推论困境引起的参与和监管问题所采取的立场提供了一个坚固的基础。

2. 参与问题

对于议会应当遵循华盛顿模式，对立法决策进行有效控制，还是发挥威斯敏斯特式的限制作用，共和主义的可论辩性观点并没有提供一个快速

---

① Sunstein, C. R., *The Partial Constitution* (Cambridge, Mass.: Harvard University Press, 1993).

的决定；因为要使这一问题变得容易控制，还有很多细节的问题要处理。但是，大规模的选民——例如与城镇会议不同的大规模选民——是否应当控制其政策议题或将其局限于全体人员和纲领的问题，对于这个问题，该观点并不赞成进行硬性划分。它支持选举控制中对选择代表的约束。

根据推论困境的内容，其原因是非常明显的。因为这一困境表明，无论一个选区多么具有协商性，它都可能在相关政策议题上产生集体性的前后不一致的立场。具有这样立场的团体决不会被迫去考虑可言明的共同利益，像共和主义理想对政治力量所要求的那样。这种判断的不一致性意味着这一团体遵循的不是单一的一套考虑或理由，从而也不会考虑那些代表可言明的共同利益。如果这一选区作为整体被给予对政策议题的直接控制权，那么它就有可能成为最任意的力量。它所具有的专断暴君的作用将涉及个人和较小的团体。

根据共和主义的要求，只要政治力量被迫遵循社会成员可言明的共同利益，它就是非任意的。假设给予选民或大众以参与的角色，那么他们将以最戏剧性的方式无法不专断。如果不通过遵循更特殊的考虑——不通过服务于大多数人或某一精英团体的利益——而是不遵循任何类型的考虑，将无法获得所期望的外观。它所代表的，不是政府的一种腐败形式，而是一个完全反复无常的政府。

如果人民被赋予这种参与的角色，他们作为一个整体所代表的就不仅是一个专断和无常的政府了。与我们能想象到的大多数反复无常的政府如卡里古拉的统治不同，它们将代表在道德上和合法性上都无可争议地是反复无常的政府。对于任何可以被描述为代表人民声音的决定，民主精神都赋予它某种特殊的道德地位，因此，在公民投票中赋予人民以权力将导致所能想象到的最坏的专制政治：在这种政体中，最反复无常的力量在道德上和合法性上都是无可辩驳的。

当然，这并不是说，根据共和主义理论，在特定的困境中，政府求助于公民投票甚至允许公民发起关于是否废除现存立法的投票，这些行为是没用的。① 并且，这当然也不是轻视选举民主的重要性，更不用说公民文化和公民参与的重要性了。在共和主义所支持的代议制政体下，关于全体人员的选择和更好纲领的确认的广泛辩论，这将成为头等大事。因为，只有通过这种辩论，才能建立起关于质询政府的适当方式的通行的考虑。并且，代表只有通过在这种辩论中发挥作用，才能在以后得到重视。这也并不是说，对选举的冷漠是值得期待的——远非如此——而是说，选举民主不应当具有这种与公民投票统治（rule by referendum）相联系的参与性质。

还有更进一步的思考需要说明。在论证可论辩性的重要性时——也就是进行有效的论辩的重要性——共和主义的方法支持一种观念，即人们对于政府应当有话语（discursive）立场：他们应当将政府当作干涉的一方，当需要政府时，它才能进行干涉——并且这种要求可以进行检验——这种干涉由公开言明的或可言明的共同利益证明其正当性。这种话语状态的享有对于人们的个人生活和政治生活来说，是首要的。② 尽管它缺少许多协商民主论者所推崇的那种积极的话语参与，但它为这种参与的理念提供了一种有吸引力的替代物，并且也许更能代表那种深入的、激发性的价值。

3. 监管问题

那么，那些通过政策议题并且像合议庭那样有能力为达到集体理性而进行自我管理的管理机构和议会机构又会怎样呢？这些机构应当尽力保证那种集体理性吗？或者它们应当允许自己以牺牲集体理性为代价，采取真实反映其成员观点的立场？

在这里，应当清楚地认识到，由于缺少那种足够小、从而可以在每个人之间进行论辩的机构，那么从共和主义的观点出发，团体尽力保证集体理性就显得极为重要了。像在其他例子中所讲的，其原因是，如果一个团体在它的控制范围内无法保证整个团体在某一问题上立场的一致性，对于受其影响的人们来说，它将成为一个任意的、反复无常的力量。人们可能

---

① Cf. Michelman, F. I., *Protecting the People from Themselves*, or *How Direct Can Democracy Be? UCLA Iaw Review* 45 (1998), 1717-3 at p. 1734.

② 参见 Pettit, P., *A Theory of Freedom: From the Psychology to the Politics of Agency* (Cambridge and New York: Polity and Oxford University Press, 2001).

会试着对这一团体的单个决定进行争论,但是由于它的观点潜在的不一致性意味着它不受任何理性规则的支配,因此,他们没理由希望去面对它并挫败它。

这样的团体的不可论辩性和任意性存在于这样的事实中,即这样的团体在本质上将是不健谈的(unconversable)。它将是一个这样的团体,即它内在地很难参与到讨论之中,并就一件给定的事例应当做什么或本应当做什么进行分析推理。考虑一下我们前面所举的关于工人的那个例子。我们将会发现,其成员的多数意见是:触电是一个严重的危险,而工资上的一点牺牲将解决这个问题,这一损失是可以承受的——这些前提意味着牺牲工资将是值得期待的;然而,如果发现这个团体最终反对牺牲工资,也没有什么惊奇的。我们不讨论这样运行的团体。它所代表的是一种完全变幻莫测的决策中心。

如果这一团体中的个人,而不是团体本身是健谈的和可论辩的主体,可论辩的要求能够实现吗?如果他们被认为通过普通的合议庭方式,这些要求能实现吗?

我准备先承认在人数很少的团体中,如在司法案例中,可以在个人层面以显著的方式实现论辩。就法院作为由可论辩的各个法官组成的一个集体而言,它可能不会代表一个反复无常的力量。并且,由于法院在解决由某一特定案件提出的不同问题时,是由一系列的法官来进行判断,这些法官确实坚持了集体法庭的前后一致性,因而法院的可论辩性将会得到加强。他们承认惯例的力量,只有当他们认为法庭作为一个整体有充分理由将某一惯例置于一旁时,才会忽略惯例。

然而,我并不认为,在团体内人数很少的情况下,可论辩性就能在个人层面很好地实现。假设团体成员为了避免一些问题而改变他们的投票,并且最近对这一系统存在批评,很难说法院所提供的一种模式能够在多大程度上令人满意。[①] 无论在什么情况下,一个团体,作为一个通过改变成

[①] Kornhauser, L. A. and L. G. Sager, The One and the Many: Adjudication in Collegial Courts, *California Law Review*, 81 (1993), pp. 1-59; Stearns, M. L., Constitutional Process: A Social Choice Analysis of Supreme Court Decision Making. (Ann Arbor: Michigan University Press, 2000).

员资格而得以继续的实体,都是我们所希望的、能够发挥论辩和对话作用的最有效的实体。因为正是这个团体要保证能够随时间变化而留存下来——单个的成员可以来了又走——正是这样的团体才需要是可论辩的。①

五、共和主义的解决和协商民主的其他观点

在最近的文献中,可以发现许多支持协商民主的不同观点,而我们只是讨论了其中的一种。我们最终要考虑的问题是,此处在共和主义基础上采取的立场是否严重违背了其他的相关观点。在最后这一部分,我将尽力

---

① 想象一个法庭必须对某人是否应当重审做出决定,像矩阵 2 提出的那个例子一样。假设每个法官都按照那个例子中的模式一样投票(这一例子引自 Kornhauser and Sager 1993, 40)。

	不能采纳的证据?	逼供?	重审?
A	是	否	是
B	否	是	是
C	否	否	否

在这样的例子中,尽管每一个相关的理由都遭到多数的反对,但是似乎这个人应当被重审。这是不是就意味着,需要集体理性和团体层次的可论辩性的程序中都会有这种普遍的、似是而非的问题呢?

由于在这样的案例中,拒绝对被告的重审当然是不太可能的,一个团体通过确保团体层面的可论辩性,这种不可能性(implausibility)可以很容易地得到确认。这种不可能性可以被团体用来表示,支持重审的多数投票比其他的投票更有强迫性,而那样的一个或更多投票应该进行修改。或者,这一团体会认为他们只需要对一种主张做出判断:即,那些不相关联的要求,不能采纳的证据或逼供。或者,这种不可能性将会促使团体的成员认为,由于这个矩阵中的代表性很好,在这种情况下,从根本上说,集体协商应当用来保证避免错误、消极的结果——拒绝对一个值得重审的上诉人进行重审——并且只有一致通过反对上诉,这个团体才应当予以拒绝。在任何一种解释下,要求集体理性的程序都将使这一团体做出重审的决定。

科恩豪泽与塞杰尔(Kornhauser and Sager)认为,由于直接由前提推动(premise-driven)的程序一般更令人满意——主要是从可论辩性这一点上说——无论在什么情况下,法庭应当求助于更高层次的程序,像有人所讲的那样,在那里对此没有任何疑问。它应当举行一次多数的元投票,其中,在更低的层次上运用前提推动的程序,以承担"证明其决定的正当性"的任务(31; cf. 33 -6):即,大概地,承担起找到一致认同的前提这一任务,从而元投票可以被当作是受多数采用的考虑的推动,这些考虑是以前提推动的方式进行的。从而,第一,更高层次的考虑可能是,在这种情况下,赞同更低层次的前提推动的决定将会产生某种结果,第二,法庭应当避免这样结果的产生。如果多数人采用了这样的考虑,将会提供一个更高层次的、前提推动的例子,它所支持的结果与那些受低层次的、前提推动的程序支持的结果是不同的。

证明协商民主的共和主义观点并未违背其他的观点。对于协商民主的信徒来说，不论他们信仰的基础是什么，他们都不会被阻止接受在这一部分中所支持的立场；尤其是，他们都会支持一点，集体决策团体为了保证其判断和行为的一致性而进行自我控制是非常重要的。

1. 使民主具有协商性的观点

大多数支持协商民主的观点，都将注意力集中于使民主具有协商性所带来的好处上：也就是，让民主程序或民主社会利用那种包容的、对话的协商所具有的优势。有些人声称，使民主具有协商性将有助于保证人们的偏好是在经过思考和充分了解信息的基础上形成的，而不仅仅是他们适应环境的粗糙产物；或者，这将使人们在超越由于团体成员的分裂造成的不同观点之间的分歧时，能够做得更好，即使不能帮助他们达成一致；或者，在它迫使人们采取一种普遍的观点时，将扩展人们的想象和对他人的体验。其他的观点没有提出这些心理学上的变化，但也指出，使民主具有协商性至少能够筛除某些只注重自身利益的想法，支持那些更加热心公益的考虑，从而使自由平等的参与者更加接近或者推进一种公共理性的理念。并且，更深层次的观点指出，使民主具有协商性将具有一些促进作用，如达成决策的合法化、使这些决策更多地为那些相对弱势的人考虑、增加团体成员间的透明性或促进达成公正的结果。

这并不等于任何这样的使民主具有协商性的观点都会反对一种意见，这种意见是：如果能实现这一点，协商民主应当具有集体理性，如果不能实现，它应当允许存在一种纯粹的代议制政体。我们没有通过以这种方式想象协商民主而取消协商，也没有取消这些观点所提出的、通过坚持进行协商所带来的这些好处。

我们没有用前面已经提到的将选举民主局限于代议制外观的方法，将协商从选民中排除出去。我们也没有通过要求其他团体在集体层面强加理性来取消协商。考虑一下工人就是否牺牲工资并用这些钱引进安全设备所进行的协商。即使他们在一定前提的基础上同意达成一个决定，道德也须要求他们在协商民主的思想下对事情进行公开讨论。根据正讨论的这些关于协商民主的观点，通过进行协商，由使民主具有协商性所带来的好处都将得以实现;尤其是,这些好处可以像在其他替代选择中一样容易达到和丰富。

2. 使协商具有民主性的观点

支持协商民主思想的第二类观点,并不是主张在民主程序中进行协商,而是在协商程序中实现民主;它主张使协商变得具有民主性,而不是使民主具有协商性。其主张是,如果在相关的政治协商中存在着真理性的事物——很抽象的,如这个或那个是否代表了共同利益这样的问题——那么,达到这一真理的机会,或者根据现有的可行意见达到真理的机会,将随着民主决策体制的落实而增长。

除了为了将达到真理的可能性最大化或将出现谬误的可能性最小化,这一观点也许应当重写。它只适用于一种更具体的目标,如将出现错误消极情况的可能性降到最低,例如:将认定一个清白的被告有罪的可能性降到最低。但是,我在此将把自己局限于最初的以真理为中心的事例上。

这一观点的最著名的版本来自马奎斯·德·孔多塞对他所谓的陪审团定理的辩护。① 这一定理假设投票人相互之间是独立的:尽管他们可能会在对话的基础上形成自己的观点,然而没人会在投票时盲目地听从别人的意见。这表明,如果每一个投票人具有同样的、大于平均的 (greater than evens) 机会,对于某些是与否的问题可以得出正确的判断,那么,第一,依据多数原则,他们对这一问题做出正确的集体决定的可能性就会更大;第二,他们做出正确决定的可能性会随着这个团体规模的增大而逐渐增

---

① 参见 Black, D., *The Theory of Committees and Elections* (Cambridge: Cambridge University Press, 1958); Condorcet, M. d., Condorcet: Selected Writings (Indianapolis: Bobbs-Merrill, 1976). The most forceful defender of this sort of approach in the contemporary literature is David Estlund. Estlund, D., "Making Truth Safe for Democracy", *The Idea of Democracy* ed. D. Copp, J. Hampton and J. E. Roemer (Cambridge: Cambridge University Press, 1993), pp. 71 – 100; Estlund, D., "Who's Afraid of Deliberative Democracy?" *Taxas Law Review*, 71 (1993), 1437 – 77; Estlund, D., "Opinion Leaders, Independence, and Condorcet's Jury Theorem", *Theory and Decision*, 36 (1994), 131 – 62; Estlund, D., "Beyond Fairness and Deliberation: The Epistemic Dimension of Democratic Authority", Deliberative Democracy: Essays on Reason and Politics, ed. J. Bohman and W. Rehg (Cambridge, Mass.: MIT Press, 1997).

大。确实,后一种因素是确定的,即使有些投票人做出正确判断的可能性达不到一般水平;只要单个投票人做出正确判断的平均机会高于一般,这一点仍能成立。①

陪审团定理是不是为抵制一种以集体理性做出判断的民主模式提供了什么理由呢?这一定理是否与共和主义的路线相违背呢?②

如果一个团体没有在集体层面强加什么理性——如果它没有试图保证其集体判断的理性——那么它很可能会通过前后不一致的判断,如推论困境所显示的那样。但是不一致判断不可能同时都为真,因而在这一方面来说,至少这一程序将会使这个团体放弃追求真理的理想。与之相比,其他的程序可以确保消除不一致,并可以使这一团体有可能通过一套全部为真的判断,从而得以持续下去。

这种考虑并不是决定性的。因为在一个不一致的集体中有可能比一个与之极为相似的一致集体拥有更多的真实判断。但是,很难看出人们希望一个团体能更好地追求真理时,为什么不是通过加强一致性来实现这一点;没有什么特别的考虑能够解释这一点。并且,如果是这样的话,所做的观察将会表明,那些受孔多塞式或相关主张影响的人们将倾向于赞同共和主义支持的路线,而不会对之提出疑问。

现在转到一般定理上,我可以做出这样的结论,对于推论困境提出的关于协商民主的问题,在诸多文献中,关于协商民主的各种观点与共和主义提出的解决方式都是一致的,共和理论所提出的可论辩性的要求,在可

---

① Owen, G., B. Grofman, et al., "Proving a distribution-free generalization of the Condorcet jury theorem", *Mathematical Social Sciences*, 17 (1989), pp. 1 – 16.

② Wlodek Rabinowicz 和我曾在别处在一种特别的背景下探讨过这个问题,参见 the appendix to Pettit, P., "Deliberative Democracy and the Discursive Dilemma", *Philosophical Issues* (supp to Nous), 11 (2001), 268 – 99, 后来, Luc Bovens 与 Wlodek Rabinowicz 又进行了更全面的研究,参见 Luc Bovens and Wlodek Rabinowicz, "The Condorcet jury Theorem and Complex Social Decisions", ms, Dept of Philosophy, Lund University, 2001。我们举一个例子,一个团体同意一些前提,通过这些前提决定某一个结论,并被问到,他们对于这个结论做出真实判断的可能性有多大:是要求每个人对这些前提进行投票,用前提-投票来决定结论,还是要求每个人都自己提出一个结论,用结论-投票来决定结论。但此处要考虑的是一个更为普遍的问题,即团体如何能够普遍地提高做出正确判断的可能性:不论对于什么问题,如何将所期待的真信念(true-belief)最大化。

以实现论辩的情况下,为那些希望民主程序支持集体理性的观点提供了有力的例证,在不能实现论辩的情况下,将决策的范围限制在选出的代表之内。由支持协商民主而引发的其他思考不会削弱这些事实。①

---

① 我非常感激 Geoffrey Brennan,是他首次让我了解了原则悖论。参见 Brennan, G., "Collective Coherence?", *International Review of Law and Economics*, 21 (2001)。当本文在多次会议上提交时,我收到了很多评论,这些评论对我多有裨益,尤其是在 2000 年 2 月在 University of Texas, Austin 召开的"协商民主的协商"("Deliberating about Deliberative Democracy") 研讨会上。我非常感谢 Wlodek Rabinowitz 的有益的评论,通过交换意见,我也得到了另外一些人的极大帮助,他们是:David Estlund, John Ferejohn, Christian List, Frank Michelman, Victoria McGeer and Fred Schick。Bruce Chapman 和 Lewis Kornhauser 为我的初稿发送了有用的书面评论。

第八章 基层认识论与民主参与[*]

拉塞尔·哈丁

在战后的公共选择理论当中,至少存在三个颠覆性的理论判断。这三个判断质疑任何民主理论的连贯性,哪怕是最低程度的民主参与,集体的协调一致,以及较全面的信息占有。这其中的第一个理论判断是肯尼思·阿罗(Kenneth Arrow)的不可能性定理。该定理认为,现实当中没有一种被普遍接受的方式能够将个人层次的偏好聚合成集体层次的偏好。[②] 人们可能会觉得民主怎么也不需要这种偏好的聚合,因为民主只需要少数服从多数,并不需要全体一致。但是,阿罗的理论隐含着这样一个逻辑,那就是:如果采取简单多数的方式实践所谓的民主,那么我们就可能陷入一种循环往复之中而无法达到真正的多数。假设我们面对三个各自独立的政策问题:一个多数赞同 A 政策而不是 B 政策,另一个多数赞同 B 政策而不是 C 政策,而第三个则多数赞成 C 政策而不是 A 政策,这样一来,至少从理

---

[*] 本文为 1999 年 4 月 7-10 日在里斯本召开的欧洲公共选择学会(European Public Choice Society)会议、1999 年 6 月在以色列特拉维夫大学(Tel Aviv University)举办的研修班、2000 年 2 月在得克萨斯大学(University of Texas)举行的一次研讨会、2001 年 12 月在圣路易斯的华盛顿大学(University of Washington, St. Louis)召开的纪念威廉·赖克(William H. Riker)的研讨会上的论文。感谢参会者对论文所作的评议。感谢肯尼思·阿罗(Kenneth Arrow)、布鲁斯·布埃诺·麦斯奎塔(Bruce Bueno de Mesquita)、詹姆斯·菲什金(James Fishkin)和肯尼思·夏普斯勒(Kenneth Shepsle)对本文认真细致的审读。

[②] Kenneth J. Arrow, *Social Choice and Individual Values*, 2nd edn (New Haven, Conn.: Yale University Press, 1963; originally published 1951).

论上讲，多数主义便无法解决我们的问题。

安东尼·唐斯在他的经济民主理论中提出了另外两个否定参与式民主的理论判断。虽然这两个理论各不相同，但还是彼此相互关联的。① 首先，他认为选民实际上没有什么投票的动力，因为他们觉得自己不可能对任何既定的选举结果施加什么影响。实际上，他们对选举的影响非常有限，以至于任何投票成本（例如在投票中不得不排长队或者遭遇坏天气）都会使他们无法从投票中直接受益。这个判断是集体行动逻辑的一个特定例证，在后面曼可·奥尔森的概括当中还会有所论及。②

唐斯的第二个主要理论判断是，单个选民甚至没有动力去了解足够多的信息以便能够为他们的利益进行明智的投票。那么紧随这第二个判断的结论就是，我们认为获得相关认知需要付出一定的成本。

此外，唐斯还给我们提出了一个模型，这个模型展示了候选人为什么一定要确定自己的立场，以便能使其当选的机会得以最大化。这个中间选民模型说的是，一个候选人必须在选民正常分布的中间点确定自己的立场。一个没有这样做的候选人可能会被另一个在第一候选人和中间选民之间确定立场的候选人所超越。用这个模型去套阿罗的问题，结果就是所有政策问题聚合起来，最终被简化成单纯的左—右维度。因此，选民对于候选人的偏好可能会有各种次序排列，比如，我倾向于这个左派的候选人，而不是那个右派的，也不是那个处于中间立场的。阿罗的研究结果，包括循环性集体偏好的最低程度，都被唐斯单纯的左—右式的选民偏好分布所阻挡。这里要注意：中间选民模型看起来好像同唐斯的第二个主题相悖，因为他的第二个理论似乎要求候选人应该尝试影响选民的认知。

我希望将这三个对民主的挑战联系起来，特别是将它们放在一个认知经济理论的框架之内进行考察。认知是阿罗所提出的两个问题——包括中间选民模式，还有选民动力问题，意即如果选民投票，那么他们是否有动力去了解更多以便能为其切身利益进行明智的投票——最核心的部分。有

---

① Anthony Downs, *An Economic Theory of Democracy* (New York: Harper, 1957).
② Mancur Olson, Jr., *The Logic of Collective Action* (Cambridge, Mass.: Harvard University Press, 1965).

人可能会认为,唐斯有关个人没有动力进行投票的理论在一定程度上提出了另一种认知的问题。有关集体行动的一般见解以及唐斯有关该见解的缩略陈述相对来说都是近期的发现,因此也就不为很多人所了解。一般而言,当信息成本和掌握相关准理论时所付出的代价要大于从其中所获得的收益时,在选举方面对于个人的认知要求与个人在日常生活当中要进行一般的现实选择和实施未来计划时所需的认知是别无二致的。

我将把我论述的重点主要集中在选民利益的问题上,而不会涉及规范领域的一些关注点,如对外援助上的道义投入,反对堕胎,对无目击证人犯罪的惩罚,或者有关惩罚方面的因果报应的观点等。这另外一些问题常常超过了人们对于特定公民利益的关心。对于民主理论的全面阐述将解决这些问题,同时也会回答利益问题。然而令人遗憾的是,单纯围绕利益的认知问题已将民主理论置于了被怀疑的境地。

在首先对认知经济理论或者说基层认识论作了简单介绍之后,我将按以下顺序论述政治参与中的认知问题。第一,我将简要讨论选民对如何明智投票所知甚少这样一个大家广泛持有的观点。第二,我将讨论候选人努力将自己置于中间选民的立场上这个问题。第三,我将讨论符合集体行动逻辑的相关认知问题,或者至少论述一下它在选举当中的应用。第四,我将从多维角度讨论当代政治的新问题,因为这些问题在一定程度上都是可能让选民产生困惑而无法抉择的问题,同时也是阿罗的问题以某种新外观的再现。最后,我将简要谈谈这些观点对于自由这种奇特的公共产品的启示,以及自由同民主的关系。

基层认识论

我所提出的适用于上述问题的认知理论是一种有关基层民众的认识论,是事关普通人的认识理论。这与一般的哲学认识论完全不同,因为后者是关于如何论证正确判断的理论,它是在试图理解物理学和其他科学的背景下发展起来的。我所说的认识论是指要做出正确的判断需要遵循怎样的标准。它关注的是看似的已知,而重点不在认知者身上。比如,它关注的是类似爱因斯坦的相对论是真理还是谬误的问题。对于这个问题,我们可以把它看作是一个超强认知者的认知理论,或者是某个社会中的分布式认知。

认知经济理论是一种有关典型个体,或者说是特定个体如何得以认知各种事物的理论。在经济理论中,你知道一件事情,而我在某种情境下知道相反的一件事情,这种情况是成立的。我可能会最终逐渐意识到我的认知是一种错觉,因此会纠正它,特别是在听到你有关相反认知的辩称之后。但是,能够对我们的立场进行正误判断的超强认知者在这里却发挥不了什么作用。我们是自己的裁判。如果我们渴望获取更加丰富的认知,那么,决定从什么机构或资源来获取这些认知的人正是我们自己。也就是说,基层认识论并不是有关一般被我们看作是知识的,比如物理学方面的认知,而是有关你的认知、我的认知的普通人的认知。

大部分普通人的认知结构是杂乱无章的,根本无法达到一般认识论标准。通过对人的特征力量的阐述,大卫·休谟详细说明了我们的问题:"我们的思想是变动的、不定的、一瞬即逝的、连续的、混杂的;如果我们除去这些情形,那我们就彻底毁坏了思想的本质,在这种情形下,再加以思想或理性这个名称,那就是名词的滥用了。"① 因此,我们需要的不是一个标准的哲学认识论,而是一个基层认识论,它能帮助我们厘清存在于普通认知中的杂乱无章。基层认识论是一种对认知的主观描述,而不是一种共识性的阐释。我不想在这里过多地解释这一观点,而只想将它应用于代议制民主所引发的相关问题上。我将简要陈述基层认识论所带给我们的重要启示,然后将其与民主公民权加以联系。

很多有关投票行为的研究以及明显忽视选民的研究将这些问题看作是人们在决策过程中出现的心理怪癖。② 其中的很多——尽管不是全部——怪癖被很自然地看作是选民因受到经济因素的制约而在对复杂问题做出判

---

① David Hume, *Dialogues Concerning Natural Religion*, *David Hume on Religion*, ed. John Valdimir Price (Oxford: Oxford University Press, 1976; originally published 1779), pt 3, p. 180.

② 参见 Samuel L. Popkin, *The Reasoning Voter: Communication and Persuasion in Presidential Campaigns*, 2nd edn (Chicago: University of Chicago Press, 1994), esp. ch. 4。

断时出现了偏差，但我在这里总体上不会讨论解决这些问题的心理方式。也有很多研究对基于社会地位的认知经济学所关注的问题做了相对直接的描述。例如，罗伯特·达尔注意到，在美国政治中"知识、财富、社会地位，同官方进行沟通的路径，以及其他一些资源并非处在平均分布的状态"①。我也不会探讨这个问题，而仅会总体探讨一下政治参与过程中需要选民逐渐认知的相关事宜，以及由它所引发的总体问题。把选民不平等的社会地位这个因素引入到这样一个分析中来，将有助于对真正民主参与的全面阐释。这个动议与基层认识论完全吻合。

一般而言，在标准的哲学认识论当中，要提及我的错误认知就显得很没有条理性。认知，在某些认识论当中，就是"被证实了的正确信念"。如果我在信念上出现了错误，那么我很可能是缺乏对该信念的论证。因此，这就不是认知。不管怎么说，被论证了的真实信念在一定程度上是一种公共认知，而不是个人认知。在基层认识论当中，一般我们没有理由声称我们的认知在任何层面都是经得起哲学论证的。我们只能讲述我们的信念是如何形成的。因此，试图区分信念和认知两个概念的努力是没有意义的，所以我也不会这样做。一般在基层这方面，当认知的内容是特定一类时，比如宗教认知，那么"信念"这个概念就被普遍使用。在识别那些被标示为认知以及信念的事物时，除了自信程度的差异之外，再没有什么其他的系统性差别了。事实上，那些有着强烈宗教信仰的人，一般都声称他们了解他们所信奉的事物的真相。而这种自信要远远超过他们对许多简单和客观的事物的了解。的确，我们有时候因使用信念这个字眼而产生困惑，就像我们会说"我相信这事儿就是这么发生的，但是我也可能错了"。然而，这种障碍几乎存在于我们对所有事物的认知中。

标准哲学认识论关涉论证，它是一个对任何"推定认知为真"的判断进行论证的过程。基层认识论包含经济因素；它不仅总体事关论证，而且还涉及到实用性的问题。它与约翰·杜威的"实用性原理"暗合：若要揭

---

① Robert A. Dahl, *Who Governs?* (New Haven, Conn.: Yale University Press, 1961), p. 1.

示一个观点的意义,先探究一下它的多种后果。① 基层认识论从本质上将实用性因素引入了认知这个概念中,而认知的结果从广义上包括在逐渐认知和知识应用过程当中的全部成本收益判断。注意,实用认识论或基层认识论从本质上来说是一个经济理论。但是,经济理论并不能像理性期待理论或者各类博弈论那样推定一切认知,而它也并非如某些经济学计算一样只关乎信息成本。我要在这里重申的是,标准哲学认识论集中关注有关信念的相关事物,比如行星运行的轨道。它是关于真相和对真实判断的论证的。而认知经济理论则重点研究个体信众或认知者基于成本收益基础上的逐渐认知过程,当然,在这个认知过程中,人与人之间,情境与情境之间是千差万别的。或许标准认识论与我们普通认知之间的最大不同就在于,我们所认知的大部分内容——或许几乎是全部——都在各方面依赖于别人。比如,我们对于权威的认知就来自于那些可能确知什么是权威的人那里。事实上,我们自身认知的获得就来自于那些从别人的别人的别人获取认知的人那里,而这个循环是可以不断扩展下去的。最终,大部分个人的认知基础则根本不存在,或者顶多就是建立在非常薄弱的基础之上。

特鲁迪·高威尔(Trudy Govier)据此认为,我们的认知有赖于信任②,更确切地说是依靠权威信源的可信度,尽管这也很难达到。因为我们的认知似乎不太可能建立在任何像一般信任关系的这种模糊物质的基础之上。就我个人而言,在我认知的很多领域,我就不清楚任何权威的信源。我接受有关信任的认知并非是我别无选择只能为之,而是因为如果我不接受,我就太过偏执和倔强了。我非常清楚我所认知的很多事物都是假象,但我仍然依靠我所认知的东西度过一生,因为我只能这么做。

因此,你或我所拥有的认知来自于一个广大的社会体系,而不是来自于任何经过我们实际检验过的东西。这其中的很多认知只能通过社会体系来生成。我们要依靠权威的认知,因为这样做高效便捷,而且由于在生成我们认知的过程中不存在任何劳动分工,所以我们一般没时间将其中的很

---

① John Dewey, *Reconstruction in Philosophy* (Boston: Beacon Press, 1948), p. 163.
② Trudy Govier, *Social Trust and Human Communities* (Montreal: McGill-Queen's University Press, 1997), pp. 51 – 76.

多认知付诸应用。既然我们最想做的就是利用这些认知,我们就依靠专家获取它们而不是试图去论证他们。我们不得不依赖别人,不然我们的生活就会受到很大限制。就像路德维希·维特根斯坦所说的那样:"我的生命存在于我满意地接受很多事情的过程。"① 亨利·西吉维克(Henry Sidgwick)也同样提到过,生存是在生活之前的,如果我们要生存,我们就必须接受很多事情,而这些事情是没有任何作为其存在理由的所谓来源的②。

对如何投票的认知

认识论当中对代议制民主的核心关切是普通民众对公共官员的行动到底了解多少。一般而言,如果人们努力认知某个事物的主要原因是这样做符合他们的利益,那么我们就不会认为人们会非常想了解他们的代表在做什么。民主经济理论的观点认为普通公民对投票没有太多兴趣。一张选票可能改变选举结果的几率极小,小到以至于把它与改变结果值以及所偏好的候选人当选值或所偏好政策的采用值相乘之后,该选票的预期值仍然极小(见以下"理解是否投票"部分中的进一步阐述)。因此,如果投票过程中涉及到了真正的成本,那个成本就会完全淹没掉选举过程中投票人的任何预期收益。因此,根据实用性原则,为明智投票而尽量去认知的做法是没有什么意义的。

人们没有动力去了解更多相关知识以便明智地投票这一结论是唐斯的观点,而且它也是以前约瑟夫·熊彼特观点中的更核心部分。就像熊彼特写到的那样,"没有来自于直接责任感的主动性,无知就将持续显现在大量信息面前,即使这些信息再全面、再正确也毫无用处。"③ 这暗中让我们

---

① Ludwig Wittgenstein, *On Certainty*, ed. G.. E. M. Anscombe and G. H. von Wright (Oxford: BasilBlackwell, 1969), §344.

② Henry Sidgwick, "The philosophy of common sense," in Sidgwick, *Lectures on the Philosophy of Kant and Other Philosophical Lectures and Essays*, ed. James Ward (London: Macmillan, 1905; originally published 1895), pp. 406–30, at p. 427.

③ Joseph A. Schumpeter, *Capitalism, Socialism and Democracy*, 3rd edn (New York: Harper, 1950; originally published 1942), p. 262.

看到了熊彼特所理解的实用性原则。也就是说，我可能会因为各种原因去获得认知，这个原因可能是这样做让我快乐，但是，以公民和投票者的身份做一件有良好公众效果的事情则绝对不会是我投票的原因。

　　大部分有关投票的后续研究和观点争论主要都集中在投票的动力上，而不是为明智投票而努力认知的动力上。但不管怎样，后者至少在逻辑上是从前者派生出来的。因为正是因为缺少投票的动力才使得获取如何明智投票的认知变得基本上毫无用处，所以，获得该认知就违反了实用性原则。正因为我的投票对于民主决策结果的决定作用微乎其微，因此在权衡了我的选票对于选举结果的决定作用之后，我发现根本不存在什么压倒性的理由让我决定如何投票。或者，反过来说，我能够从政策X受益的事实并不能让我有充分的理由或动力去认知或了解政策X的政策内涵，除非根据实用性原则，我能够一定程度上对政策X能否最终被采纳施加某种影响。

　　如果公民对选举没有兴趣，那么公民就不会有兴趣努力去学习和认知如何明智投票方面的知识。一件不值得做的事情当然不会去做好。如果认知充分以便对政府官员做出判断的问题已然很难解决，那么缺乏解决问题的动力则具有毁灭性的后果。事实上，对于大部分美国人来说，对政府进行充分认知后明智地为自身利益进行投票的成本当然要大于随便投上一票的成本，至少面对除了重大危机时刻之外的普通公众政策时，情况是这样的。认知经济理论或基层认识论因此是在研究充分认知以明智投票的现象，因为对于相关认知的投入使得充分认知的动力严重下降。这样，一般选民就不会采用这些认知以获益。

　　接下来，我就认定普通公民并不掌握那些为其自身利益进行明智投票所需的认知。对于这个判断，我们有大量事实作为支撑，当然也有很多基于选举抉择重要性的不同意见。例如，鲍普金（Popkin）就彻底讨论了在美国总统选举中的投票人无知问题，但是他接着还指出了"信息匮乏状态下的理性"。虽然投票人无知是一种非常糟糕的事实上的无知，但其中仍然有理性成分存在。① 他还赞同格莱斯哈姆（Gresham）的政治信息原理：坏事实赶走好事实。这个原理的含义是"有关一个候选人的少量个人信息可能会占据这个候选人过去历史信息记录的大部分"。个人信息可能会是竞选过程中出现的非常细微的事情。大量历史信息的问题在于，至少从理论上说，选民一般无法了解很多相关事实，因为对他们来说投入时间去了解这么多信息简直就是愚蠢。

关于为何很少有选民在投票前愿意获取更多信息的问题，我们考虑一下候选人将他们的信息传达给选民的难度。理查德·菲诺（Richard Fenno）简洁地向我们解释了美国众议院的候选人仅仅是在找选民谈话这个事情上所遇到的巨大压力。②

即使是那些对于政治所持有的强烈兴趣超过了他们对选举结果的重视的职业政治家们，也发现他们很难跟上选举的进程。比如说，一些报纸登载参众两院每周的投票统计，但那些统计非常简洁，以致对于那些没能紧密跟踪（但还是比那些报纸要更关注）相关问题的民众来说，那些文章大都表意模糊。

研究显示，即使是有关相对简单问题的公决投票，选民的误解竟然也严重到令人吃惊的程度。③ 加利福尼亚选民就在最近的一次公决投票中极其不负责任。这个公决是针对所谓的惯犯法进行的，该法对于屡教不改的惯犯规定了严苛的最低服刑期限。④ 当这项新法被应用到以前的一个案例中时，一个（多次）偷窃一片（one-slice）比萨饼的小偷被判处 25 年徒刑，而且只能在服刑至少满 20 年之后才可能获得假释，就因为他的所谓"严重的小偷窃"⑤。而大多数投票人明显没有搞清楚公决的目的是通过公

---

① Popkin, *The Reasoning Voter*, p. 78.

② Richard F. Fenno, Jr., *Home Style: House Members in Their Districts* (Boston: Little, Brown, 1978).

③ Russell Hardin, "The public trust", *Disaffected Democracies: What's Troubling the Trilateral Democracies*, ed. Susan J. Pharr and Robert D. Putnam (Princeton, N. J.: Princeton University Press, 2000), pp. 31 – 51.

④ Susan Estrich, *Getting Away with Murder: How Politics Is Destroying the Criminal Justice System* (Cambridge, Mass.: Harvard University Press, 1998).

⑤ "25 years for a slice of pizza", *New York Times*, 5 March 1995, sec. 1, p. 21.

开的初选来废除这一错误的法令。然而,这项法令却因为投票人对其后果的忽略而在该州的立法机构获得了通过。就因为这项法令,加州代表参加2000年全国候选人提名大会的资格都应该被取消。但在无论是立法机构还是选举机构都没能在这个问题上有所作为之后,行政手段被最终采用,允许该州在初选中将民主党和共和党的选民进行区分。① 在这个失败的过程中,民主显得十分荒谬,而当它因为人们的无知而不能发挥作用时,我们还是让充满智识的官僚机构代为行使了决定,尽管它并非民主的结果。

中间值认知

有关选举中中间选民模式的争论有些令人沮丧。因为这意味着通过对选民和他们立场的调查就可以决定中间选民以及任何选举的前景。那选举还有什么意义呢?表面上,每一个候选人都会利用选举过程来影响选民,使选民们确信他们的真正立场正同候选人的立场相吻合。从正面的角度来看,我们可以说竞选活动就是向选民灌输这样的认知:他们需要为了自身的利益进行明智的投票。如果从负面的角度看,我们可以说候选人就是在哄骗选民相信他们的利益不仅仅是他们自身的利益,或者说候选人的立场不仅仅是他个人的立场。又或者有一个中间路线,而竞选运动就是使选民获得洞察力。

假设选民一般对客观上十分重要的问题以及候选人在这些问题上的立场缺乏本质的了解,那么在这样一群无知的人当中,就很难确定选民分布的中间值。因此,由于存在着无知选民,所以中间选民模式并不要求候选人一定要明确区分他们的立场。而且,未被准确界定的中间值很可能十分易变。因为选民是无知的,因此他们的立场可能会相对不稳定,而且还可能因为新信息的出现发生突然的变化。② 这就意味着候选人向选民传递信息的努力可能是有风险的。如果选民较充分地占有了信息,那么选举就

---

① "California scrambles after measure fails", *New York Times*, 15 November 1998: sec. 1, p. 20.
② Popkin, *The Reasoning Voter*, ch. 4.

没有什么效果了,除非候选人能提出更新的问题。而竞选运动的实际情况让我们意识到了大多选民的无知。竞选运动的质量,特别是美国竞选运动的质量说明,候选人相信选民是非常无知的。

一般而言,如果候选人能够将工作做得足够充分以使选民们确信他们——选民——应该站在怎样的立场上,那么该候选人甚至有可能超越阿罗提出的问题,从而打破该问题所设定的普世性条件。该条件规定所有可以想象到的偏好排序都可以在现实存在的选民头脑中找到。一个真正有能力的政客会劝说足够多的人转向特定的偏好排序,并使该排序成为多数偏好。然而,人们可能会认为这是一个典型的虚伪成绩,因为这个候选人成功的部分原因在于他事实上对选民在自身利益的认知方面进行了哄骗。

理解是否投票

当我在讲授集体行动的逻辑时,经常要花费大量精力进行劝说,才能把我的观点普遍传达给学生。即使在我似乎能成功进行这一过程之后,仍然有学生会在特定的案例中进行证伪。比如,为了在工会保护工人的行动中获得集体收益而主动支付工会会费这个案例。在某种程度上,从知识史的角度来认识这个逻辑时,我们会得出完全不同的结论。一般而言,这个逻辑已经在特定的背景下得到了认知。比如,约翰·斯图亚特·密尔(John Stuart Mill)认为,应该对缩短工作日问题进行法律规范,对超时工作付给额外报酬,从而克服个人通过搭自愿协议的便车而减少工作的内在动力。①

我们来考察一下实体政体在选举投票情境下的逻辑。一个选民的选票具有决定性作用的可能性很少存在。1994 年在新泽西州的地方选举中出现了平局——这次本来无足轻重的选举成了全国性新闻,因为这种一票就能打破平衡的情况实在是太少见了。在更大的选举中也出现过事实上的平

---

① John Stuart Mill, *Principles of Political Economy*, ed. John M. Robson (Toronto: University of Toronto Press, 1965; originally published 1848), p. 958. See further, Russell Hardin, *Morality within the Limits of Reason* (Chicago: University of Chicago Press, 1988), pp. 92–4.

局,但由于统计票数的失误使得最终两名候选人票数非常接近而根本无法确定谁最后胜出。1974年,在美国新罕布什尔州参议员选举中,路易斯·维曼(Louis Wyman)和约翰·德尔金(John Durkin)每人都各自获得了约11.1万张选票,完全打成了平手,而相关的州政府机构在是共和党人维曼还是民主党人德尔金获胜这个问题上互不相让。最后,美国参议院宣布无法最终决出选举的胜方,因此这两名候选人被同时放弃。选举后来又以特殊方式重新进行(结果德尔金以很大优势胜出)。这次奇怪的选举表明,仅仅因为不可能完全准确地记票这一实际原因,一票定胜负的可能性微乎其微,即使选举是在很小的政体之内进行——选民少于25万人——比如在新罕布什尔州这个全美最小的州之一进行的选举。从根本上说,单个选民可以忽略不计。针对2000年总统选举在佛罗里达州的票数统计有过这样一篇社论,主要是教育公民每个人的选票不管怎样都是举足轻重的。但从这种底气不足当中我们事实上所能听见的更真实的弦外之音是,单个选民的选票很可能不会被统计,因为它早已被票数统计时的错误率淹没了。

这个相对大众化的判断可能会在单张选票的重要性上实实在在地误导我们。我的选票真正会产生作用的最大可能是在这样一种情况下,其他所有选民每个人都通过抛硬币的方式来决定投谁的票,硬币正面朝上就投A,反面朝上就投B,但我坚决投A,事实上,只有这种时候,我的投票才起作用。可是在一亿选民当中,我的选票打破平局的可能性是如此之小,以至于即使是在特别均衡分配的选举当中,如果我将A的当选值设定为1000美元,那么我的选票的估值则只有8美分①。

尽管存在这些数字和这些假设的逻辑,但是很多选民仍然坚定地宣称,而且看起来他们也相信,投票是符合他们的利益的。而且,他们通过实际参与投票表明自己对这一观点的深信不疑。动力问题在这里被明显地克服了,因为在美国总统选举中有大约一半的选民,在大部分其他当代民主国家中甚至有更多的选民持有这一观点。有人可能会用认知理论来解释

---

① Russell Hardin, *Collective Action* (Baltimore, Md.: Johns Hopkins University Press for Resources-for the Future, 1982), p. 60n.

为什么人们相信他们的投票是举足轻重的。如果这种解释是成功的，那么它就克服了唐斯的逻辑，而我们也就可以理解为什么有超过该逻辑预想那么多的投票率了。只是，我们未能完全理解这种解释。

在典型的经济选择中，我们似乎都清楚人们非常了解他们的自身利益所在。然而，在集体行动的背景下，这就说不通了。一个关于理性选择理论的争论是理性选择理论要求个体去做那些最大限度服务于其客观利益的事情。但如果个体不这样行动，那么这个理论就被认为是不成立的了。遗憾的是，这个思路回避了一个事实，那就是在选择这样行动而非那样行动的过程中，人们的头脑要斟酌自身的客观利益。如果我得出的结论是，我的利益不像批评家所做的某些客观分析那样，那么它就不遵循非此即彼的逻辑，那么我就是在非理性地按照我所认为的自身利益行事。一个对于我的理性行为的充分解释一定是首先对我信仰的解释，然后是对我出于这种信仰所付诸的行动的解释。

通常，我们以这种两阶段标准来判断某人在特定情境下是否理性是没有什么困难的。比如，医疗诊断。如果乔治·华盛顿身患绝症，又或者只是得了小病，而他允许他可能找到的最好的医生给他施行刺血术，但这种办法很可能最终要了他的命或者加速他的死亡。在这种情况下，如果我们说华盛顿是不理性的就有些奇怪。也就是说，尽管受到经济或理性因素的限制，而这些因素被加诸在他所认知的医学治疗上，但他在理性范畴内仍然尽了他最大的努力。当他去世时，他的医生可能会得出这样的结论：我并没有给这位伟人施行重度的刺血术，那么即使面对一个得了感冒或发烧的病人，我也要尝试施行重度刺血术，以免他们也像华盛顿一样失去生命。由于他对于刺血术的功效存在着令人悲哀的错误认知，那么他这种最终的决定甚至可以说是一种正确的反应。

我们的任务就是对个人信仰的理性程度做出评价。这种个人信仰关乎在集体行动的逻辑下为获得集体收益而行动的理性程度。很多选民之所以投票，是出于他们道德层面的责任感或者是他们尽自己所能的一种公平感。但是很多人看起来是真的认为之所以投票是为了他们自身的利益。他们在伦理道德层面激发了一种理性选择的普遍性原则。① 这个道德原则是对质询的某种回应：要是每个人都这么做呢？比如，要是每个人都抄近路横穿一片可爱的草坪或者花园怎么办？因为我很懒很着急，这一刻我特别想这样做。那么，如果每个人都这样做，就会使漂亮的草坪和花园里出现一条丑陋的小路。但是，我们的回答也可能是，我们注意到每个人都没有那样做，而事实上也不会有人那么做。

很多选民似乎相信普遍性论证的实用（非道德）说法。如果他们没有投票，而他们所支持的党派在选举中落败，他们会觉得自己负有责任。如果他们所支持的党派在他们投票后仍然在选举中败北，他们会安慰自己说：至少我们尽力了。如果他们对投票仅仅是出于道义上的责任，他们应该对没有投票感到内疚，无论他们所支持的党派是输还是赢。如果仅仅因为自己所支持的党派输掉了选举就感到十分遗憾是毫无意义的，除非他的支持事实上能改变什么。

我曾经试图解释集体行动的逻辑，因为这种逻辑经常在很多人进行投票的过程中发挥作用，这其中包括很多在政治上非常活跃且久经世故的人们。我并未试图劝说他们不要投票，而只是想为一个浅显的评价作个辩护，也就是说，如果选民确实是出于道义责任而进行投票，那么这种投票行为是如何被激发的呢？或者说，我在试图分析为什么投票成本能够造成很多人不去投票。例如，今天在纽约投票比我住在芝加哥或费城时难得多。纽约的投票率要比那些城市的投票率低得多。我试图解释，是不同的投票成本而非纽约多样性的文化造就了人们在行为上的差异性。精于世故之人坚决反对这种观点。而他们一般坚持投票行为是他们和其他每个人的利益所在这种实用性的普遍判断。虽然完全背离低投票率这一不言自明的事实，但他们仍然时常认为每个人都理解自身的投票原则，因此大家一定会反对我的观点。

很多年前，我曾经以为人们最终会理解这个问题的本质。但是现在我

---

① Marcus George Singer, *Generalization in Ethics* (New York: Knopf, 1961); Hardin, *Morality within the Limits of Reason*, pp. 65 – 8.

不再这样认为了。我想理解集体行动的逻辑和将它运用于实际的选择问题比理解比如说相对论、量子力学或者 DNA 的机理要容易得多。但是对于很多人来说，这些同样不可理解——或者就是说，完全不能理解。他们不能理解的主要原因是人们丝毫没有经历过因为对这些事情的不理解而造成的惨痛后果。由于缺乏对集体行动逻辑的理解，一些人在艰难的环境中（比如，新罕布什尔州在二月里常见的恶劣天气）投票时比平时还要卖力。但是那并不是重大的损失。然而一个让人惊讶的事实是，尽管他们似乎并不理解他们投票的真正动机，但在一定程度上，人们还是回应着这些动机，正如纽约和芝加哥选民之间的行为比较所显示的那样。

对于许多人来说，更好地理解税法比更好地理解集体行动的逻辑会受益更多。即使这样，他们对于税法的掌握也很欠缺。如果我在学术界的同事们具有代表性的话，那么他们一般来说依法缴纳的税款要高出他们的应缴纳额（也许我也是这样做的）。那么他们为什么还要去费劲儿地理解集体行动的逻辑呢？理解这个问题是理性选择理论家的职业习惯，也许这一事实使他们理解这一点更为容易。又或许理性选择理论家是从那些认为从广义上理解集体行动逻辑和经济推理较为容易的人群中自选出来的。他们为将论证正确地归入合适的背景这一兴趣所驱动，而在这种背景下，错误的背景铺陈将导致公众的尴尬。在很大程度上，他们的动力并非来自于该逻辑在被应用到现实生活中时所展现出的实际功用。该逻辑应用于工作生活时所体现出的有用性对他们并没有什么驱动作用，尽管有些人固执地决定坚守这一结论并且不去投票。

假设我们得出这样的结论，一个人不去把握集体行动的相关逻辑判断似乎是理性的，并且尽管缺少对投票的客观兴趣，他们仍然会去投票。那么他们的行为为什么看起来符合以下逻辑，即不对进行明智投票所需的认知加以投入？据说，这就是政治参与中最核心的认知理论问题。作为该问题的第一个答案，我们可以注意到，对于任何一种持续的行动来说，如果它给予人们的正反馈太少而不能愚弄他们使之相信他们自己的行动正在使他们受益，那么这种持续行动都可能失败。但是，一个相对简单的个人行动，同时伴有几乎立刻出现的结果，可能会让人对其中重要利益的理解更为困难。投票和充分认知后出于自身利益进行投票的区别，在部分程度上是个人一次行动和持续的一系列行动之间的区别。为了解政治候选人而实施的持续性投入可能永远不关乎选举的最终结果，无论该认知是对还是错。

这两项投资——投票与充分认知以明智投票——之间的另外一个区别是，前者涉及大量的公众讨论，但是后者几乎没有。人们通常会对投票的价值持有一种积极的信念，但是他们也许不了解充分认知以审慎投票的价值结果。人们学到错误的理论，甚至还将他们付诸实践，这种情形很好理解，尤其是当他们的应用后果并非苦不堪言的时候，情况就更是如此。人们不仅没有掌握集体行动的逻辑，问题是他们很自然地接受了一个相反的信念。他们自己在没有对这个逻辑进行调查的情况下，直接接受了试图对其认知进行改变的权威意见。

为了改变这些观察的重点，我们可以从收益和成本两个方面来考虑这个问题。无论是投票，还是掌握足够多的知识为自己的利益而投票，都不能带来重大的客观收益。仅为选择如何投票这一目的而掌握知识无法带来收益这一点，理所当然地来自这一论断，即投票没有任何收益。然而对于很多人来说，投票可能会带来潜在收益——他们显然在得出唐氏结论前通过此事停止了工作。这个观点也许是错误的，但并不是非理性的，这种观点肯定比我在银行证明上找数字错误要理性。并且，很明显，这个结论直到最近才正式得出。

如果我们转变信念，相信投票可以带来收益，那么逐渐了解该投票逻辑的成本就会提升，甚至对很多人来说，会达到很高的程度。劝服人们相信当前大量的现实政治研究成果和政治家们是为他们的利益而服务将会更难，因为这种研究的实际代价将会很高并且容易为人们感觉到。总而言之，我们可以说在投票的收益和成本与充分认知以明智投票的收益和成本之间存在实质性的区别。两者间的这些区别给我们更多的理由来推测，人们仅仅是去投票，而不会在获取充足信息后基于自身利益而进行明智的投票。

最后，我们可能会注意到人们通常确实懂得集体行动的逻辑，尤其是处在这种熟悉的背景下,即合作的贡献成本非常高昂并且很容易被预见到。"让乔治来干"这句口号就是建立在对这个逻辑的认知之上的。尽管那些努力改变别人信仰者可能是受他人影响后才相信自己所散布的理念的,但是使人们不去理解投票的逻辑需进行大量的劝说。

工会领导人及其成员是那些很好地理解了集体行动的逻辑的人中的一员。这个观点基于这样一个事实,即他们的行动从一开始就是集体性的。长期以来,他们被迫认识到自愿主义收效甚微,必须运用强制性的法律来实现责任和努力的贡献。正如前面所提到的那样,正是在工人们集体行动的背景下,密尔才认识到这个逻辑。美国工会运动的早期领袖塞缪尔·龚帕斯(Samuel Gompers)早在1905年就清楚地陈述了这个逻辑。① 他是通过广泛且毫无疑问是痛苦的经历才意识到这一点的,而那种痛苦是我们当中大多数人甚至永远都无法感知和体察的。也许我第一次听说关于集体行动的逻辑来自我的一位工会邻居,那时我尚未成年。我问他在选举日如何投票。他回答说,他从不费劲去投票,因为他的选票无足轻重,并且投票会带来很多麻烦,比如说他必须要在上班时间早退或者错过院子里晚餐前的啤酒。他从口袋里掏出一枚一角的硬币,说:"我的选票还没这个有价值。"然而,在一定意义上说他非常了解选举——如果他要去投票的话,他知道应该如何去投票。他正确地预测到,德怀特·大卫·艾森豪威尔(Dwight David Eisenhower)将会轻松战胜阿德莱·史蒂文森(Adlai Stevenson),因为他推测人们喜欢艾森豪威尔,并且人们笨到根本不清楚史蒂文森才是那个能更好地服务于他们中大多数人利益的人。

当自愿的集体行动代价高昂且清晰可见,并且当这种集体行动的重要性在例如工会或社区组织的活动中被反复了解,人们就可以清楚地理解集体行动的逻辑。然而,总结归纳这个逻辑却是另外一码事。只有在奥尔森1965年概括的帮助下,这个逻辑才为许多社会科学家所熟知,而这些社会科学家们都是对理解这一逻辑有着强烈职业兴趣的人。然而,他们中的顶

---

① Samuel Gompers, "Discussion at Rochester, N. Y., on the open shop- 'the union shop is right' - it naturally follows organization," *American Federationist* 12 (#4, April 1905), pp. 221 - 3.

尖人物之前却都误解了这个逻辑。唐斯非常有名的一件事是，他几乎栽倒在自己的论点之上。因为在讨论投票本身的价值是否在于投票会使民主制度得以运作和存续时，他似乎认为投票的原因就是为了防止民主制度的崩溃。这一糟糕的论点——人们甚至认为他在某种重要意义上比"我出于自身利益进行投票以影响当下选举结果"的论点更为糟糕——通常且广泛为批评家引用，以驳斥唐斯的中心论点。

总之，尽管投票不能给人们带来个人收益，但是人们仍然会这样做。因此，唐斯的集体行动逻辑事实上已经被证实，因为毕竟有很多选民参与选举。所以，正如熊彼特认为的那样，充分认知以明智投票才是民主理论中更为基本且严肃的问题。为了评估实际情况是否如此，我们需要比以往更为广泛地研究投票和客观利益之间的契合点问题。

多维的问题

阿罗定理与唐斯理论在预设上根本迥异。无从设想，在阿罗的偏好排序中，存在一个简单的左—右维度，个人可以据此给他们的国家事务排序。而事实上，有关国家事务的界定本身就存在着许多维度。在某些方面，阿罗有关集体选择的本质的看法比起唐斯的理论更适合于今天欧洲和北美的国内政治。唐斯基于正常分配的左—右模型理论更适合于20世纪50年代的政治，而不是现在。因此，我希望在这样一个背景下讨论中间模型，即全体选民面临的问题并非简单地按照一个维度排列。正如我下文将要阐述的，正因为当今问题的这一性质，今天的选民较之以前要有艰巨得多的认知要求。

从某种意义上说，唐斯模型趋近真相的时代是一个简单化盛行的年代，这个时代在盎格鲁—萨克森世界持续了数个世纪，在其他后来转变成为民主国家的工业化国家中持续了一个世纪或更久。但是那个年代已经逝去，可能是暂时的，也可能是永远地逝去了。它的逝去可能会对即将发生在较近未来的政治表现形式产生重要影响，因为简单的左—右二分法再无法代表那些要解决的关键性问题。

众多非经济问题的存在是造成当今多维化的原因之一。但是，我仍然愿意继续关注那些主要涉及利益的问题，而不是那些并非基于利益、甚至有悖于利益的道德问题。有人也许会认为，这些问题完全可以用左—右维度模型排列，就像总体经济政策曾经被认为是适合该模型的一样。但是，当对多个政策影响的理解和认知存在问题或差异，比如关于环境问题、军费开支、基础研究、健康保健以及其他当今工业化国家主要经济政策所关注的一长串问题，我们就不能简单地把所有这些问题都放入一个加性函数：政府开支由多到少。比如我要求在环境问题上增加投入，你要求削减环境投入而在健康保健方面投入更多，另一个人则要求如果必要的话两者都削减而在国防或教育上投入更多。如果这些都是可以在个人层面上消费的可买卖的商品，那么限于我们各自所掌握的资源，我们可以自由买卖各自所需。但是这些产品却并非如此，我们通常集体决定这些物品供给的数量，并且也可以大致获得相同的数量。

假如我们相信存在某些如同基本福利或者公用设施之类可以共享的东西，那我们至少可以在原则上排列这些问题，正如乔治·斯蒂格勒（George Stigler）和葛瑞·贝克（Gary Becker）所认为的那样。① 但是即便如此，普通公民仍然无法这样，对于如何使用公用财产仍会有重大的歧义。更进一层，纵然这些问题可以清晰地仅仅被看作是关于利益的问题，但他们仍然会对各个维度做出不同的定义，因为个人会对这些问题有不同的评估。对于现代经济中的私人消费品，这仅仅意味着我们有理由互相交换以提高各自的福祉。我喜欢你的某些物品更胜过我的另一些物品，而你有相反的偏好，所以交易可以进行。这是现代市场经济中非常简单化的活动：我们每一个人都可以用某些物品换取别人的另一些物品，进而提高我们各自的福祉。

这种简单化的活动在很多公共分配领域不可行。对于实质上是集体利益的公共分配，我们必须达成一致，将各种物品一次性分配给每个人，而

---

① Gary S. Becker, *Accounting for Tastes* (Cambridge, Mass.: Harvard University Press: 1996), pp. 24–49.

且我们不能通过互相交换以趋近我们各自更为偏好的结果。我们都得到同样的结果。如果我们所有人的起点都是同样拥有私人消费品，我们可以通过交换来增益。但是公共物品一旦提供就不能如此。我不能用我享有的部分环境保护成果来同你享有的部分医疗保健进行交易。我们以同样拥有公共物品作为起点，那么自始至终我们只能拥有这么多公共物品。结果，我们必然从实际不同的维度上去看待公共分配，因为我们对公共物品加总的方式不一样。综合起来，某种分配可能对你来说是非常好的，而对我而言，相比于在相同的公共成本基础上的其他可能的选择，这种分配则可能是灾难性的。

尽管在没有受到他人行动交互影响的情况下，人们因其私人行动所获得的福祉一般不会受到影响，但是比起政治领域来，人们在私人领域肯定会对自己的福祉拥有更大的控制权，因而他们会有更大的动力去理解他们的私人关注而非公共性关注。与此类似的是功利主义的观点，我们应该注意将利益攸关的努力放在离我们更近的事务上，而非那些事关公众总体福祉的事务上，因为我们对于此类事务更为确定（这种判断是对所谓功利主义批评的一种反映，该判断认为它违背了我们对于家庭的特殊道德关注，而是要求我们仅仅关心普遍化的东西而非关注任何贴近我们的个人事物）。理想化地说，假如我们可以把公共物品转化为个人物品，那么我们可以在很大程度上解决这种动力不均衡的问题。但是对于公共性的负面效应，这是不可能的，比如污染，它不是故意被生产出来的，至多是某些值得去做的事情的外部效应。而且削减很多由政府和其他机构集体提供的物品，这种方法也是不可行的。

总体上来说，理解诸如环境保护等问题的公共关注，比理解增益经济活动的政策影响要更难。在短时间里，工人可能大多数认为提高工资是他们的利益所在，哪怕是以资方增加投入作为代价；资本家和相对富有者可能认为提高投资是他们的利益所在，哪怕是以降低工资为手段。但无论是工人还是资本家，都不会很清楚地认识到总体上的环境保护是否是他们的利益，尽管他们会自然地认为那些增加工业负担的环保政策不是他们的利益所在。甚至是暴露于致癌物质，比如苯和其他存在于生产聚氯乙烯薄膜

（食品或其他物品的塑料包装）过程中产生的气体中的工人，可能认为保有工作是他们的利益所在，而非在生产过程中进行各种隔绝处理以避免这种暴露，而碰巧这种操作可能会导致裁员的后果。

有人可能会将最近美国、英国、德国的选举视作对于传统经济两分状态消逝的反应，经济在传统上分为左派和右派，分别各自关注工资和利润。这是因为，不管是左派还是右派政党的领导人都开始认为相对自由的市场机制对于当今经济的运行是最好的。近年来，社会的关注点集中在其他问题上，比如在美国，很多群体关注堕胎、枪支管理等问题，在德国则关注环境问题。事实上，在德国存在一个专门的绿党，因为环境问题不是基民盟和社会民主党的关注点。这些其他问题通常不是那么显著地与传统的"工资—利润"两分相关。因此，没有一个传统政党可能将这些问题列入议程并用其战胜主要的反对党。传统政党和选民如今面对这样一个世界：多样的问题实际上表现出多样的维度。①

主要的左—右两分的经济问题界定了美国和众多其他民主国家在20世纪大部分时间里的两大主要政党。其他问题很多而且多样化，但是它们都不是主导中心的经济问题。

有这样一个事实：当今众多的问题本身似乎显得仅仅是利益的问题，这些问题都是由集体决定或规定的，这一事实使得这其中的每一个问题都是集体选择的一个独立的维度。因此，只要这些不同的问题在政治上是重要的，那么传统的左—右政党联盟就可能不那么适合现实政治。所以，我们在集体议程上讨论这些问题越少，就越能使集体选择更为连贯。如果将很多此类问题放在集体议程中讨论，就会使得主要政党的关注分散，实际上使阿罗对主要问题准正交维度多样性的判断更加清晰、明确。基于这种变化做出反应的候选人不可能是唐斯式的候选人。相反，这种反应应该是不确切的和枯燥无味的。这种反应除了能获得总体性的支持之外，并没有展现出候选人主要的政策立场。当然，获得总体性支持的政策并不能使候选人独树一帜。

---

① Hardin, "The public trust."

对自由的结论性评述

我们可以通过考虑一种由政府来确保的特别产品,即政治和个人自由的权利,来扩大对上述论题的讨论。我个人所拥有的自由权利完全属于我个人的生活,并不属于我的公共生活或者政治生活。我有政治自由的权利来投票,甚至竞选公职。但是大多数公民并不能通过政治活动来获取可以对其自身福祉有所改变的政治自由权利。通过政治活动,我可能确实可以增进自身福祉,我也可能与大多数人一起投票来促进我们的利益。但是如果我的投票是没有价值的,那么这种加诸在投票上的自由权利也就同样是没有价值的了。这样一种自由就像是投票选择"太阳明天是否升起"的自由权利一样。

总体上来说,那些被边缘化的群体的自由度是最大的,因为他们不会受到任何合作和协调安排的束缚。但是这绝对不是一种令人期待的状态,因为这种背景下的自由其实是一贫如洗的。与贫穷为伍的自由无法让我们做很多事情或者说也没办法让我们富裕起来。要变得更富有,人们就必须服从于社会秩序所施加的众多限制,以便共同获益。实现无政府主义者所鼓吹的自由权利要付出相当高昂的代价。这里有布赖恩·巴里(Brian Barry)观点的一个例子,他认为,在民主政治的条件下,幸运要比有权势更好。[①] 正巧与大多数一致比对公共政策有些微的影响力更好。人们没有做什么,自己所偏好的政策却被采纳,而自己也能从这些政策中受益。我们中拥有自由权利的大多数人仅仅是幸运地拥有它罢了,我们并非通过自己的努力才获得了自由的权利。

我们从民主政治中获得的自由权利通常是得自于宪制政府和它的保护。如同20世纪30年代德国的情形一样,当民主未能对一个反宪制的政权发挥作用时,自由的权利也就不复存在了。一个反宪制的政权可能是最

---

① Brian Barry, "Is it better to be powerful or lucky?" *Political Studies*, 28 (1980), pp. 183–94, 338–52.

具有"民主"味道的,因为它可能广受欢迎,正如历史上许多法西斯国家和其他专制国家曾经出现过的政权那样。

我们可以很快举出侵犯个人自由权利的实例,这一事实使得我们有理由通过个人行为保护自由的权利,也就是说,必须通过法庭而非通过多数人的机制来保护自由的权利。这不仅仅是我们需要对于多数人的暴政有所忌惮,我们同样怀疑多数人是否能够代表自己对自由权利进行保护的能力。泛泛的自由权利的逻辑不太可能给公民留下深刻的印象,但是对于我的自由权利的侵犯却能立即给我留下深刻的印象。因此,尽管我们在众多的自由权利中有一个真正的集体利益,但是我们只希望通过个人动议来使其得以践行。

从这个角度来说,我们可以用处理其他公共分配的方式来处理自由的权利,那就是:个性化的处理。也就是说,我们最好能将集体性的公共物品转化为个人提供的物品。这对于集体性的负面效应是不可能的,同时对于许多公共物品也是不可行的。只要存在对这些物品的大量需求,同时还存在对这种负面效应进行规范的必要性,那么我们就可以获得这样的预期,那就是:政治会变得多维度,选民也会在理智地忽略自身利益的同时忽略全部维度上候选人的立场。最后,我们也可以期待他们不再简单地依赖左—右两分的政党去代表他们所有维度上的利益。

第九章 协商民主和社会选择[*]

戴维·米勒

如果我们正在思考自由主义民主及其可能的替代方法，我们必须从找到制度及其规制理念的差别入手。自由主义民主可以被用来指代一整套制度——自由选举、党派竞争、言论自由——这些内容构成了我们在西方习以为常的政治制度；自由主义民主也可以被用来指代作为这一制度基础并证明其正当性的民主观念。制度和指引性理念之间的关系，并非必定是简单的或者一对一的。同样一种制度可以被从不同的角度证明其正当性，尽管那些支持不同规制理念的人们会将注意力集中在通过不同的方法塑造制度上。举一个大家都熟悉的例子。选举立法机构代表的实践可以被看作是一个将立法者置于公共权力之下的过程；同时，它也可以被简单地看作是一种把腐败的立法者拉下马的手段。你选择这些观点中的哪一种将会影响你对于实践形式的偏好（选举应该多久举行一次？投票制度是应该采取简单多数制，还是其他方式？等等）。

接下来的争论主要是关于民主的富有竞争性的规制理念。在对自由主义民主和我所说的协商民主进行比较时，我的目标是将两种理解民主程序

---

[*] 我谨向乔舒亚·科恩（Joshua Cohen）、戴维·赫尔德（David Held）、伊恩·麦克里恩（Iain McLean）、威廉·赖克（William Riker）和阿尔伯特·威尔（Albert Weale），以及参加由《政治研究》主办的"自由主义民主的替代"学术研讨会的学者们表示感谢，他们对本文的初稿提出了许多非常有益的意见和评论。

的基本方法进行比较。为了支持协商民主,我并不倾向于将现存的自由主义民主制度全盘废除,而是将那些制度按照当下流行的一种不同的规制理念进行重塑。我仅将制度上的问题作一简要论述。我的主要目的是说明在自由主义民主和协商民主之间最紧要的是什么,特别是按照社会选择理论来说,这一理论似乎对任何超出最低民主理念之上的力量都提出了挑战。

现在,我将自由主义民主和协商民主作为规制理念进行比较。从自由主义的观点来看,民主的目标就是将分散的个人偏好尽可能通过一种公正而有效的方式聚合成为集体的选择。① 在民主制度中,关于什么可以"政治行事"会有多种不同的观点,这些观点反映社会中的多种不同利益与信仰。每个人的偏好与意志应该具有平等的地位。而且,公共意志是非常神圣的,因为它代表和反映了政治共同体中每一个成员的个性(关于这一点,只有在偏好违背了自由主义民主的准则时,才会例外,比如否定全体公民平等权利的种族主义信条)。那么,难题就在于找到一种可以最好地满足平等和效率要求的制度框架。因此,自由民主主义者会在这样一个问题上发生分化:是采用多数人决策的机制,还是采用按照多元主义者的理念设计出的制度,在这种制度中,社会中不同的族群和集团将按照他们在某项决策中的利益比例对决策的制定施加影响。然而,这是一种"家庭式的争吵",陷入争吵的双方事实上都被同一个根本性的理念所指引,即怎样才能在政治共同体表达出的各种尖锐对立的偏好中找到一种公正而有效的妥协方案。

协商理念同样基于这样一个前提,即不同的政治偏好将会发生冲突,而民主制度的功能就是解决这种冲突。但是它认为这一过程是通过对相关

---

① 在本章中,我是这样来理解作为规制理念的自由主义民主的。有些自由主义者可能会对这一术语的挪用提出不同意见。然而,尽管我对自由主义民主的解释只集中于自由主义思想的一部分——即自由主义对个人偏好和个人表达的重视——但我认为这是自由主义的一个重要组成部分。这也是当前自由社会中一个流行的思想,在自由社会中,民主首要地就被理解为独立形成的偏好的聚合。

议题的公开的和非强迫性的讨论而进行的，旨在达成一种一致的判断。[①]做出决策的过程，同时也是一个如何将最初的不同偏好在考虑和采纳别人的各种观点后加以整合的过程。也就是说，达成协议的需要迫使每一个参与者在普遍原则和政策考虑的要求下，提出别人可以接受的建议。这样，即使我最初的目标是支持一个我所从属或者代表的特定团体的要求，我也不能在普遍的讨论中仅仅说："我主张 A 团体——如农场主或者警察——应该得到更多的资金支持。"我必须对这一动议做出解释。这些理由可以是这个群体具有特殊的需求，或者是提高这一团体的生活水平已经成为了这一团体的共同利益所在。然而，在我给出这些理由的同时，我也承认了这个普遍原则，按其含义，这一原则也同样适用于任何其他具有类似地位的团体。因此，我被迫开拓自己的眼界，这要求我或者在为我提出的主张辩护时不仅要将之应用于我自己的团体，还要将之应用于 B 团体、C 团体和 D 团体，即那些与 A 具有类似的相关性的团体，或者在其他的一些事例中，放弃或调整我准备接受的某些主张。尽管最终做出决定时，仍将需要在两个或更多选择间进行投票，那时，参与者所做的就好像是以他们所听到的为基础做出判断或裁决。他们所表达的观点表明了哪一个政策最符合提出的各种主张，或者代表了在所提出的各种对立观点间最公正的妥协。

　　协商的观点清楚地依赖于一种不同于自由主义观点中的"政治中的人性"（human nature in politics）的观念。后者强调了对于每个人的不同偏好给予适当重视的重要性，而前者则依靠一个人受理性观点支配的能力和将不同于整体公平和集体性的共同利益的特殊利益和观点搁置一边的能力。它假设人们在某种程度上以他们的观点为公共指向。协商民主的实践可能会被某些人所滥用，这些人口头上说公开讨论的理念很好，但实际上却试图操纵他们的同伴以达成为个人私利服务的决定，在这个意义上说，它似

---

① 协商民主的概念近来被很多政治理论家所鼓吹和探讨。最深刻的论述也许来自以下文献中的讨论：J. Cohen, "Deliberation and Democratic Legitimacy", *The Good Polity* ed. A. Hamlin and P. Pettit (Oxford: Blackwell, 1989); B. Manin, "On Legitimacy and Political Deliberation", *Political Theory*, 15 (1987), 338 – 68; J. Dryzek, *Discursive Democracy* (Cambridge: Cambridge Univesity Press, 1990); 以及 *Market, State, and Community* (Oxford: Clarendon Press, 1989), ch. 10。

乎更易于被利用。① 然而我们马上就会看到，自由主义民主程序本身也易于受到政治操纵。因此，在这一阶段，对于这两种民主思想中哪一种更容易受到进行操纵的个人或团体的暗中破坏这个问题，我们还不能得出结论。

在论述我的协商民主观点时，我不仅要将它与自由主义民主区别开来，而且还要将它与所谓的"认识"民主（epistemic democracy）相区别。② 认识民主的观念将民主程序的目标看作是找到政治共同体所面临的某个问题的正确答案。换句话说，它假定提出的问题都有某个客观上正确或正当的答案，但是由于这个答案的内容存在不确定性，因此需要有一个决策程序，而民主，以其多数投票的形式，成为了极有可能产生正确的答案的程序。这是孔多塞③的观点，但是它又曾被认为是卢梭④提出的，而我自己认为卢梭的观点介于民主的协商观念和认识观念之间，因而是模糊不清的。⑤

我认为，认识观念为政治决策设置了一个不现实的高标准。尽管有时一个政治共同体要决定的某个问题可以假定存在一个正确的答案（如关于环境的某个科学问题，对于所做决定应达到什么目的有一个完全一致的意见），更可能出现的情况是，这一议题涉及到一些对立的主张，这些主张不可能同时被满足，从而没有一种决定能被看作是客观上正确的。从协商的观念来看，目的在于达成协议，可以通过不同方式达成协议。一种方式是，让参与者达成一个实质性标准，让他们都同意这一标准可以恰当地解

---

① 这一观点在 J. Elster 的 *Sour Grapes* (Cambridge: Cambridge University Press, 1983), ch. 1, section 5 中有精彩的阐述。

② 对于这一观点，参见 J. Coleman and J. Ferejohn, "Democracy and Social Choice", *Ethics*, 97 (1986–7), pp. 6–25。

③ 参见 H. P. Young, "Condorcet's Theory of Voting", *American Political Science Review*, 82 (1988), pp. 1231–44。

④ 参见 B. Barry, "The Public Interest", *Political Philosophy* ed. A Quinton (London: Oxford University Press, 1967); B. Grofman and S. L. Feld, "Rousseau's General Will: A Condorcetian Perspective", *American Political Science Review*, 82 (1988), pp. 567–76。

⑤ 其中的含糊之处在 D. Estlund, J. Waldron, B. Grofman and S. L. Feld, "Democratic Theory and the Public Interest: Condorcet and Rousseau Revisited", *American Political Science Review*, 83 (1989), pp. 1317–40 中得到了解释。

决问题。另一种方式是达成一个程序，对由特定的提出要求者（claimants）提出的观点的价值进行抽象后，形成这一程序。（那么，我们假设问题是，对于一种可实现的资源，如一块土地，应当如何在提出要求的几个团体之间进行分配。一种可能性是大家都认同一个原则，如这一资源应当分给那个最需要它的团体，或分给那个能够最有效地利用它的团体，然后以提出的观点为基础来决定给哪个团体。或者，这一协商团体可能会觉得做出这样的判断还不够，想选择一种程序性的解决办法，如由各团体平等地分享这一资源，各团体轮流享有这一资源，或通过抽签来决定谁享有资源。）在这两种情况下，其结果都是要达成一个各方都觉得合理的决定，但是这并不必然要求决定反映任何公平或正义的卓越标准。协商观念的重点在于，通过公开讨论使所有的观点都被听到，这一方式可以使结果具有合法性，从而可以将这一结果看作是对之前进行的讨论的反映，而不是将协商看作一个寻找正确答案的探索程序。①

本文的目的在于，考察一下协商民主是否能够比自由民主更少地受到社会选择理论对于一般意义上的民主所提出的问题的影响。通过这种方式的论证，我明显地颠覆了一个普遍观点，即社会选择迫使我们放弃民主的"民粹主义"模式而支持民主的"自由主义"模式，在"民粹主义"模式中，民主决策被表述为"人民的选择"或"大众的意愿"，而在"自由主义"模式下，民主选举只是被理解为防止出现专制统治的措施。在这种观点看来，民主是指投票人在一段时期内有权力撤销那些他们不再喜欢的政府。认为投票人应当以某种更积极的方式决定公共政策的任何想法都是被误导的。这种观点在熊彼特和达尔②对自由民主的阶级辩护中发挥了某种

---

① 这并不是否认协商可以提高决策的质量。在达成决策的过程中，协商确实可以发挥一定作用，通过讨论，可能会发现有些偏好是以经验主义的错误理解为基础的，从而取消一些最初为人们支持的选择。（对此，我在稍后将给出一个案例）。但是认为这是协商唯一的或者在很多案例中主要功能的想法是错误的。

② J. A. Schumpeter, *Capitalism, Socialism and Democracy*, 5th edn（London: Allen & Unwin, 1976）；R. A. Dahl, *A Preface to Democratic Theory*（Chicago: University of Chicago Press, 1956）。熊彼特在阿罗之前就曾表述过他的定理，但我认为在熊彼特的评论中，有些内容是没有正式提出而只是隐含的。达尔明确地指的是阿罗。

作用，而最近威廉·赖克对之进行了详细而又富有智慧的发展。①

然而，在我看来，不论是自由主义还是民粹主义，赖克都将之理解为民主的自由思想的变种。民粹主义的观点是，个人的偏好应当通过投票整合以产生一种用于指导政策的普遍意愿。赖克所讲的自由主义，其野心要小一点，它从消极意义上看待选举的目的，认为选举是为了撤换不受欢迎的领导人。这两种观点都将民主看作选举人偏好的聚合：它们的分歧在于通过民主可以进行政治选择还是只是选择政府的组成人员。认为民主决策根本不是偏好的聚合，而是为了达成一致的判断，这样的认识与上面两种观点都不同。

现在，我们再回想一下社会选择理论为这些自由主义民主观点提出的挑战。假设参与投票的公众必须在一些政策选择中做出决定——举一个具体的例子，其议题是英国应当怎样发电，公众必须在煤炭发电、石油发电、煤气发电和核电站之间做出选择。社会选择理论尤其是它最受推崇的组成部分阿罗的普遍可能定理② (general possibility theorem) 的要旨是，一个人不可能设计出一种决策机制，可以同时满足我们想要坚持的一些非常微弱但合乎情理的条件，假如单一性 (monotonicity) 或必要条件 (requirement)，即如果一个投票人从他自己的排序 (ranking) 中提升一种选项的位置，不可能产生在社会排序中降低它的位置的效果。

有人可能会说，这就是社会选择对民主提出的问题——即，一般而言，没有一种公平、理性的方法可以整合投票人的偏好以达成社会决定——但它引出了两个更为具体的问题。第一是决策规则 (decision rules) 的任意性，第二是策略投票 (strategic voting) 的几乎不可避免性，或更严格地说，策略投票的可能性。决策规则大概分为两类，按照赖克的说法，我们可将之称为选择更好结果的多数规则和位置规则 (positional methods)。多数规则为投票人提供一系列的二元选择，根据在两个选项中哪个获胜来确定最后的胜方。那么，在我们的例子中，投票人将被要求在煤炭发电和

---

① W. H. Riker, *Liberalism Against Populism* (San Francisco: W. H. Freeman, 1982).
② K. J. Arrow, *Social Choice and Individual Values*, 2nd edn (New York: Wiley, 1963).

石油发电、煤炭发电和煤气发电等等这样的选项间进行选择，在这一系列问题中将产生一系列的多数，然后再从中找出最终的选择。位置规则要求投票人对现有的选项进行排序，然后运用全部的或部分的排序信息来计算出胜者。那么投票人将被要求在选票上对这些选项从 1 到 4 进行排序，然后通过某种规则来选出胜者，比如某一选项每排在第一位一次，就得 2 分，每排在第二位一次，就得 1 分。

任意性的问题之所以会产生，是因为对于哪种可能的规则更适合我们"找到投票人最支持的选择"的直觉，我们并不清楚，或者换句话说，对于任何一种规则所产生的结果，都有可能被证明与我们所认为的民主决策不相容。在多数规则中，一个强大的挑战是孔多塞规则，即任何一个在一系列二元选择中战胜其他所有对手的选项都应当成为社会选择。然而，不能保证在任何一个特殊事例中都能够发现这种孔多塞式的胜者，因此，这一规则是不完善的。那么，煤气有可能打败煤炭和石油，但又输给核能，而核能可能反过来被其他选择打败。如果想进一步完善这一规则，那么它必须进一步扩展来解决这种可能性，但是对这一规则目前还没有明显正确的扩充。① 在位置规则中，最受赞同的一种规则是波达计数法（Borda count），它根据每个投票人对选项的排序来打分，那么我的首选项得 n 分，我的第二个选项得 n – 1 分，以此类推。这种规则存在的一个问题是，在几个非常受欢迎的选项中做出决定时，可能要取决于某些不同于众的、不正常的或偏执的选择来决定最后的结果。最终，可能会产生令人为难的结果，孔多塞规则和波达计数规则所产生的结果不一定一致。即，孔多塞规则产生了一个胜者，而使用波达计数规则却选出了另一个不同的选项。有可能出现这样的情况，孔多塞规则的胜方比如说是核能，这是相当一部分人的第一选项，但是那些反对核能的人可能会将它排在非常靠后的位置，而另一种选项，比如说煤气只是一小部分人的第一选择，但是有相当多的人将之列为第二选项。那么我们根本搞不清我们应当跳过哪种规则。一种办法是选择有最多的"第一选择"的那一项，还有一种办法是根据大多数

---

① 参见 Riker, *Liberalism Against Populism*, ch. 4。

人们的排序做出理性的妥协。

第 2 个问题是策略投票。它是指在你想通过投票来加强你所支持的选择的机会时,就歪曲了你的真实偏好。显然,这种做法的成功要依靠你对其他投票人的偏好的某些了解。可以证明,如果有些投票人选择进行策略投票时,事实上没有一种决策规则能够不受策略的操纵。① 一些例子可能有助于证明这一点。假设我们使用多数决策规则,通过策略投票,有可能阻止一个孔多塞式胜者的出现。那么,假设每个人都投出了真实的一票后,核能是孔多塞式的胜者。我并不特别反对核能,但我非常赞成煤炭发电站。我不能阻止核能在与煤炭的决定性竞选中打败煤炭,但是如果其他人也像我这样想的话,在对煤气和核能之间进行选择时,我们就可以通过假装投票支持煤气从而阻止核能受支持,从而阻止核能成为孔多塞式的胜者。然后,不论再使用什么辅助性的规则,都将激发起我们让煤炭获胜的希望。同样地,如果使用波达计数的方法,并且我知道,比如说煤气有可能获胜,那我可以通过将煤气放到第 4 位的方法来提高煤炭获胜的机会。当然,不能保证我的策略一定奏效,因为我的对手可能也会做出有策略的行动。但是这有助于表明,最终决策所具有的任意性,在这种情况中,最终决定很难被称为大众的意愿。

因此,社会选择理论对民主理论提出的挑战可以被归为两个基本点:即没有一种聚合个人偏好的规则是显然公平和理性从而优于其他可能的规则的;并且事实上每一种规则都受制于策略操纵,那么即使对于一套给定的偏好,并且每个人都真诚地投票,从而能够产生一种可行的结果,而其真实的结果也很可能遭到策略投票的破坏。

从自由主义民主观点的内部来看,悲观主义者如赖克回应这些挑战的方式是将选举程序的重要意义减少至防止产生他所讲的"暴政"。但是,即使这种防护也是相当脆弱的,因为如果选举结果在某种程度上是任意的(如社会选择理论的分析所表明的),就很难说清楚为什么要用这种结果来

---

① 这就是在 A. Gibbard, "Manipulation of Voting Schemes: a general result", *Econometrica*, 41 (1973), pp. 587–601 and M. Satterthwaite, "Strategy-proofness and Arrow's conditions", *Journal of Economic Theory*, 10 (1975), pp. 187–217 之后形成的所谓的 Gibbard-Satterthwaite 定理。

撤换那些不受欢迎的或"专制的"领导人。科曼（Coleman）和弗雷约翰（Ferejohn）说得好：

> 赖克认为社会选择理论的不确定性结果显示出了投票的无意义，如果这种解释是正确的，那么通过选举来撤换官员就是没有道理的。如果选举结果与选民的偏好之间的联系是任意的，我们就不能从官员的撤职推出他的行为事实上是不受投票人欢迎的。我们很难将官员们因选举而被置于危险境地这种想法与自由主义联系起来。①

社会选择理论似乎以一种系统的方式削弱了自由主义民主观点，无论它在选举的投票行为中被指定了怎样的作用。

如果转换成协商民主思想，社会选择理论提出的这些问题能够全部解决吗？社会选择理论的前提是投票人具有给定的偏好来形成结果，并且有时还假设，一旦我们允许投票人在决策过程中可以转变其偏好，其结果就不再适用。② 但是这种回应太过简单。只要在将投票人的意愿合并成决策时还存在问题——更准确地说，只要三个或更多的政策结果仍然没有决定，并且对于这些结果没有形成一致的偏好——社会选择的结果就还适用。必须找到一种决策的规则，而这一规则潜在地易于受到任意性和策略操纵问题的影响。在我关于协商民主的论述中，我指出，尽管完全一致是讨论将达到的理想状态，但是认为每一个协商的事例都能达到一致同意也是不现实的。投票仍将进行，并且，只要进行投票，那么潜在地就可能出现社会选择问题。

我的目标并不在于将社会选择理论一笔勾销，而是要证明，协商民主

---

① Coleman and Ferejohn, "Democracy and Social Choice", p. 22. 同时参见 J. Cohen, "An Epistemic Conception of Democracy", *Ethics*, 97 (1986-7), 26-38, esp. pp. 29-31.

② 社会选择理论的文献可能会给人一种印象，即投票人的偏好是被看作是不变的，对于明显的改变，以选择设置的变化进行了解释。但是，事实上，只要特定的任何一个决策或一套决策被看作是固定的和可以确认的，社会选择理论家能够欣然接受偏好的变化，认为这变化取决于社会影响等。当我们认为偏好是在决策过程内发生变化时，转变的路径就出现了，从而个人在做出判断时不一定要与他们的最初偏好一致。

有能力减少政治共同体所面临的社会选择问题。我将举的例子有两个主要方面：第一，协商对偏好的范围进行限制，在最后的判断中，这些偏好将被合并到一起。第二，在协商组织内，对观点结构的了解将影响决策规则的选择。

这一观点的第一部分提出了阿罗最初定理中的一个公理，即必要条件，内容是社会选择程序应当能够适应个人对结果的任何一种顺序安排。这一公理似乎真的是不证自明的；它似乎重提了自由主义的思想，即每个人都有权力表达他们的偏好，不论其偏好是怎样的，因此，对个人的顺序安排的任何限制都是有偏见的。如赖克所言，从民主的观点看，任何阻止人们选择某一偏好顺序的规则或命令在道德上都是无法接受的（或至少是不公平的）①。但是，我所期望的可能性，并不是对于排列顺序的可能的选择方式进行某种外在的禁止，而是希望最初的那组偏好能够通过协商程序自发地发生改变，从而使最终那组用来形成决策的排列顺序可以比最初的那组小得多。如果这样的话，我们就能够放弃阿罗的不受限制的条件，来支持更弱的必要条件，即社会决策程序应当能够解决所有的后协商排列顺序。

我将简短地讲一下，这将如何有助于解决我们已经确认的社会选择难题。但是，首先，我们需要思考一下为什么某些最初的偏好应该通过这种方式予以清除。最简单易懂的情况是，偏好次序是非理性的，其原因是这些次序是以虚假的经验信仰为基础形成的，以能源政策为例，有些人可能会完全以环境的安全为基础对能源问题做出判断，从而一开始排列的顺序是煤炭、煤气、石油、核能。然而，在辩论的过程中，关于使用煤炭的火力发电站对大气造成影响的强有力的证据被提了出来，那么从环保的角度，这些证据将决定性地把煤炭排在煤气和石油之后。这并不是说最初的排序完全站不住脚，因为有可能存在其他的价值观点，从这些观点出发，最初的排序可能是恰当的。但是，也有可能没有一个人或事实上没有一个

---

① Riker, *Liberalism Against Populism*, p. 117. 然而，阿罗自己承认这一条件过于强烈，确实，在其关于可能定理的最初证据中，他用了一种更弱的说法，参见 *Social Choice and Individual Values*, pp. 24–5 and 96–7.

人持有这样的价值观点，因此辩论的作用就是将排序明朗化：净化成数量更少的紧凑模式。

第二种情况是，其偏好与社会的道德信仰严重相悖，（而决定要在这样的社会中做出）以至于没人愿意在公共环境中提出这些偏好。这大致类似于在当前的英国那些有种族主义信仰的人所处的位置：有一定数量的人们私下持有这样的观念，但是普遍认为，他们不能在像议会那样的政治论坛中讲出来。而这确实限制了他们所支持的那些政策的设置。你可能会出于种族主义的原因支持限制移民，但是你不能公开提出这些原因，这一事实意味着你提倡的政策必须在形式上具有普遍性；即他们不能在黑人移民和白人移民之间搞明确的歧视。

协商改变人们最初偏好的最重要的方法，就是我对协商理念的最早的概述中曾提到的。由于公开的辩论过程将会消除那些狭隘的、关注自我利益的意愿，所以偏好也不是那么不道德。参与政治辩论的话，我们必须提出所有参与者能够潜在地接受的条件，"这对我有益"这样的观点不包括在内。或者像鲍勃·古丁曾说过的那样，当我们充当了公共角色，我们必须清洗我们的偏好，只表达那些公共指向的偏好。[①] 在此我不涉及人们在辩论中表达一套偏好，在投票的决定时刻依据另一套偏好的可能性。因为如果投票是公开的，这么做只会马上失去人们对它的信任，并且在接近协商民主的条件下，这会成为采取公开投票体系的一个好理由，就像布里南和佩迪特最近指出的那样。[②] 然而，即使在无记名投票中，我认为也不太可能遇到太多的虚伪举动，诸如主张一种立场，然后以另一种立场投票之类的情况。这是对人类心理的一种要求：如果你已经公开地表明了一种立场，却在事关物质利益的决定上倒退到一个更为自私的立场上，你将觉得这是贬低自己。[③] 我并没有说这是完全真实的，但我认为大多如此。

[①] R. Goodin, "Laundering Preferences", *Foundations of Social Choice Theory* ed. J. Elster and A. Hylland (Cambridge: Cambridge University Press, 1986).

[②] G.. Brennan and P. Pettit, "Unveiling the Vote", *British Journal of Political Science*, 20 (1990), pp. 311–33.

[③] Jon Elster 在 *Sour Grapes*, p. 36 中提出了相同的路线。

由于关于公共讨论的道德教化作用的主张对于我的协商民主观点非常重要,我将对此进行一些经验性证据的说明,尽管这些证据不是直接取自政治领域。第一个证据来自试图模仿陪审团行为的心理学试验。[1] 试验中,一定数量的人们将观看一个关于审判的录像,其中支持和反对实行的证明是相当均衡的。然后他们每个人被要求对此做出有罪或无罪的裁决,以此为基础形成一定数量的模拟陪审员,这两种观点平均分配。问题是,陪审团最终会达成哪种裁决呢?演绎法将会预言某些悬而未决的案子,其中有罪和无罪的裁决比例大致相等。然而事实上,对于无罪一方存在明显的倾斜,研究者将之归因于"宽大原则"的存在。也就是,相冲突的观点的出现表明对于被告是否有罪存在疑虑,在证据不足的情况下,应当假定被告无罪。宽大原则在某种程度上总是存在的,但是我要强调的是,允许"陪审员"在做出集体判决前进行讨论,这种做法将会极大地改变结果,转向无罪的方向。对之最好的解释似乎是,讨论的作用在于激活宽大原则,从而某些参与者刚开始认为"是的,他犯罪了",最后会认为"我们不能同意这一点,我最好先假定他无罪"。换言之,讨论的作用在于至少使某些人从一个特定的判断转变为一种普遍的原则,一种自由社会中的人们将会应用于这类案件的原则。

然而,我想说明,讨论不仅能激活一些原则,还能够通过诱导使参与者认为自己形成了某种团体,从而创造原则。一般而言,讨论可以使各个分离的个人组成的集合变成一个相互以合作者相待的团体。也许,我还可以通过某些试验的证据来阐释这一点,这一次是关于面临着经典的囚徒的困境的团体的例子。每个成员都得到了一笔数目不大的钱,并告知他可以自己保存,或是捐出来形成一个共同基金,如果捐出来,这些钱的价值就会增加一倍,然后在团体所有成员之间平等地分配。显然,如果每个人都捐出钱,每个人的收入都会加倍,但个人理性会使他们把钱留下。我要讲的是,在试验中,通过 10 分钟的讨论,主张合作的比例增长了一倍,由

---

[1] 参见 J. Davis, M. Stasson, K. Ono and S. Zimmerman, "Effects of Straw Polls on Group Decision-Making: Sequential Voting Pattern, Timing and Local Majorities", *Journal of Personality and Social Psychology*, 55 (1988), pp. 918–26。

37.5%增长到78.6%。① 在这里,到底是什么原则机制发挥了作用尚无定论,但是很明显,辩论的作用在于在团体内产生一种合作准则,这种准则足够强大,在绝大多数事情中能够压倒个人的私利。一群朋友将毫不费力地摆脱囚徒的困境——他们早已相互信任。在这种情况下,相互交谈似乎是模仿友谊的一种相当有效的方式。

这一观点的结论是,我们有充分的理由期待协商过程将最初的政策偏好(这些偏好可能以私人利益、部门利益、偏见等为基础)转变为对要处理事物的道德判断,这将明显缩减最终决策程序必须面对的政策结果的顺序设置。这一协商过程是如何消除我们在前面已经确认的社会选择问题的呢?让我们先看看不确定难题(indeterminacy problem),以及我们的观察,即孔多塞规则可能会因为投票循环的存在而被打败。(对于循环投票,例如,在二元比较中,多数人支持煤气胜过煤炭,煤炭胜过核能,而核能胜过煤气。)在此,我希望诉诸一个著名的发现,即,在投票人的顺序排列是"单峰的"(single-peaked)情况下,这种循环(以及更为普遍的阿罗的难题)可以避免。② 也就是说,各种选择可以在一个连续统一体中进行排列,这样的话,假如一个投票人将偏左的选择列为最高选择的话,他就不能将偏右的选择排在中间选择的前面。③ 在这个意义上,如果存在单峰性的偏好,有一个选项就一定能成为孔多塞式的胜者,可以通过重复的二元投票做到这一点。

单峰性揭示了投票人偏好的什么性质呢?它表明,即使投票人在一定范围内会采取不同的立场,他们也会以同样的方式理解他们所面对的选

---

① J. M. Orbell, A. van der Kragt and R. Dawes, "Explaining Discussion-Induced Cooperation", *Journal of Personality and Social Psychology*, 54 (1988), pp. 811–19.

② 这一思想的最初介绍和研究是在 D. Black, *The Theory of Committees and Elections* (Cambridge: Cambridge University Press, 1958)。

③ 假设选择是煤炭、煤气和石油,并以这个顺序从左到右进行排列。那么单峰性就是指,每个投票人都应当按以下四种排列方式中的一种进行排序:(1)煤炭,(2)煤气,(3)石油;(1)煤气,(2)煤炭,(3)石油;(1)煤气,(2)石油,(3)煤炭;或者(1)石油,(2)煤气,(3)煤炭;相反地,投票人不能按(1)煤炭,(2)石油,(3)煤气,或(1)石油,(2)煤炭,(3)煤气的顺序投票。其必要条件不是投票人应当取得一致意见,而是对于他们的分歧,应当有一个一定的逻辑。

择。那么，假设在我们的例子中，煤炭是这三种燃料中最便宜但又是对环境最有害的；石油是最昂贵的但又是对环境最有利的；而煤气在这两方面都位于前两者之间。然后，我们可以看到，投票人面对的选择在本质上是经济成本和环境安全之间的选择，他们会自然地分成经济主义者（他们首选煤炭，然后是煤气，最后是石油），绿色主义者（他们首选石油，然后是煤气，最后是煤炭）和中间者（中间者支持煤气），将之作为两种价值观的最好平衡。一种单一的选择维度可以成为多种立场的基础，并且这足以保证其顺序排列是单峰的。

在许多案例中，我们会希望在伦理方面见多识广的法官能展示这一财富：政策选择代表了两种价值观之间的选择，不同的投票团体以不同的方式衡量这些价值观。[①] 然而，即使伦理判断参与其中，单峰性仍有可能失败。举个例子，假设核能代替石油成为第三种可选的能源，与其有关的事实是：它比较便宜，一般而言也是环保的，但它有发生重大事故的危险。那么，将会有三群投票人：经济主义者，他们的排序是：（1）煤炭，（2）核能，（3）煤气；悲观的绿色主义者，他们的排序是：（1）煤气，（2）煤炭，（3）核能；还有更为乐观的绿色主义者，这些投票人认为，鉴于核能各方面的好处，核事故的危险是可以承受的，因此他们的排序是：（1）核能，（2）煤气，（3）煤炭。从目前看来，如果没有哪群投票人能形成多数，我们将会产生一个投票循环，在循环中，每一种选项都能打败其他选项。

为什么会出现这种情况呢？在这一事例中，在决定之下，存在着两种分歧维度。一是在成本和环境安全这一冲突中取得平衡；一是关心环境的那些人对于可预言的污染和出现核事故的危险之间的权衡。经济主义者认为这只是关于成本的问题；那些不折不扣的绿色主义者认为这只是关于环

---

① 阿罗自己认为，如果决策是公正地做出的，而不是以个人私利的基础上做出的，那么投票循环就不太容易出现。"如果投票人都像康德式的法官一样，他们还是会存在不同意见，但是，与那些只以个人为中心的投票人相比，他们通过多数决策达成一致的机会将大大增加。" [K. J. Arrow, "Tullock and an Existence Theorem" in *Collected Papers of Kenneth J. Arrow*, vol. I (Oxford: Blackwell, 1984), p. 87.]

境安全的问题；第三种团体认为这一问题与这两方面都有关系，但是对于环境安全的内容，他们与绿色主义者又不同。就是这种交叉分歧的状况，导致了非单峰的排列顺序，从而有可能产生投票循环。

现在，考虑一下在协商民主的环境中，这样的选择应当怎样处理。参与辩论的人们，他们都想说服其他人支持他们赞成的选择，必然要为他们的偏好提出理由。在提出这些不同观点的时候，有一件事必须弄清楚，即这些不同的选择，其分歧是否是以一个单一的维度为基础的，或是多个维度。如果是多个维度，有可能会将最初的决定分裂为几部分。在这里，我说"可能会"是因为有可能最初的选择是独立的或不可分的。再看一看关于发电站的选择这个例子。似乎这个例子中的选择就是独立的（一个发电站或者是煤炭的，或者是煤气的，等等），由此将会有许多不同维度：相关的费用，用人的层次，环境安全问题，等等。然而，我并不认为其选择就真的那么独立。比如，煤炭发电站一般因其成本低而受到支持，但是可能有一个单独的问题，即以损失一定的输出为代价来减少硫化物或二氧化碳的排放是否合适。如果在辩论的过程中，有些发言者反对煤炭发电站的主要原因是发电站的污染排放问题，那么，明显的办法将是进行两次或一系列投票，一次是关于基本技术的，另一次是关于这一技术的环境/效率问题的。

这样的解决办法可以产生一个最终结果，这个最终结果可以被合乎情理地看作是多数的选择，即使它不是一个孔多塞式的胜者，在这一意义上，这种解决办法是明显的。① 在此，有人采取了一个庄严的（Olympian）视角，并判定会发生什么事。从参与者的观点看，有人可能会阻止这些问

---

① 在这两个维度上的多数立场若遭到了两组少数立场的共同反对，那么多数立场所有可能被推翻。那么，假设第一个问题是，建立煤炭的还是石油的发电站，第二个问题是，是否安装污染过滤器。多数人会认为，煤炭优于石油，因而可以安装过滤器；然而如果我们在安装过滤器的煤炭发电站和不装过滤器的石油发电站之间进行一次投票的话，那么通过吸引那些强烈要求采用石油发电的人以及强烈反对过滤器的人的支持，不装过滤器的石油发电站的选择仍有可能获胜。在我看来，在这些环境中，我们仍然应当将安装过滤器的煤炭发电站看作是多数的选择。

题的分解,因为他们认为如果将问题分解的话,他们支持的选择会失败。① 确实,他们可能会人为地将这些问题连在一起——我不是研究工党政治的,但我认为在政党会议中会使用这种合成的艺术,即将各种提议合在一起以产生一个人为的多数,其中包括你感兴趣的特定立场。然而,要实现这一技术,似乎要求有一个处于特权位置的群体,他们可以操纵日程表,可以决定哪些决定可以分别对待,哪些应当合在一起;并且这一群体与普通参与者相比,对于偏好的模式有更好的理解。在协商民主中,观点的模式——就某一问题的观点与其他观点能相互关联或不能相互关联而言——应当成为公共的知识,因为不同发言人支持或反对各种不同的合成建议。如果最初的选择很明显是多维度的话,那么,将很难形成一种公开的观点来反对分解决定。如果对于最初选择的维度不太清楚的话,发言人当然会尽力迷惑他们的同伴,使他们的同伴仅在合成的建议间进行选择,以期他们支持的建议能够获胜。

我试着对刚提出的这一点进行总结。我曾指出,偏好顺序往往不是单峰的,其主要原因除了经验性的错误之外,还因为讨论的问题将选择的不同维度进行了合并,对于这些维度,不同的投票人有不同的侧重。我要说的是,协商民主将揭示出这一点,这是协商民主(不同于简单的民意测验)的一个优点。除非很多人都准备有策略地行动,大家都希望将决策的不同维度加以分解,每一个维度中我们都会发现一个获胜的立场。然后,再将这些分解了的小块放在一起,我们将获得一个整体性的结果,这一结果可以确切地被称为代表了多数人的意愿,因为它在政策选择的每一个维度上都遵从了大多数人的判断。

在前面的论述中,孔多塞标准曾被当作对民主选择的检验。以产生投票循环的偏好顺序开始,我们考察了一些可以采取的方式,通过这些方式,讨论的过程或者可以改变偏好顺序,或者可以改变决定的日程表,从而避免出现循环的多数。然而,在论文的前面,我观察了决策方式中的多

---

① 即使他们对那一选择的支持是以道德信仰为基础的,也会出现这种情况:信仰和利益会促使人们去操纵民主程序。

数方式与位置方式（如以波达计数为代表）的竞争，而这一特定的困境仍将被提出。

孔多塞标准引导我们寻找赢得多数的政策选项，如果能够找到的话。波达计数法引导我们去寻找投票人的全部选项的排序，并选出其中得分最高的那一项。在这两种潜在地存在冲突的决策规则中，最重要的是什么？我想，通过引用迈克尔·达米特（Michael Dummett）的例子（认为决策中的波达计数法优于多数规则），能够找到最核心的问题：

> 这一问题取决于认为使尽可能多的人满意重要，还是使集体尽可能地满意重要。当然后者是更为合乎情理的。以多数人的希望为准则与一个将保证最大限度的整体满意的、潦草测验相比，似乎没有更多的正当性：赋予它太多的重要性将会成为多数的神秘性（the mystique of the majority）的牺牲品。①

关于这一问题，值得注意的是，它将政策决策看作是给那些为决策投票的人带去数量不等的满意度的活动。现在，有些决策接近这种陈腔滥调。比如，我们对每年的大学盛宴（college feast）的菜品进行一次投票，那么达米特的观点，即将整体满意最大化比多数人意愿的盛行重要得多，似乎是对的，并且用波达计数法决定这样的事务是极为明智的。同样地，尽管许多其他的决定更好地代表了正确的判断——如对于某一犯罪行为是否应当判处死刑的决定——在这里，像达米特那样为波达计数法进行辩护也会是非常古怪的。确实，似乎在这里自然会使用一种多数方式，因为重要的似乎是无论做什么都是依据多数人的意愿进行的——如果可能，多数人的意愿优于所有的其他选项。②

---

① M. Dummett, *Voting Procedures* (Oxford: Clarendon Press, 1984), p. 142.
② 这些假设是，我们有一个议题，理性的人们可能不同意这一议题，但是某个集体决定却需要它：在这样的情况下，具有最强的民主合法性的决定将是遵从多数人意愿的决定，这会将我们引向孔多塞标准。然而，如果我们从认识论的观点看——即我们认为对于提出的问题，确实有一个正确的答案，并可以证明民主决策是最有可能找到这个答案的方法——那么，如果有两个以上的选项，最好的方法可能是波达计数法。对于这一结果，参见 Young, "Condorcet's Theory of Voting"。

如果那种直觉是正确的,那么最好、最公平的决策程序将取决于要解决的问题。而协商民主的优点之一在于,协商过程将揭示要解决的是哪种类型的问题,如果一开始确实不明显的话。在关于协商模式的论述中,我集中于其最与众不同的方面,即个人的偏好转变为对以道德为基础的共同关心的事务的判断这一过程。然而,在现实的任何民主制中,还会有其他的一些问题,这些问题更接近于大学盛宴之类的事情,其中个人偏好自然应当发挥很大的作用。在许多普通的公共利益问题中都是如此。例如,如果我们要做一个预算分配,以决定在地方公园中建橄榄球场还是建游泳池,主要的考虑应当是这些选项间偏好的一般方向和力量。因此,一旦备选的选项确定下来,用波达计数法找到分配资金的最满意方式将是明智的,并且如果没有其他考虑的干涉,最终的决策就是对计数结果的确认。在这个例子中,协商的作用是确认一个做决策的程序,而不是达成一个大家同意的实质性判断。

我们在这里看到的是,标准的社会选择理论引导我们为聚合偏好挑选一种机制,不论那些偏好的内容是怎样的;然而,协商民主则恰恰是因为在协商过程中出现的人们的偏好内容,使它能够在理论上选出最适合当前事例的决策程序。现在,有一点很清楚,一旦我们允许决策程序可以以这种方式灵活变通,我们就为那些选择一种程序不是因为它适合于所要解决的问题,而是因为他们认为这一程序能够增强他们所支持政策的获胜机会的人打开了操纵投票的方便之门。这一问题强调了一点,为了协商民主良好运行,人们必须实行一种民主自制(self-restraint):他们必须认识到达成的决定应当是真正的民主的决定,而不是他们自己支持的决定。这反过来要依靠协商团体内存在的信任水平:人们将会以一种民主精神行事,如果他们相信其他人也可以做到的话。前面引用过的证据表明,讨论本身就是参与者之间建立信任的一个好方式,这一证据在这里也发挥作用。但是,这一证据是通过对小团体的研究得出的,因此也提出了协商民主可以在多大范围内实行的问题。

认为协商理念要求我们将现代民族国家的公民看作一个单一的协商体,这种认识是错误的。尽管每个公民都有机会以某种方式参与集体决策是民主的一个必要条件,但是这一条件可以通过一种高度多元主义的系统得以满足。多元主义可以通过以下两种方式中的任何一种或两种同时发挥作用:决定可以分配给最适于做出决定的或受决定影响最深的分选区;或者,较低层次的协商团体可以作为较高层次的团体的供应者,为它们提供代表们相互传达的观点和裁决。因此,我们可以设想,在城镇层次的初级大会上决定地方事务,同时由他们的议会代表对国家层面的问题进行辩论:议会代表不会受到结果的约束,因为他们本身会参与到协商过程中,在这一过程中会出现新的观点,此外,他们的部分工作是将地方大会的意见传达给国家机关。①

对公民来说,即使是直接参与地方层面的协商也会造成组织方面的显著问题,尽管最近的技术发展帮助我们看到了我们能够组织多大规模的人们一起参加共同的辩论。② 在这里,我不想讨论,如果技术上可以实现,公民们是否能被动员起来参加这样的辩论会。当然,这些问题是考虑协商理念在大规模社会中能在多大程度上实现时的关键问题。但在这里,我的关注点是在民主的自由主义观念中,其关键的缺陷是什么——社会选择问题所提出的偏好聚合程序中的弱点——以及协商民主克服这一弱点的方式。如果我们认真考虑社会选择,像我这样,那么我们不会退回到自由主义的最小形式,而能够努力将民主实践向协商理念的方向转变,鼓励人们不仅要表达他们的政治观点(通过民意测验、公民投票等诸如此类的方法),而且要通过公共环境中的辩论,形成政治观点。

---

① 这不是创立协商制度的唯一方式,并且协商民主的支持者在某种程序上不同意对他们的理念进行最为制度性的设置。托克维尔,协商传统的创立者之一,将自愿的集会以及城镇会议作为公共辩论的场所。还有人曾强调政党作为协商机构的作用,在政党中,政策被整合成条理分明的提议,使普通的投票人可以达成更理性的决定。对于后一种观点,参见 Manin, "On Legitimacy and Political Deliberation" and J. Cohen and J. Rogers, *On Democracy* (New York: Penguin, 1983), ch. 6。

② 对于这一问题的充分讨论,参见 I. McLean, *Democracy and New Technology* (Cambridge: Polity Press, 1989)。

第十章 制度间的协商

杰夫雷·杜利斯

我想提供一个案例来证明一种协商形式的存在，并揭示这种协商民主的理论意义，有关协商民主的研究文献不断增加，但是这种协商形式却被忽视了。我们看到，自从约瑟夫·毕塞特于1980年首次提出"协商民主"[1]这个术语以来，对制度内部的协商，已经有许多研究成果，如对国会制度[2]（例如 Muir and Bessette）或宪法惯例[3]（Elster）的研究，以及关于整个民众的协商实践及其潜能的讨论，这些是通过协商民意测验[4]（菲什金），或公民陪审团、调解团体、组织和运动[5]（如古特曼和汤普森所称

---

[1] Joseph M. Bessette, "Deliberative Democracy: The Majority Principle in Republican Government", *How Democratic is the Constitution?*, ed. Robert A. Goldwin and William A. Schambra (Washington: AEI, 1980).

[2] William K. Muir, Jr., *Legislature: California's School for Politics* (Chicago: University of Chicago Press, 1982); Joseph M. Bessette, *The Mild Voice of Reason: Deliberative Democracy and American Government* (Chicago: University of Chicago Press, 1994).

[3] Jon Elster, "Deliberation and Constitution Making," *Deliberative Democracy*, ed. Jon Elster (Cambridge: Cambridge University Press, 1998).

[4] James S. Fishkin, *Democracy and Deliberation* (New Haven: Yale University Press, 1991).

[5] Amy Gutman and Dennis Thompson, *Democracy and Disagreement* (Cambridge, MA: Harvard Univ. Press, 1996).

的那些"中层民主"),全民公决①(Ackerman and Fishkin),大众传媒②(Page)或"日常谈论"③(Mansbridge)等而进行的。日益增多的有关民主讨论的文献涉及许多研究,但并没有讲明协商的要点(例如 Bohman 和 Rehg 以及 Benhabib)④,它们反而集中于民主理性的规范性结构和意义上,但是,这些研究似乎都假定的一个要点是,协商发生在制度内部以及一类"人"或一类人的部分成员之内。

协商还有一种形式,它发生在宪政结构的制度之间,而不仅仅在制度内部,这种协商会得到大众观点的支持,尽管并不由某类"人"所主导。在美国的社会环境中,这种协商形式的一个特征是分权,并且的确可以被看作是真正意义上的分权的一部分。国会、总统和法院三部门之间的协商,是美国分权制度的一个核心特征,这一事实有力地支持了桑斯坦所讲的协商民主是美国宪法的概念性特征。⑤ 在我看来,这种观点和现象一直受到忽视,因为制度间的协商不需要(虽然有时候也需要)人们面对面的接触。在面对面的接触中(或有时作为补充),文本通过制度来交换。在文本的形成和交换过程中,制度承载着公共政策的价值,那些进行交流的最好议题表明了协商最重要的特征:对所讨论议题的相反意见表现出的相互尊重和响应。

当然,由制度引起的协商不是美国特有的现象,在其他自由民主制度以及其他一些非政府制度中也可以看到相似的过程。美国的制度及其实践在很大程度上是模仿英国及其他地方建立起来的。我关注美国的情况,并非是因为其具有独特性或在规范上优于其他自由民主制度,而是因为其能

---

① Bruce Ackerman and James Fishkin, paper for conference on Deliberating about Deliberative Democracy, University of Texas, Austin, 4-6 Feb. 2000.
② Benjamin I. Page, *Who Deliberates*? (Chicago: University of Chicago Press, 1996).
③ Jane Mansbridge, "Everyday Talk in the Deliberative System", *Deliberative Politics*, ed. Stephen Macedo (New York: Oxford University Press, 1999).
④ James Bohman and William Rehg eds, *Deliberative Democracy: Essays on Reason and Politics* (Cambridge, MA: MIT Press, 1997); Seyla Benhabib ed., *Democracy and Difference: Contesting the Boundaries of the Political* (Princeton: Princeton University Press, 1996).
⑤ Cass Sunstein, *The Partial Constitution* (Cambridge, MA: Harvard University Press, 1993). Campare, Bessette, *Mild Voice of Reason*, pp. 232-3.

提供丰富的证明材料，从而能在更普遍的意义上进行理论证明。如同《联邦党人文集》是很多民主协商讨论最便利的文本一样，美国分权的基本宪政理论和实践对于更为普遍地定位协商民主理论的缺陷、确认其进步方面来说，可以被看作是一个更大的"文本"。

协商民主通常认为，如果适当构建制度，民众就能够协商、考虑并恰当评价所有与决策相关的问题。例如，如果我们假设有一套由全体公民或一些公民代表组成的制度安排，为他们提供了与目前问题的所有重要方面相关的信息，并有充分时间进行协商，我们可以认定，所有重要且相关的论点都将被提出来，并进行考虑。但是，这种产生协商的制度设计，是否也会给一些论点以特权呢？这种制度结构能否确保所有关于支持民主的考虑都能得到应有的持续的支持呢？分权是一种设计多种制度以体现并推进民主的不同视角和不同主张的理论实例。分权的前提在于，没有一种民主制度能够充分保证考虑到与民主相关的所有方面。

民主协商理论也倾向于认为，成功的协商要求真诚地或诚实地提出论点，从而确保协商结果的理性和成熟。我们进行制度设计以鼓励协商的程度，决定了我们要承担的负担，其中包括因推托、伪善以及其他一些不能真诚地提出观点的行为而带来的惩罚。分权理论提供了一幅协商的图画，在其中政治家和公民可以保持他们的预期、利益和偏好，然而又仍然达成一个协商的结果。

1. 回应的修辞艺术

为了对分权模式下的相互交叉的协商有更具体的认识，我想对一套旧的制度实践进行一次"深描"（thick description），这种年复一年实行的旧有制度起于乔治·华盛顿就任总统的第一天，止于托马斯·杰斐逊的第一次就职。

为履行"向国会报告联邦的情况并向国会提出他认为必要和适当的举措"这种宪法义务，华盛顿和亚当斯总统以年度演说形式召开国会年会，后来演变成著名的《国情咨文》。在参议院会议室，总统亲自到场并向众议院和参议院宣读演说。

演说之后，两院议员重新聚集到各自的会议室，总统演讲的打印稿分发下去，每个立法机构都对总统的演讲提出方案（在有些情况下对之进行辩论），列出回应的一般意图的概要。每个议院选出3至5个立法者组成委员会，按照采纳的决议起草回应（为此目的成立的最早的几个议院委员会的首任主席是詹姆斯·麦迪逊）。起草委员起草一个回应所用的时间少到几小时、多至一周。

起草委员会完成任务以后，立法机构重新召集成一个"全体委员会"。在众议院，由会议秘书宣读整个草案，然后发言人主持对这一回应草案进行逐段讨论。在参议院，副总统（虽然他不是起草委员会成员）签署委员会的回应草案，然后将之分发到参议院，并主持参议院对所采用的草案的协商，对草案进行逐段讨论。在参众两院，这种回应一般是就总统的原始讲稿所提出的观点和思考依次进行直接回应。有时候，这种辩论是敷衍的、迅速的，但是，有时这种辩论是详尽的和深思熟虑的，会占用立法事务整整一周或更多的时间（有一次用了两周时间）。对于修改特殊的词语、句子和段落或增加段落的提议通过投票来决定，之后，对整个回应文本的采用进行最终投票。

在对总统演说的回应得到采用之后，如果总统方便，发言人和副总统会指定同僚向总统确认一下，便于两院"等候"总统并提交他们的回应。除非在第一种情况下，当总统重新回到众议院，会安排时间让两院议员在总统住所提交他们的回应。两个议院的全体成员分别在不同的时间到达总统住所，在那里，由发言人、若是参议院则由副总统宣读其回应。由于报纸详细报道了这些辩论的情况（没有官方的会议记录），总统已经熟悉了提交给他的每个回应，并立即根据回应做出他自己的回应。

在向总统提交正式回应，并且总统对这个回应做出反应后，议员将回到国会，重新聚集起来再次讨论总统的原始讲稿。这次他们的目的是对包含不同建议的章节分配给各相关委员会，以进行问题研究或提出立法建议。这些章节一般分配给现有的委员会，但也常成立新的委员会，对总统提出的一些新的议题或措施进行讨论。

虽然在国会协商中的每个意见通常在表面看来仅仅是一句话或一段话的措辞问题，但是由此引发的辩论通常是关于联邦的大问题，国家繁荣与否，取决于政府的努力与政策，宪政制度，或者是超越政治控制的因素，各州对制造商的支持，英法中立的外交政策的价值，对海军的需要，与南亚国家的关系，宪政体系下立法权和执法权的本质，或者是美国政治认同的问题。

政治认同问题提供了一个将某一很小的语义方面的辩论扩展到有关政治意义的辩论的有趣案例。在起草对华盛顿总统的最后演说的回应草案中，委员会提出了下列建议：

> 纵观全国，它是世界上最自由、最开明的国家，这是代表们对最早公民真诚而肯定的赞美之词，无论它多么新奇和有趣，这种光彩——并非偶然或因一时狂热而得，会因阿谀奉承而失色——它来自于卓越的美德，这赞美发自肺腑。①

人们可能会认为，如果存在批评，这种自得也会通得过。但是，事实上，对这一段的辩论用了好几天的时间，最后批评者占了上风。批评意见的基本观点是，一个世界上最自由、最开明因而真的很伟大的国家，向那些不太幸运的国家进行宣扬的话，是不太恰当的。批评者认为，如果我们自己宣称我们是世界上最开明的国家，这就是在进行自我否定，因为这本身就是一种不开明的做法。一个批评者指出："尽管我们愿意相信我们是世界上最自由和最开明的人民，我们自己这样认为就足够了；我们没有必要向世界宣布；如果我们不是，而我们却自以为是，情况将会更糟。"②

这段话的拥护者认为，说出事实总是明智的，其他国家总是对自己的各种美德加以称赞，也没有招致其他国家的嫉妒或讽刺，而且我们的公民值得他们的代表认可他们的伟大的。批评者坚持认为，宣称我们是世界上最自由和最开明的国家与是唯一真正自由或开明的国家之间是有区别的。有些人怀疑这种我们是世界上最自由和最开明的国家的宣称，这将使这段

---

① *Annals of Congress*, 1796, p. 1612.
② Ibid., p. 1614.

话的拥护者要求这些怀疑者列出更为开明的国家。经过两种观点的几次辩论，批评者认为，这段的第一句话应该改为，"纵观一个自由和开明的国家"。这个建议将这一段从42行压缩到了37行。①

虽然我只是暗示了这种辩论的一点情况，但它昭示了就总统咨文的回应进行协商的更具一般性的几个特征。第一，尽管讨论的是适于立法的事情，那些讨论，就像这个例子一样，也可以以某种方式走进普通公民。我用来说明协商的《国情咨文》，那个时候并不存在。这种有关协商的官方记录是1834-1850年间，依据许多报纸对这些辩论的记载重建的，这种对政治辩论的记载比20世纪的新闻报道更为详尽。第二，虽然这种辩论可以走进普通公民，但是这种辩论从概念上讲还是很精妙的。第三，这种辩论由成文的文本所规定，但是并不局限于文本。第四，尽管在辩论之下或之外都有一个政治议程（例如在将来的选举中维系党派优势），或者是会导致干涉的个人期望问题，但是这些辩论的进行和终结都是理性水平的——如同在辩论自身所讲的理性，下面我将用更长篇幅说明这一点。

也许对国情咨文回应的最有意思的协商出现在亚当斯总统执政的1797年。那年亚当斯总统召开国会专门会议来报告和回应与法国之间的危机。在演讲中，他概括了与法国的一系列冲突事件，这些冲突从法国查封美国船只开始，法国的目的在于阻止美国向他们的敌人——英国进口货物。在英法冲突中美国保持中立，但却反对干涉贸易和扣押公民。对此类问题国际法没有明确规定，而亚当斯总统决定派出特使，一位全权大使，到法国"重建信任，这曾经是一个友好联盟的证据和特权"。查尔斯·平克尼（Charles Cotesworth Pinckney）接受了这项任务，但他到巴黎后，法国革命五人委员会，拒绝接受他并拒绝承认他的国书。法国人威胁要逮捕他，之后他去了阿姆斯特丹，试图从那里控制局势。亚当斯提出与法国正常外交关系的破裂，其后果是，美国不可能听取或回应法国关心的问题，也不再提出自己的问题。在总统演说提出的几条提议中，提出了建立强大的美国海军的必要性。

---

① *Annals of Congress*, 1796, p. 1654.

对这个演讲做出的回应所进行的辩论，进行了两周的立法协商。辩论的实质转向了是对法国采取调和还是进攻姿态的相对价值，并有必要对《杰伊条约》（Jay Treaty，即《美英友好、商务和航海总条约》）以来的美国外交政策的历史和特点进行阐释。在此，出于我的目的，我将指出这个广泛的辩论的几个形式的而非实质性的特征。亚当斯总统在做完演讲之后，向国会提供了18个文件作为他在演讲中提出的主张的证据。这些文本成为相互交叉的讨论的组成部分。参议院先于众议院完成了协商，并形成了回应。参议院的回应就成为了提交众议院进行辩论的文本。众议院还要比照它自己做出回应的早期文本。各派政党一再警告这些被采纳的文本本身将成为美国外交政策的组成部分，因此每句话都应被看作具有重要意义。有趣的是，尽管辩论是公开的而且媒体进行了充分报道，议员们在辩论中都觉得能够自由地对法国和亚当斯总统进行严厉的批评，大家都通过的意见作为官方的最后回应也是不恰当的。从20世纪的实践来看，这种对文本和文本之间事务的日复一日的关注是非常显著的。

研究美国这个时期历史的人，可能对就总统演说的回应所进行的辩论感到有些惊奇。在辩论中，没有证据显示各个政党在这一时期为自己的利益进行认真筹划，也很少有人公开表达个人的野心，也很少有讨价还价的迹象。他们的论点是严肃的、有活力的，通常对于在任总统而言是带有批评性的，但是这种辩论也可以通过几种策略而变得文明和有节制：机构的议会规则、构成辩论的书面文本以及制度性礼仪规范的最初机构。面对所有这些文本之间的参照、对提出的论点的关注以及回应这些论点的修辞活动，历史和政治学家可能倾向于把这种辩论看作是掩盖真正的政治活动的误导、理性化的网络以及一种集体的伪装。当然，这些历史和政治学家可能是对的。当时的政治是一个很顽固的过程，人们很难从这种辩论中了解它。① 但如果伪善是个人性格上的一种缺点，那么它就是一种源自宪政设计的制度上的优点，也许就现代自由主义的性质来说更为普遍。对总统演

---

① 参见 Samuel Eliot Morison, Henry Steele Commager, and William E. Leuchtenburg, *The Growth of the American Republic* (New York: Oxford University Press, 1980), vol. 1, pp. 317–23。

说的回应所进行的辩论很好地说明，分权制度有能力将当政者的个人野心与其政府责任以一种方式结合起来，这种方式可以产生印象深刻的论点，即使它不真诚或不可靠。这些论点具有它自己的生命力，而且远远地超出了仅仅对（"真实"政治的）个人利益和野心的掩饰和理性化，它们变成了政治本身的实质和行为。人们能够在这场对于美国外交政策行为具有实际效果的辩论中看到一场运动，一种修辞学的运动。

对总统咨文所作回应的修辞表明了这样一种逻辑，这种逻辑在《联邦党人文集》中有所体现，即野心之间的相互抵制能够产生某种公共利益。①利益向善行的转换伴随着一系列修辞学上的转换。个人的野心转换成政党立场；政党立场转换成制度观点；制度观点转换成公共利益的陈述，这种陈述通常是用宪政语言来表述。在对总统咨文所作回应的修辞问题上，现代自由宪政主义成就显著，与当前的民主话语的讨论提供了很好的对照，当前的民主话语试图取消那些虚假的、前本文的和某些缺乏公共利益动机的论点的权威性。对于民主主义理论家来说，把好的论点局限于个人品格也许并不必要。这是因为，如果论点有它自己的活力，那么动机就变得与论点无关了。② 正如《联邦党人文集》第一章所表明的，党派对于重要问题的两方面考虑总是有某种可疑的品行和复杂的动机。一个论点不会因为其作者的动机不够善良而损害其真正的价值，一个立不住脚的论点即使其作者在其他方面真诚、诚实或善良，也不能增加其价值。

我上面描述的这两种情况大概介绍了一下这种卓越的民主实践。美国总统和美国国会例行公事地交换观点、参与两个部门之间的协商。当然，我所说的有很多是国会内部的协商。但这种协商是由行政行为引起的并对之做出回应的立法性协商，并被加以公开报道。我的部分观点是用以说明，在分权制度下，议会协商、行政协商和决策以及公众协商都是分权制度安排的几个方面，并且它们之间相互依赖，在理想情况下是互相促进

---

① *The Federalist*, No. 51. "Ambition must be made to counteract ambition. The interests of the man must be connected with the constitutional rights of the place."

② 在《联邦党人文集》第1章中，汉密尔顿说道："我的动机必须保留在我自己的内心里。我的论点将对所有的人公开，并由所有的人来判断。"

的。事实上，人们可以理性地推断出，目前议会协商质量下降，与强有力的部门之间的协商的萎缩有关。因为国会变得越来越内部化，其组织更为专业化，其公共政策的方法更为技术化，而联邦的公共民意测验和总统的管理性质变得非常稀少。

美国总统的年度演说和议会回应制度，是仿效英国国王对议会发表演说。在英国模式中，竞争性的制度代表了混合政体（mixed regime）在统治上的争夺。根据《联邦党人文集》所述，美国的创新是把这种混合政体转换成分权制度，在这种分权制度下，各竞争性的制度，而不是混合体制来代表民主的各个方面。单就英国国王和议会的修辞上的实践而言，美国的缔造者试图通过将之作为民主协商实践的组成部分来改变其含义和作用。

托马斯·杰斐逊取消了亲自到国会发表年度演讲的做法，也取消了接受回应和对回应做出回应。杰斐逊认为，这种发表演说和回应的做法不够民主。① 当伍德罗·威尔逊（Woodrow Wilson）恢复了到国会进行演讲，但他没有恢复国会回应演讲的做法。杰斐逊及其后继者坚持认为，指定委员会来"等候"总统是君主制的做法。因此，虽然这种仪式所代表的协商是完全民主的，但是，在实践中某些华丽的参与者却是来源于、且很容易让人想起君主制的实践。具有讽刺意味的是，回应制度作为一种不充分的民主形式，在美国被取消以后，在英国，协商作为混合政体的民主发展的要素却得以持续。

然而，对于早期美国回应制度辩论的研究，是由美国 19 世纪最伟大的议员们进行的。约翰·兰道夫（John Randolph）痛惜这种民主实践的衰亡，丹尼尔·韦伯斯特（Daniel Webster）同样如此。他们都认为这种民主是彻底的民主形式，例如，兰道夫就认为：

> 就总统演说的回应而言，虽然这种回应最终会有一些最令人意外的话语，但事实上，这种反对意见是对政府的措施进行详细考察和审

---

① Henry Adams, *History of the United States During the Administration of Thomas Jefferson*, 5 vols (New York: Scribner's 1889), 1, pp. 247 – 8. 同时参见 Noble E. Cunnigham, *The Process of Government under Jefferson* (Princeton: Princetonn University Press, 1978), ch. 5.

议的绝好机会……只要存在对总统讲演回应进行讨论的机会,无论这种回应多么出人意料,当它最后适应了当前的趣味,就会提供一个全面而公平地回顾政府措施的最好机会,而不会再对这位绅士是否适宜有什么疑问;并且我相信,对演说回应进行考察所用的时间,至少和取消这种惯例后所用的时间一样多。①

虽然这种对总统讲演的回应制度已经被取消,但是它所表明的立法和行政之间的协商关系以一种更隐蔽的方式在分权的宪法逻辑中依然存在,并且直到本世纪仍运行良好。

2. 分权

如同研究协商民主的人忽视分权一样,研究美国分权的人也很少谈及协商。法学家一般会讨论"分权学说"的发展,设计并详细说明如何为指定的制度设定特定的宪政权力。政治学家通常把分权理解成为一种制衡的形式,认为很难从理论上区分立法权和行政权。对制度之间协商的关注,使我们可以恢复一种原有的、更广泛意义上对分权的理解。这一理解之所以会变得陌生,是因为美国的政治实践已经长期背离了这一理解,我将在下面对之进行概括。但是,尽管这一理解在实践中逐渐衰退,这一宪法秩序的理论观点的要素却保留了下来。

法学家倾向于把分权看成一种信条,这种信条标志着以宪法为根据将合法权力的权限分派给总统、国会和法院。政治学家乐于指出这些权限是多么混乱。很难区分立法权和行政权的"性质",宪法本身好像使这种区分更加困难,因为每种制度都有干预其他机构的传统特权。因此,理查德·诺斯塔德(Richard Neustadt)把美国制度描述成"分离的机构分享权力"(separate institutions sharing power),这种独特的措词抓住了要点,而且已在关于美国政府的多数教科书中被当中成真理。② 但是,在强调制度

---

① 引自 Adams, *History*, 248. 同时参见 Daniel Webster, "The Presidential Protest", speech delivered in the Senate on May 7, 1834, in Daniel Webster, *The Works of Daniel Webster*, 6th edn, 4 vols (Boston: C. C. Little and J. Brown, 1853), 4, p. 374.

② Richard Neustadt, *Presidential Power* (New York: John Wiley, 1980), p. 26.

分享和竞争作为共同整体的"权力"时，政治学者失去了解释立法、行政和司法三权之间区别的必要理论工具，这种区别刻画了、并应该刻画立法、行政和司法活动之间的区别。

作为一个更大的概念的一面，法律和政治的分权观点都能得到更好的理解，而这一概念的核心则是部门之间的协商。在一般的政治话语中，分权这一术语，既被用来界定美国政府制度的一个方面（例如，在法院上讨论的法律原则），也被当作整个制度体系的一个标签。为什么能够将美国整个政府制度描述为分权呢？

总统、国会和最高法院的构成不单单取决于指定的权力，而且还取决于各种结构和权力的聚集。行政首脑的多元或统一、公职范畴的范围、公职选举模式，还有特定的权力和义务等，组合在一起创造了一套制度，这些制度的行为和"思维"模式之间有很大的区别。在老式的"混合"体制下，这些差距可能会追溯到不同的社会秩序。新的美国政治科学的关键创新是设计出一种制度，来代表民主管理的不同特殊需求，而不是代表社会秩序和可替代的政治体制。

所有民主政体的基本条件包括：公众就公共政策的内容和相关内容自由表达意愿；保护个人的权力；以及（所有政体都具有）为政体提供安全和自我保护。这些必要条件相互之间关系紧张。分权可以被认为是通过在竞争性的制度之内和制度之间代表各必要条件的方式来富有成果地解决这些张力。在某种程度上，国会、总统和法院都关注自己在民主管理方面的三个必要条件——但是他们的优先关注点是不同的。一般而言，国会保护民意的表达，法院保护个人权利，而总统与其他机构相比则更关心国家安全。每一制度的结构以及其合法权力的安排，可以理解为一种制度安排，从而在政府的各主要制度内部和制度之间使民意、权利和国家安全之间产生张力。

亚伯拉罕·林肯（Abraham Lincoln）曾经评论说，同一个政治或宪政议题提交给总统和法院，可能会得到不同的对待。如果把同一个问题放到任一个部门，解决的方式是不同的，因为不同的部门会有不同的视角、不同的优先次序和考虑。部门之间的协商可以确保相互竞争的观点、理由和思考都在公共政策的主要议题中得到体现。就设计分权制度的本意而言，如果总统看待政治问题不同于国会和法院，那么分权制度就可以被看作一种把这些不同的视角和方案融合到一个协商混合体中的方法。分权制度可以被看作一种致力于使各种不同的与民主相关的关注和视角有制度发言权的努力。

至于动机和理由问题，我们对大多数民主理论家有关协商的讨论有不同的看法。他们已经花费相当多的努力来界定和描述适合民主协商的思考范围和论点的种类，但是很少论及将相关论点或相关观点的可能性得以充分考虑的制度机制，这种可能性需要切实推进。如果讨论像希望的那样发挥作用，那么分权制度更有可能倡导相关的观点，因为这些辩论都限定在利益和制度性定位之内。在这个国家大多数主要政策辩论中，由制度引发的辩论主要是关于国家的"部分"与"整体"、短期的考虑与长期的关切、对少数人考虑与多数人的偏好。

当然，分权制度并不总像人们设想的那样运转。代替对总统演讲回应的修辞，我们现在所拥有的只是党派之间对公众诉求的辩论。例如，美国总统对国会主要首脑的年度演说被搞成了面向公众的电视呼吁。代替那种协商回应，电视时间交给了反对党的代表（不一定是国会议员，更不用说是国会的发言人了），这些反对党代表在听到演讲之前就形成了他或她的"回应"，而这本应是对演讲的回答。即使广泛的电视能够覆盖到全美国，人们可能会说，比起19世纪的实践，我们说的更多，而协商的更少。

与积极维护制度性特权相反，近年来，国会和总统已经放弃了一些权力给对方、给最高法院、或者其他新设的机构或委员会。全部抱怨就在于我们的制度倾向于僵持不下，以及党派间的争吵，有大量事例可以证明，我们的制度在割让权力而不是在坚持权力，听从于别人的意见而不是坚持自己的立场；放弃公职责任而不是明确之。这些问题事实上都是我目前研究的主题。我并不想宣称我们的宪政秩序就是某种协商的天堂。这里我仅仅想强调，当分权按本意运作的时候，它的核心观点就是部门之间的协商。这种观点反过来也提出了几个重要问题，对这些问题的阐释可以改进民主理论：(1) 用书面文本限制口头协商；(2) 制度内部和制度间以及公众协商的相互依赖性；(3) 用动机和利益说明理由，而不是玷污理由；(4) 利用宪政制度产生的关于政治的不同观点，确保竞争性的考量长期应用于政治辩论。

第十一章 环境伦理与现存政治制度的衰落

彼得·拉斯莱特

前　言

在论述这一主题时，粗糙地记录下明显的事实或作一番不切实际、大惊小怪的讲述是一件很简单的事。然而，我们发现自己所处的位置对于讲述众所周知、获得广泛认可的事实存在某些优势。对我们所掌握的信息和我们对能做什么和应当做什么的一些建议详加整理，可能对之有所帮助。但是那种耸人听闻夸大事实的手法，即从一点不太确实的事实进行直接推断的倾向，经常会破坏环境讨论的形象、弱化它的有效性，在这里，我们将尽量避免这种情况的发生。我们也必须尽力避免过于抽象的倾向，即很容易将之与关于时间的讨论联系在一起，环境公平自然是具有时间性、会涉及到将来的公平。

接下来，我将放弃一些直截了当的主张。第一，在环境问题上，不论那些狡猾的主张是如何决定的，人类之间的公平、人类和非人类的动物之间的公平，或我们自己和无生命的"自然"之间的公平，的确需要有效的制度。必须执行这些制度，我们机制中的缺点和不当之处必须引起我们的注意。

第二，如我们所表明的，这样的制度失去了解决环境公平所需要的权力,同时也显示出了其规模的不确定性。它们在巨大和很小的范围之间变动,在超过十亿人口的中国和只有数万人的冰岛之间变动。在全球范围内,这些制度还没有明确的身影。

第三,现存的制度在某种程度上不仅是不充分的,而且是不恰当的。它们在确立和发展中没有考虑到环境公平的问题,因为这在政治和思想、文化历史中是个新命题。

第四,对现存制度的不恰当性通过某种方式进行解释。环境公平的问题影响到全人类以及上面提到的所有其他实体,并且不局限于它们的集合或集合的集合,在很大程度上,即各个国家和联合国。更进一步,其影响不仅是对于现在或可预见的未来。这影响是永远的。现存的制度并非永远适用的,并且在某种程度上,必定被环境的挑战所打败。

主张一

尽管我们已经决定抓住明显的事情,但是,显然还存在一些复杂的情况。关于制度衰退的调查提出了关于它们的基本特性、状态、对它们的思考等一些问题。在我看来,这是环境讨论的新思想世界的魅力之一:它如此容易地提出了根本性的问题。对于我的每一个直接了当的主张——我们必须要有权威的制度——它似乎显然是正确的,却应该加以否定。它确实被否定了,以西方政治理论长期以来的一个传统,即无政府主义。

无政府主义者说,除了国家主义(nationalism)的狭隘的绝对主权之外,政府本身也限制了当前主权国家的自由。人们主要在环境方面形成和维护男女之间恰当的道德关系的自由,当然要受制于这种限制,因为这种自由可能会破坏国家主权。一般看来,主权对于治理来说是必要的,它对于有秩序的社会生活是必不可少的。但是,在非政府主义体制中,治理能够而且应当通过人们之间的自发协作来维持。我们熟悉的那种宪制政府是无益的。

后两种立场我本人是反对的,而且我想,大多数相关的人们也会反对。无论我们怎么认识主权,依靠自发的协作违反了一个信念,对之我们当然都相信，即我们希望对环境问题进行正确的控制和改变，这样的改变是我们在一个不完美的世界中可以实现的，我们不可能坐等无政府主义或其他类型的理想世界秩序的出现。如果我们碰巧所在的那个民主国家在这些方面越来越不能胜任，那么我们作为公民有义务为之做些什么，通过个人的信念，通过说服，通过地方的、国家的或国际的政治行动。

但是，令人悲哀的是，大部分有环境意识的人们在采取这样的行动时都失败了，目前也许除德国之外，其他国家的绿党的弱点都昭然若揭。我们在态度和行动上的松懈为生态狂热者进行虚张声势的夸大提供了太大的空间。

我们不必要深入讨论无政府主义的内容或它的政治思考立场，尽管其原则与环境运动有着预想不到的相关性，并离那些我将最终推荐的态度不远。这种环境运动尤其具有最早的英国无政府主义作家的性质和传统，这种无政府主义传统一直延续到150年前法国人、德国人和大陆上的其他人们关系紧张并开始动用武力为止。这样的行动过去是、现在也是完全不同于无政府主义的思想和实践的，而这一灾难深重的联合阻碍了对之的严肃思考。为对现存的政治组织，对政党以及政府和国家主义所持的根本批判态度进行分析，我们要追溯到威廉·戈德温，甚至是平等派的杰拉德·温斯坦利（17世纪英国资产阶级革命时期的平等派）。

主张二

现在转到第二个不言而喻的主张上，即现存的政治制度正在衰落，这些制度在施行我们希望它们做的事时越来越无能为力。坦率地说，民族国家和联合国及其机构再也不能够控制主要的环境污染者——跨国公司。在一个世界市场资本主义的时代，规范制度对于这些行为的控制是软弱无力的，而且如我们所知，应当倾向于由跨国公司进行自我管控。有些跨国公司比世界上大多数民族国家更有能力，它们一起通过模棱两可的战略和巧妙的宣传手段、而不是公然的挑战，就可以挫败联合国。

对于各个国家的媒体来说，情形大体相同，它们总是倾向于预言既有机会的命运，而且如果必要的话，会公然挑战各国关于言论和出版的相关命令。更有趣的是，这一章的恰当的主题是，为什么会出现这些失败，尤其是，是不是因为现存制度的性质、结构和历史，这些都曾是必然的选择，而不是那些尤其不利事件和条件的结果。但是在我们进入这一中心问题之前，还有很多重要的东西要讲。

当然，并不是所有破坏环境的行为和对与"自然"有关的伦理关系的抨击都是由跨国公司造成的。有些行为是由现存的政府造成的，但也并非民族国家的政府不愿意管理那些危及环境的活动，或政府的努力和联合国各机构的努力不曾产生有利的效果。也不能确切地说，那些从事矿山开采、森林采伐、制造业、建筑业、公路设计、能源生产、化学处理、生物技术包括基因改良等行业的人，他们自身必定对他们的行为对我们的共同环境的影响漠不关心。

例如，1997年，有42家跨国公司一起宣布了他们保护未来环境的意愿，我们应加以认真对待，并相信他们的诚意。这不仅是因为拒绝相信他们的诚意是缺乏同情心和诚信的，而且在没有确切证据的情况下就假设他们一定是不真诚的，就认为经营这些公司和签署这一宣言的人没有良好的愿望和对环境的感受，只是为了潜在地提升他们公司的利益，这种做法也是不现实的。如果别无选择，像无政府主义所建议的那样，只能依靠个人之间为了这个世界的良好愿望共同协作，那么，我们应当从一开始就准备好信任每个人，相信他们说的话。你将注意到我最初所说的。

如果不这样做，可能会看起来像得了妄想狂，像我所认为的，将使环境保护论作为一种运动无法达到它所应当达到的效果。它开始时带有权威共产主义体制的态度，他们的宣传，即使偶尔有最轻微的一点无政府主义的迹象，也将受到谴责。可以看出，同样的紧张来自于全球资本主义和全球市场，经常将它们当作环境公平的敌人，因为它们是由完全不注意环境价值的人来推动的，无限制的获取是他们唯一的动机。其假设是，在这一领域确立起更健全的政府秩序之前，资本主义将不得不紧紧跟随市场甚至是社会的发展。汽车自身不会逃避正常的报废。政治、社会和信仰世界中的现实从未如此简单，而那些认识到这一点的人因此而被贴上了"鼓吹生态保护的狂热分子"（econuts）的标签也就不足为奇了。当前政治制度中不合我们要求的不当和衰退之处，必定要面对现实的评价、计划和政策，这些内容更符合普通人们的偏好和常识。

主张三

进一步的思索，与一种对过去的传统时代的不断呼吁有关，那时人类和"自然"和谐相处，公平代代相传。研究传统社会的历史社会学家，当然没人像我自己这样兴趣曾在前工业时代的西欧，决不会假设传统社会像我们认为的那样对环境或对"自然"心怀敬畏，或至少有一个环境伦理的政策。

工业化以前的西欧居民，当然曾通过他们做的事或想的事中设想过未来。从他们建造建筑时会考虑到子孙后代的利益这一点可以看出来：大教堂、桥梁、城市的布局，等等。并且，他们确信他们创建的社会实体具有持久的理论基础，就像它所宣称的那样，因为它们的全部意义和用处将会随时间而彰显。但是他们必须承认，他们的祖先耗尽了他们大陆上不可再生的宝贵的金属储藏，这一明显的损害通过殖民地征服和与世界其他地方的商品交换得到了弥补，除了这一事实外，他们似乎没有更多的关于自然资源的最终限制的认识。我们看到，他们依然在炫耀的是拥有当今社会议员生存条件的一切，作为象征，这些都体现在他的观念和行为之中，他们生存在既有的环境之中，而他们也借此获得食物，住所和生活方式本身。

同时，他们对他们的祖先也有一种强烈的负债感。然而，我从未找到证据可以证明他们觉得必须偿还这些债务，或者至少不再损害自然给他们的后代的馈赠。① 事实上，对于他们是否意识到了，他们自己以无论什么方式对整个自然界可能造成的伤害，是非常不确定的。他们的农业生产活

---

① 这将会扩展契约理论，使之作为在早期欧洲对于代际义务问题的社会和政治权威解释得到广泛接受，拉斯莱特将之称为代陈的三方契约。参见 Peter Laslett, "Is there a Generational Contract?" *Philosophy, Politics and Society* Vol. 6：*Justice Between Age Groups and Generations*, ed. P. Laslett and J. Fishkin（New Haven and London：Yale University Press, 1992）。

动完全是掠夺性的而非保护性的。在 18 世纪的欧洲，知识分子们对荒野心存恐惧，希望能将荒野消除。

毫无疑问，我们应当学习那些生活在我们喜欢称之为"欠发达"甚或"未开化的"和"野蛮的"社会中的人的观点。我们应当非常坚决地不去扰乱这样的社会继续生存所依赖的自然资源，这是呼应这一主题的每个人都认可的。终止北方工业世界的那些破坏他们的自然资源的活动，是我们希望当前的国家和国际权力机构去做的事情之一。

权力机构的衰退使得这种控制变弱，这是讨论当中的一个首要问题。但是环境保护主义者的对话还不止于此。他们的对话经常仔细讨论保留传统社会结构的必要性，为了他们自己的目的，也为了保留社会世界（social world）的多样性，而自然界的多样性是由对物种的保护来体现的。在这种观点下，我们作为 21 世纪的西方人，应当认真思索我们是否不应当放弃高度工业化的条件，像我们中世纪的祖先一样生活——事实上，是恢复我所称的"我们已经失去的世界"的企图。[①]

在这些方向上前进一步，在我看来，就是完全失去了与我们所面对的现实的联系，并且试图完成一项我们不应当关心的不可能完成的任务。鼓励那些更为精明、信息更为灵通的对环境公平的伦理问题进行评论的评论员出版一些诸如《小的是愚蠢的》、《在草地上吹口哨》之类的作品，是一种非常不幸的倾向。[②]

再补充一点，面对这样的书所提出的挑战，所有启发环境主义者并为他们提供信息的讨论都有十分重要的目的。知识渊博的人们确信，目前总体上已经成了环境补救行动的主要激励因素，我们不能让我们可能会有的关于那些已经采取行动和正在继续采取行动的机构的有效性怀疑，影响我们对于传播知识和加强改良态度的价值的信心。毕竟，这是政治的世界，

---

① Peter Laslett, *The World We Have Lost: Further Explored*, 3rd Edn (London: Methuen [1965] 1983).

② W. Berkerman, *Small Is Beautiful: Blowing the Whistle on the Greens* (London: Duckworth 1995). 这本书是关于当前对于可持续发展的讨论的，它承认并进一步论证了一个中心议题，应当确保在我们和作为这个地球居民的我们的后代之间实现公平。

一个说服、权力甚至宣传的世界，但是由于不切实际的夸大和歪曲，宣传必须停止。

主张四

最后，我们转到我所认为的现存政治制度出现衰退的客观原因上来，这与必须要建立和保持一种恰当的环境伦理有关。我们先看一看假设具有全权的政治机制，民族国家、其具有多种办公室和地方分支机制的政府。非常明显，这种实体或实体的复合体之所以不能达到保护环境的目标，是因为它们在规模和效率上差别太大。并且，在这样的情况下，条款必须是为个人设置的，事实上是为所有的人、包括国界之外的人设置的。

因此，只是将环境安全和控制的职责与对外进行防御、对内保障安全和稳定、福利、教育等一起列入国家和地方政府的传统职能之中，是没有什么意义的。如果政府为保护本国环境与他国政府进行谈判并一贯坚持协议的话，环境保护只能向一国民众或其中的任何一部分做出保证，并且我们已经看到，其他政府将会受到质疑，因为环境破坏可能会被带到任何地方，并且环境责任影响到世界上每一个国家中的每一个公民，以及所有的不属于任何国家的人。

从全球观点看，这也是环境主义者唯一愿意接受的视角，很难想象一个更加东倒西歪的权力大厦，这是一个世界范围内政府间达成的协议网络——不是人们之间的，而是他们的政府之间的——每个政府其压倒性的功能是保卫国家主权，不论有什么如环境或其他任何东西冒犯了它。"保证"作为一个过强的词不应在上一段中使用，因为很明显，无论是对公民或对"自然"的保护总是在某种程度上部分地受到空间和效率的限制，并且最有可能是时间的限制。

我不需要详细阐述联合国作为民族国家的集合的构成和历史、它的机构以及让人们接受环境观念时这些机构的表现。需要指出的是在里约和东京签署的协议及其后果。然而，一定要注意那些还没有组织成民族国家的人口的状况。一般的倾向是，温和地假定这样的人口尽管很少且落后，但不久的将来他们也会成为民族国家或民族国家的组成部分。尽管未必一定如此，但还是有可能的，并且这种评论的真正重要之处在于，民族国家是所有政治感知的一种如此重要的手段，以至在当前几乎不可能用其他的方式去认识政治组织。要建立一个能够将当前每一个人的环境需求考虑在内的世界范围的组织和执行机构，的确还有很长的路要走。

虽然这些声明都很彻底，但这只是民族国家或它的任何社团作为环境管理机制存在的缺点的开端。对于它们在空间上存在的局限，必须加上它们在持续时间方面的局限。如已经讲到的，我们需要的不是几年、几十年、几个世纪，而是成千上万或几百万年，或事实上是没有期限的。这规模已经超出了民族国家的范围，即使这些国家宣称自己有很长很长的历史，并且还会有很长很长的未来。在我们看来，并不是所有的事实都证实了这一熟悉的主张。20 世纪 40 年代到 80 年代期间那个伟大的苏联现在在哪？就在 50 年前曾吹嘘说包括了全世界人口的 1/6 的大英帝国又在哪？那些想依靠两种方式中的任何一种达到环境目的的公民共同体现在不得不将目光投向别处。虽然这些国家的政治制度比联合国拥有更强的政治权力，而联合国的功能之一可能是保证其永久性的条款，这却是民族国家无法保证的。

实际上，如我们所见，在当前世界中，通过全球政治程序进行的环境控制不能依靠联合国进行。据报道，1977 年有 100 多个国家的政府达成协议，对科学家所警告的将会威胁地球大气层的化学气体的排放要加强控制，这需要有一致通过的协议和代表民族国家政府进行的随后行动的支持。但是 100 个政府不是全世界；这一协议不能实现完全的禁止：世界上最强大的国家美国反对这一行动，因为"这一威胁不值得付出生意上的成本"。谁这么说？谁的生意？有什么数据？为什么地球之友（the Friends of the Earth）提出的批评受到了践踏？一个民族国家的反对会鼓励其他国家的抵制，尤其是这一反对者力量强大、颇具影响力的情况下。这个例子本身就表明了这种大国之间达成协议的管理措施的不稳定立场，他们对于国家政府以主权为借口以及对共同利益的敏感。它也使人们注意到影响国家和国际的类似机构所采取的环保措施的状况的一个特殊性质。

第十一章 环境伦理与现存政治制度的衰落 / 235

这个性质就是，行为主体或将要成为、应当成为的主体对于科学信息的完全依赖，通常是那种非常尖端的科学信息，很难翻译成政客、统治者或媒体记者、事实上大部分选拔出的少数人能理解的语言。这种信息经常改换内容，其修改常常不会引起人们的注意，并且不是总能得到科学家自己的认可。如果这样的话，谁会选择依靠这些政治组织？这些组织存在的理由是它们之间的相互竞争，它们由有权力意识的人领导，这些人因具有集中民族感情的能力而被挑选出来，它们总是以实现外交和军事的成功为指导，受媒体影响并依靠媒体制造轰动一时的事件。在政客们因其损人利己而逐渐为普通民众所疏远，甚至无法推行他们的政策时，这就成了一个尤为紧要的问题。现在，在美国和澳大利亚，确实存在一种反对所有政府行为的狂热行动。也许是无政府主义的，但并不是本文所讲的那个意义上的无政府主义。

制定关于科学发现、观点和建议的恰当政策，是一个更为艰难的、完全没有先例的问题，对于人类在"自然"中的位置的认识问题已经被提了出来，这也给我们的研究带来了很大迷惑。① 对于在这样的困境中不断被提出的补救措施有多大效用，则是很难说的，这一措施要求人类全体来进行，要加强民主程序和减少任何特殊利益。附带地指出，在把环境当作政治问题提出时，腐败行为非常明显，即使在最有序的政治体制中，也有腐败。

那么，一个由熟悉的民主制度（包括普选、联邦条文、政党联盟和竞争）所支撑的单一的世界政府可能会是人们在思考补救这些普遍的环境危机时所想到的图景。尽管这将是非常期待的，但这绝对是乌托邦的，这需要一种全球范围的彻底变革。并且，这种模式本身似乎有点传统。当然，新鲜的知识界是开放的，他们将说服我们再次思考政治形式以及政治设想。我们必然对每一种可能的集体生活模式进行考察，无论如何不应忽视现存的那种人们与"自然"非常接近的生活模式。毫无疑问，更多的学究

---

① 这一点在英国应得到赞赏，在那里，最近几年和近几个月，关于疯牛病和转基因食品的科学观点和建议大量涌现。

和理想主义者可能会希望复兴柏拉图在他的《共和国》中所讲的原则,在那里,受到严格教育的哲学家将负责进行判断和统治,哲学家拥有最强的科学理解力,同时也有实践上的远见和个人的责任感。

在此必须要指出,在许多方面,我们政治制度的衰退与其说是因为它们在一直从事的事务上的能力的降低,不如说是因为它们面对纯粹新的挑战的无能为力,这一挑战将不断重现。一个具有高度智慧、消息灵通、技术完备的哲学王式的机构也许真的是所需要的,也是永久的,就像柏拉图曾经提出的那样。

如果发现我们探寻的目标是抽象的和不切实际的,有人也会说这具有柏拉图体系的倾向,在讲到对于明白整理、意志坚定、接近大众感受的必要性后,也许就意味着这一问题事实上是无法解决的。如果这样的话,进一步的讨论只能引向失望。

我们不应得出这样的结论。但是,在结局出现之前,我们必须结束关于民族国家及其集合如联合国和它的机构在走向衰退的争论。这些最后的制度,以及更少官方色彩的杂七杂八的机构,大多都与仲裁有关,都是为了环境或其他目的以真正全球性的行政和司法机制的方式存在的。其他的都是通过国家政府的组合的方式进行的,有些是由美国按其自己的目的进行的。世界关系领域被国家主义的意识形态所主导,因而只有主权民族国家才能够在国际法庭这一联合国最庄严的机构面前进行辩护,尽管商业公司似乎能够偶尔顺便拜访一下这里,尤其是其仲裁机构。① 因此,像绿色和平组织和地球之友这样的组织所提出的世界环保的观点就无法直接接触到现存的"国际"公正。国家主义,作为一种明确的共同体侵略性,无论怎样进行调整,都将统治一切。

我们再次发现自己处于无计可施的边缘,除非将现存的一切清除一空,重新将全世界的人们组织成一个新的政治联盟。这对于目前以及以后而言,都是非建设性的政策。

---

① 国际法(当然是唯一可用的标题)在任何情况下,与其他的法律系统相比,发展都是滞后的,很少有新的思考和改革。

然而，伴随着民族国家的政治程序出现了一种性质，它恰好可以提供避免衰落的路径。近年来，自封的民主政府与它们应对之负责的大众之间的关系的不透明性通过一些补救性的活动得到了生动的展示，这些活动在英国被称为公民陪审团，更为准确且符合我们需要的是在英国、美国和澳大利亚所进行的协商民意测验。

这些新发展已经显示出，在国家的公共事务上，通过协商中指定的、负责的、社会指向的特定代表，我们每个人都确实可以参与其中。如果国家事务可以如此解决，为什么"国际的"、全球的事务不可以呢？

假设存在的大量语言和组织上的问题能够解决，就可以想象一个类似于观念上的世界大会的组织，可以说，参加的人们，不是作为民族国家的公民相互进行协商，而是作为整个人类秩序的一分子进行协商。如果这可以实现的话，这种联合将是周期性的，最有可能的是通过几乎可以在世界范围内发送和接收的电视节目来进行。实际上，它是由世界范围内的成年人通过随机抽样组成的，总共抽取几百人，他们被召集到一个地方，可以接触到所有的指导和信息，可以像一个面对面的社会那样进行组织并一起协商。并且，这些参与者交谈时，任何一个能看到电视的人都可以对之进行监督，可以进行监督的人数将占到世界人口的很大比例。在不太远的未来，很有可能将包括所有的人，无论在什么情况下，他们能够分享思想、接受或拒绝就环境问题进行协商的那些随机抽取的人的态度。在1996年美国总统选举和1997年英国大选中，就出现过这种国家范围的协商民意测验。① 由世界的抽样协商代表的全人类的秩序并不一定是一种世俗化的秩序，并且我所做的论述在这一两段中要改换一下主题。

最近，具有宗教思想体系的环境伦理逐渐接近思辨思想。在《环境价值》(*Environment Values*) 这一领域最主要的期刊中，自1994年创立以来，这种倾向渐渐浮出水面。最终，在1997年4月，《环境价值》进入了一个新时期：世界观、环境、文化、宗教（World Views, Environment, Culture,

---

① 参见 James Fishkin, *The Voice of the People: Public Opinion and Democracy* (New Haven and London: Yale University Press, expanded edition 1997)。

Religion)。第一篇文章是 Mary Evelyn Tucker 的《宗教与生态学结合的出现》(The Emerging Alliance of Religion and Ecology),还有《环境工作的吠陀遗产》(The Vedic Heritage for Environmental Stewardship)和《生态虔诚的种类》(The Varieties of Ecological Piety)。1999 年,《世界观》是《环境价值》第二卷的第 3 期,其宗教和精神主题激增。

现在,知识或文化历史学家没人会怀疑一种宗教类型的信仰体系得到全球相关个人的接受所存在的困难,他们也不寄希望于以这种宗教方式出现的环保行动会是公正有效的。以前的先例也根本没有什么好效果。宗教历史,无论在哪里,尤其是在西方,总是被贴上残忍的意识形态偏见的标志符,认为具有种族上的不相容性,是讨伐性的或征服性的,尤其当宗教作为民族国家好战的意识形态的代表时。如果对宗教的坚决信奉完全统治了对环境的态度,谁知道会发生什么事?但是宗教倾向就在眼前,并且可能变成早期信徒希望看到的那种信仰的势不可挡的力量:环境宗教。

必须清楚地认识到,如果此处思考的协商安排真的能够实现,那么宗教模式的环境思想将不必具有大众团结和进取的方式,或任何种类的集体力量。这样的思想未必会有多大程度的革命性或是依据基督教的《圣经》进行的。它可能不同于现存的宗教迷信,但也没有明显的原因去反对它们,它也决不会与那些必定要持续下去的理性的、世俗的信仰和态度相矛盾。

然而,我的个人判断是,环境信仰的革命形势已经在向我们靠近。对我来说,早在 50 年前的 1949 年的一天,它就已经开始了。那天,我和弗雷德·霍伊尔(Fred Hoyle)坐在 BBC 的演播室里,我听他描述可能会进行的太空飞行,这确实是将要发生的。弗雷德说,一旦我们能够从太空中看地球,我们的一系列观点,如我们是谁,是什么,我们在哪儿和我们属于哪儿,将发生永远的变化。① 这确实发生了。无限孤单的、淡蓝色的小小球体,在无限的太空中徘徊,在球体表面有一点细小的刮痕和污迹,那是人们的工作留下的孤独的证据,但却承受着对他自身和他那微小而神圣

---

① 我是他的一系列著名的广播词的作者。

的栖息地的潜在的破坏。这一景象的确是揭露性的。一种新的精神上的现实已经压在我们所有人身上。

强烈的微观国家主义（micro-nationalism）和更强烈的宏观国家主义（macro-nationalism）同时增长，对于这一问题的政治方面，全部机构已经作为现存制度衰退的一个重要问题被提到过。没有哪一个极端能够为我们的全球性的永久目标提供一个及时有效的机构。但是像冰岛那样的小政体，其人口不超过10万，开始像一个面对面的社会一样，可以真正实现个人观点的相互作用。对于一起参加协商民意测验的那些随机抽样的人，其优良的品质在于，他们确实形成了一个真正的面对面的社会，他们的心理不同于那种被告知以国家的政治意识的心理。

如我们所见，协商民意测验是从全世界的人口中抽取成员，如果真的是这样或以后继续这样，就可以使世界作为一个整体通过代表进行协商，像面对面社会中对影响到每个人的事务进行协商一样。国家的政府和国际组织、政客、管理者、党魁、媒体人和宣传人员将会从一种新的角度观察关于环境的重要性的每一个问题。在一种非常理论化的方式上讲，世界本身将与他们对话，也同我们所有的人对话。

这可能是一个过高的概念或是一种幻想，但它可以发动起世界上的每一个人共同面对"自然"提出的任何问题。每个人作为世界公民的一分子，都能提出协商的观点和政策选择，他们不会受到民族国家机构的任何干扰，也没有受公司、媒体、政治要人或环境怪人操控的危险。至于通过这种方式提出的环境政策的执行，那仍将通过现存的微观的和宏观的国家来进行，假如这些机构衰退了，则要通过我们每个人作为协商的、民主的公民尽到职责、提出建议来执行了。只有在这样的方向上，环境信仰才能使人感觉到它的存在。

对于我们的制度在"自然"和环境问题上的衰退的思考，我们已经踏上了漫漫征程。但它并未让我们认为我们现在所为之奋斗的，是通过革命性的变革，用一套新的政治组织代替衰退的组织。也没有让我们面对一个哲学问题，这一问题在这篇开创性文章中曾被放在一边。应当注意到，"自然"这个词是带引号的，并且各种各样关于生态学精神的经历也没有被提及——"非人类中心的生态学"(non-anthropocentric ecology)、深层生态学（"deep ecology"）及其他。

结 论

  作为结束，我们要预测一种精神的觉醒，并讨论和推荐一种方法，而不是一个变革政治和思想的计划，尽管文章所做的声明中同时包含着这两层意思。这是一种方法，如果可行的话，它将允许我们有所醒悟地思考关于现存政治组织以及它关于我们与地球栖息地的关系的根本局限，保证我们认识到这个行星上的所有居民最终获得自己的声音，这种声音是那里的权力机构所不能忽视的。有些人可能会说，所希望的这种解决办法只有通过全球革命才能实现，或者认为这是柏拉图式的乌托邦，尽管它非常接近普通大众的利益和观点。

  无论怎样，清楚地找到考虑环境事务所需要的全球观点的方式，将是一件非常复杂的事情和长期的事业。如果对此处勾画的二元方案的实施方式的寻找将使我们成为无政府主义者，一种独特的、暂时性的无政府主义者，那就随它去吧。

译后记

协商民主理论研究自20世纪80年代在西方学术界兴起以来，国外相关学术研究成果被相继引入中国。中央编译局为这一理论的介绍和引入做了大量富有成效的工作，在其组织编译的"协商民主译丛"第一批学术成果中，主要对协商民主的思想渊源、基本概念、代表人物、主要观点、重要争论和现实基础等问题进行了系统的介绍和梳理，为中国学术界在相关领域内的研究提供了文献资料。而此次翻译出版的这批学术成果则进一步将理论研究推向了深入，并更加突出了协商民主在现实政治中的实践和应用。理论研究只有与现实相结合，并有助于解决现实问题时，才具有指导性意义。任何理论若要彰显其价值，并得到不断完善和发展，都会选择这一路径。

詹姆斯·菲什金和彼得·拉斯莱特主编的这本《协商民主论争》，体现了理论与现实之间的互动关系，遵循了理论与实践互相促进、共同发展的规律。书中收入了不同学派、不同研究领域的学者对于协商民主理论和实践的探讨。关于本书的内容，在本书导言和编者特为本书所作的中文版序言中，已经有了非常精准而全面的概括，此处不再赘言。

通过对本书的阅读，我认为，至少可以得到以下三点共识和启示：

第一，协商民主理论研究虽然自20世纪80年代才逐渐兴起，但协商民主并不是一个新兴的概念和一种孤立的民主形式。这一理念植根于西方资本主义国家的政治传统与现实，贯穿于西方民主思想和理论的产生和发展进程，体现于西方民主理论研究的各学科领域和各流派思潮。西方民主政治实践的发展对民主理论提出了更高的要求，协商民主是在对西方政治体制进行补充、完善和超越的基础上得到发展的，是西方民主理论发展的一个新阶段。

第二，对于协商民主的研究，可以在更广阔的领域内和更丰富的层面上展开。在本书中，我们可以看到，协商民主的研究视角可以是哲学的、政治学的、社会学的、伦理学的、心理学的等等；协商民主的实践场所既可以是"面对面的社会"和小型团体，也可以是"大规模的"大众社会和民族国家，甚至是跨越民族国家界线的国际事务和全球治理；民主协商既可以通过政治共同体内个体之间的对话、讨论、辩论等方式来进行，也可以成为民族国家中宪政结构的制度间对话，甚至还可以超越作为一种社会活动的涵义，在个人的想象中进行所谓"内在的协商"。这些类型各异的研究视角和层次为以后的协商民主理论研究开阔了思路，扩展了视野，提供了新的生长点。

第三，西方的协商民主在理论研究和实践经验方面为中国的民主政治建设提供了借鉴。对于协商民主的政治实践方式，西方的协商民主研究者进行了大量理论探讨和实证分析，提出了诸多制度设计，如对协商民意测验的分析、对"协商日"的构想、对团体极化法则的概括以及对协商是否是一种理想模式的反思等等。中国学者对于协商民主理论的关注和思考，一方面表明他们具有敏锐的学术洞察力和对于西方学术前沿的把握力；另一方面也表明协商民主理论与中国的民主政治实践存在着契合点，对中国民主政治理论的发展具有吸引力。中国共产党领导的多党合作和政治协商制度，作为中国的基本政治制度，连同中国基层的若干治理形式，如民主听证会、议政会等，在一定意义上具有协商民主的特征。面对新世纪新阶段中国民主政治建设所面临的机遇和挑战，中国在坚持长期以来形成的符合中国国情的中国特色社会主义政治道路和理论成果的同时，可以在秉持"扬弃"原则的基础上，对西方协商民主的理论建树和实践成果加以学习、借鉴，达到为我所用的目的。这也正是翻译介绍西方协商民主研究成果的意义之所在。

　　本书的全部翻译工作由译者独立完成。中国社会科学院当代中国研究所的任晶晶博士为本书的翻译提出了许多宝贵意见，在此谨向他致以真诚的谢意！感谢译丛的执行主编中央编译局陈家刚博士，在他的帮助与鼓励下，本书的翻译工作得以顺利完成。感谢中央编译出版社的贾宇琰编辑为本书的出版所付出的智慧与心血。

　　由于自己学术水平和翻译能力所限，且是首次独立承担整部著作的翻译任务，书中瑕疵与不妥之处在所难免，敬请各位专家学者批评指正。如果这部译作能够对你们的学习和研究提供帮助，那将是我莫大的欣慰；而你们的意见与建议，则更将成为我在今后理论学习和学术研究道路上不断前行的动力。

张晓敏博士

中国社会科学院马克思主义研究院

2009 年 3 月 27 日

中央编译出版社政治与公共行政类书目

协商民主译丛

书　名	作者	定价
公共协商：多元主义、复杂性与民主	［美］詹姆斯·博曼	38.00 元
作为公共协商的民主：新的视角	［南非］毛里西奥·帕瑟林·登特里维斯	38.00 元
协商民主及其超越：自由与批判的视角	［澳大利亚］约翰·S. 德雷泽克	35.00 元
协商民主：论理性与政治	［美］詹姆斯·博曼　威廉·雷吉	45.00 元
协商民主：挑战与反思	［美］约·埃尔斯特	38.00 元
协商民主论争	［美］詹姆斯·S. 菲什金 ［英］彼得·拉斯莱特	38.00 元
民主与差异：挑战政治的边界	［美］塞拉·本哈比	45.00 元
美国民主的未来：一个设立公众部门的方案	［美］伊森·里布	35.00 元

中国民主治理丛书

书　名	作者	定价
依法治国与依法治党	俞可平	38.00 元
党内民主制度创新——一个基层党委班子"公推直选"的案例研究	王长江	40.00 元
城乡公民参与和政治合法性	何增科	55.00 元
公民社会与民主治理	何增科	38.00 元

政治学类

书　名	作者	定价
社会主义体制——共产主义政治经济学	［匈牙利］雅诺什·科尔奈	68.00 元
民主的模式（新）	［美］赫尔德　燕继荣	26.90 元
当代中国社会政治分析	张明军等	55.00 元

书名	作者	定价
保守主义的含义	［英］斯克拉顿	25.00 元
自由主义基本理念	顾肃	39.00 元
政治文明：理论与实践发展分析	许耀桐　胡叔宝　胡仙芝	68.00 元
帝国——统治世界的逻辑	［德］赫尔弗里德·明克勒	29.00 元
国家与市民社会	邓正来	32.70 元
国家起源新论	刘军	38.00 元
新自由主义意识形态	张才国	36.00 元
台湾政治转型与分离倾向	赵勇	38.00 元
民主社会主义论	殷叙彝	68.00 元
奔向自由	俄罗斯戈尔巴乔夫基金会	46.00 元
中国国际政治经济学	郑彪	60.00 元
中国社会阶层政治心态研究	孙永芬	35.00 元
庶民研究	刘健芝、许兆麟选编	29.80 元

政党政治研究类

书　名	作者	定价
中国政党制度年鉴（2006）	中央社会主义学院政党制度研究中心	260.00 元
中国政党政治研究（1905—1949）	李金河	55.00 元
中国政治体制改革研究	何增科	46.00 元
台湾政治转型与分离倾向	赵勇	38.00 元
责任政党政府研究	姚尚建	38.00 元
坚持走中国特色社会主义政治发展道路研究	北京社会主义学院	38.00 元
社会主义的理论创新与实践探索——中国国际共运史学会年会论文集	张兴茂	55.00 元
中国转型期的政治治理若干问题与趋势	沈远新	32.00 元
自我耗竭式演进——政党—国家体制的模型与演进	［匈牙利］玛利亚·乔蒂纳	55.00 元

书名	作者	定价
全球化与欧洲社会民主党的转型	史志钦	38.00元
战后西欧社会党与共产党比较研究——以法、意为个案	韩灵	20.00元
人民政协概论	张平天	40.00元
党的领导民主监督	刘书林　王群瑛	49.00元
当代俄罗斯政党	刘淑春	60.00元
意共的转型与意大利政治变革	史志钦	28.00元
统一战线新论	李小宁	42.00元
民主党派和无党派人士关注的20个理论问题	李金河　郑宪	20.00元

公共行政学类

书　名	作者	定价
英国经验的中国启示：广东省高级公务员公共管理研究论文集（1）	刘玉浦主编	28.80元
公共管理与社会发展：广东省高级公务员公共管理研究论文集（2）	刘玉浦主编	32.80元
公共管理与和谐社会：广东省高级公务员公共管理研究论文集（3）	刘玉浦主编	30.00元
公共管理与制度创新：广东省高级公务员公共管理研究论文集（4）	刘玉浦主编	36.00元
公共管理与创新型国家：广东省高级公务员公共管理研究论文集（5）	刘玉浦主编	38.00元
公共管理与区域发展：广东省高级公务员公共管理研究论文集（6）	胡泽君主编	35.00元
公共管理与治理转型：广东省高级公务员公共管理研究论文集（7）	胡泽君主编	36.00元
管理创新与政策选择：广东省高级公务员公共管理研究论文集（8）	胡泽君主编	36.00元
公共管理与社会服务：广东省高级公务员公共管理研究论文集（9）	胡泽君主编	36.00元

我国政府转型中的公共服务	刘厚金	29.00元
转型社会与大都市治理	郑德涛　余耀胜	49.00元
公司应对商业贿赂指南	张文镝　何增科	58.00元
社会资本与中国农村治理改革	周红云	28.00元
从理念到程序——我眼中的美国大选	刘亚伟主编	30.00元
从多元到和谐——和谐社会的构建	韩雪选编	30.00元
从减负到发展——中国三农问题剖析	叶子选编	30.00元
从管理到治理——中国地方治理现状	尹东华选编	30.00元
中大政治学评论第3辑	谭安奎	49.80元
西部经济跨越式发展社会环境研究	尹庆双	38.00元
现代公共政策学——公共政策的整体透视	胡宁生	45.00元
动态环境下的治安防范与控制——以广州为分析典型	舒扬　彭澎	36.00元
转型期中国改革与社会公正	陈伯君	45.00元
激活和谐社会的细胞——"盐田模式"制度研究	侯伊莎	38.00元
区域经济的制度分析	蒋年云	38.00元
公民社会与治理转型——发展中国家的视角	刘明珍	25.00元
公共行政的价值向度	张富	26.00元
行政机关公务员处分条例——条文释义	屈万祥	28.00元
西部跨越式发展中政府与市场关系新论	申晓梅　任勤	35.00元
民政工作创新与和谐社区建设实务全书	王基健	390.00元
管理与会计监督实务全书	丁中一	498.00元
国土资源管理与执法监督实务全书	王基建	398.00元
香港立法机关研究（修订版）	朱世海	28.00元

Debating Deliberative Democracy, First Edition
by J Fishkin & P Lasleft
ISBN 9781405100427

This edition is published by arrangement with Blackwell Publishing Ltd, Oxford.
Translated by Central Compilation & Translation Press from the original English language version. Responsibility of the accuracy of the translation rests solely with Central Compilation & Translation Press and is not the responsibility of Blackwell Publishing Ltd.

本书简体中文版由 Blackwell Publishing Ltd 授予中央编译出版社在中国大陆地区独家出版发行。版权所有，不得翻印。

图书在版编目(CIP)数据

协商民主论争/(美)菲什金，(英)拉斯莱特主编；张晓敏译．
—北京：中央编译出版社，2009．4
（协商民主译丛）
ISBN 978－7－80211－907－9

Ⅰ．协…
Ⅱ．①菲…②拉…③张…
Ⅲ．民主－研究
Ⅳ．D082

中国版本图书馆 CIP 数据核字（2009）第 040206 号

协商民主论争

出 版 人	和 龑
责任编辑	贾宇琰
责任印制	尹 珺
出版发行	中央编译出版社
地　　址	北京西单西斜街 36 号(100032)
电　　话	(010)66509236　66509360(总编室)　(010)66509350(编辑室)
	(010)66509364(发行部)　(010)66509618(读者服务部)
网　　址	www.cctpbook.com
经　　销	全国新华书店
印　　刷	北京瑞哲印刷厂
开　　本	787×960 毫米　1/16
字　　数	225 千字
印　　张	16.25
版　　次	2009 年 4 月第 1 版第 1 次印刷
定　　价	38.00 元

本社常年法律顾问：北京大成律师事务所首席顾问律师　鲁哈达
凡有印装质量问题，本社负责调换。电话：(010)66509618